Verwaltungsrecht III

Hemmer/Wüst/Christensen/Grieger

Juristisches Repetitorium hemmer

KURSORTE IM ÜBERBLICK

AUGSBURG
Wüst
Mergentheimer Str. 44
97082 Würzburg
Tel.: (0931) 79 78 230
Fax: (0931) 79 78 234
Mail: augsburg@hemmer.de

BAYREUTH
Daxhammer/d´Alquen
Parkweg 7
97944 Boxberg
Tel.: (07930) 99 23 38
Fax: (07930) 99 22 51
Mail: bayreuth@hemmer.de

BERLIN-DAHLEM
Gast
Schumannstraße 18
10117 Berlin
Tel.: (030) 240 45 738
Fax: (030) 240 47 671
Mail: mitte@hemmer-berlin.de

BERLIN-MITTE
Gast
Schumannstraße 18
10117 Berlin
Tel.: (030) 240 45 738
Fax: (030) 240 47 671
Mail: mitte@hemmer-berlin.de

BIELEFELD
Lück
Salzstr. 14/15
48143 Münster
Tel.: (0251) 67 49 89 70
Fax.: (0251) 67 49 89 71
Mail: bielefeld@hemmer.de

BOCHUM
Schlömer/Sperl
Salzstr. 14/15
48143 Münster
Tel.: (0251) 67 49 89 70
Fax.: (0251) 67 49 89 71
Mail: bochum@hemmer.de

BONN
Ronneberg/Clobes/Geron
Meckenheimer Allee 148
53115 Bonn
Tel.: (0228) 91 14 125
Fax: (0228) 91 14 141
Mail: bonn@hemmer.de

BREMEN
Hemmer/Wüst
Mergentheimer Str. 44
97082 Würzburg
Tel.: (0931) 79 78 257
Fax: (0931) 79 78 240
Mail: bremen@hemmer.de

DRESDEN
Stock
Zweinaundorfer Str. 2
04318 Leipzig
Tel.: (0341) 6 88 44 90
Fax: (0341) 6 88 44 96
Mail: dresden@hemmer.de

DÜSSELDORF
Ronneberg/Clobes/Geron
Meckenheimer Allee 148
53113 Bonn
Tel.: (0228) 91 14 125
Fax: (0228) 91 14 141
Mail: duesseldorf@hemmer.de

ERLANGEN
Grieger/Tyroller
Mergentheimer Str. 44
97082 Würzburg
Tel.: (0931) 79 78 230
Fax: (0931) 79 78 234
Mail: erlangen@hemmer.de

FRANKFURT/M.
Geron/Hahn/Bold
Dreifaltigkeitsweg 49
53489 Sinzig
Tel.: (02642) 61 44
Fax: (02642) 61 44
Mail: frankfurt.main@hemmer.de

FRANKFURT/O.
Gast
Schumannstraße 18
10117 Berlin
Tel.: (030) 240 45 738
Fax: (030) 240 47 671
Mail: mitte@hemmer-berlin.de

FREIBURG
Behler/Rausch
Rohrbacher Str. 3
69115 Heidelberg
Tel.: (06221) 65 33 66
Fax: (06221) 65 33 30
Mail: freiburg@hemmer.de

GIEßEN
Sperl
Parkweg 7
97944 Boxberg
Tel.: (07930) 99 23 38
Fax: (07930) 99 22 51
Mail: giessen@hemmer.de

GÖTTINGEN
Schlömer/Sperl
Kirchhofgärten 22
74635 Kupferzell
Tel.: (07944) 94 11 05
Fax: (07944) 94 11 08
Mail: goettingen@hemmer.de

GREIFSWALD
Lück
Knieperstraße 20
18439 Stralsund
Tel.: (03831) 26 27 17
Fax: (03831) 26 27 28
Mail: greifswald@hemmer.de

HALLE
Luke/Weber
Täubchenweg 83
04317 Leipzig
Tel.: (0175) 93 13 967
Mail: halle@hemmer.de

HAMBURG
Schlömer/Sperl
Steinhöft 5-7
20459 Hamburg
Tel.: (040) 317 669 17
Fax: (040) 317 669 20
Mail: hamburg@hemmer.de

HANNOVER
Daxhammer/Sperl
Matzenhecke 23
97204 Höchberg
Tel.: (0931) 400 337
Fax: (0931) 404 3109
Mail: hannover@hemmer.de

HEIDELBERG
Behler/Rausch
Rohrbacher Str. 3
69115 Heidelberg
Tel.: (06221) 65 33 66
Fax: (06221) 65 33 30
Mail: heidelberg@hemmer.de

JENA
Richard Weber
c/o Kanzlei Luke
Haferkornstr. 46
04129 Leipzig
Tel.: (0175) 93 13 967
Mail: halle@hemmer.de

KIEL
Onoszko/Lück
Knieperstraße 20
18439 Stralsund
Tel.: (03831) 26 27 17
Fax: (03831) 26 27 28
E-Mail: kiel@hemmer.de

KÖLN
Ronneberg/Clobes/Geron
Meckenheimer Allee 148
53113 Bonn
Tel.: (0228) 91 14 125
Fax: (0228) 91 14 141
Mail: koeln@hemmer.de

KONSTANZ
Guldin/Kaiser
Hindenburgstr. 15
78467 Konstanz
Tel.: (07531) 69 63 63
Fax: (07531) 69 63 64
Mail: konstanz@hemmer.de

LEIPZIG
Luke
Haferkornstr. 46
04129 Leipzig
Tel.: (0341) 49 25 54 70
Fax: (0341) 49 25 54 71
Mail: leipzig@hemmer.de

MAINZ
Geron
Dreifaltigkeitsweg 49
53489 Sinzig
Tel.: (02642) 61 44
Fax: (02642) 61 44
Mail: mainz@hemmer.de

MANNHEIM
Behler/Rausch
Rohrbacher Str. 3
69115 Heidelberg
Tel.: (06221) 65 33 66
Fax: (06221) 65 33 30
Mail: mannheim@hemmer.de

MARBURG
Sperl
Parkweg 7
97944 Boxberg
Tel.: (07930) 99 23 38
Fax: (07930) 99 22 51
Mail: marburg@hemmer.de

MÜNCHEN
Wüst
Mergentheimer Str. 44
97082 Würzburg
Tel.: (0931) 79 78 230
Fax: (0931) 79 78 234
Mail: muenchen@hemmer.de

MÜNSTER
Schlömer/Sperl
Salzstr. 14/15
48143 Münster
Tel.: (0251) 67 49 89 70
Fax.: (0251) 67 49 89 71
Mail: muenster@hemmer.de

OSNABRÜCK
Fethke
Liebknechtstr. 35
99086 Erfurt
Tel.: (0541) 18 55 21 79
Mail: osnabrueck@hemmer.de

PASSAU
Rath/Wenzl
Mergentheimer Str. 44
97082 Würzburg
Tel.: (0931) 79 78 230
Fax: (0931) 79 78 234
Mail: passau@hemmer.de

POTSDAM
Gast
Schumannstraße 18
10117 Berlin
Tel.: (030) 240 45 738
Fax: (030) 240 47 671
Mail: mitte@hemmer-berlin.de

REGENSBURG
Daxhammer/d´Alquen
Parkweg 7
97944 Boxberg
Tel.: (07930) 99 23 38
Fax: (07930) 99 22 51
Mail: regensburg@hemmer.de

ROSTOCK
Burke/Lück
Knieperstraße 20
18439 Stralsund
Tel.: (03831) 26 27 17
Fax: (03831) 26 27 28
Mail: rostock@hemmer.de

SAARBRÜCKEN
Bold/Hein/Issa
Preslesstraße 2
66987 Thaleischweiler-Fröschen
Tel.: (06334) 98 42 83
Fax: (06334) 98 42 83
Mail: saarbruecken@hemmer.de

TRIER
Geron
Dreifaltigkeitsweg 49
53489 Sinzig
Tel.: (02642) 61 44
Fax: (02642) 61 44
Mail: trier@hemmer.de

TÜBINGEN
Guldin/Kaiser
Hindenburgstr. 15
78465 Konstanz
Tel.: (07531) 69 63 63
Fax: (07531) 69 63 64
Mail: tuebingen@hemmer.de

WÜRZBURG - ZENTRALE -
Mergentheimer Str. 44
97082 Würzburg
Tel.: (0931) 79 78 230
Fax: (0931) 79 78 234
Mail: wuerzburg@hemmer.de

Verwaltungsrecht III mit der **hemmer-Methode**

Wer in vier Jahren sein Studium abschließen will, kann sich einen Irrtum in Bezug auf Stoffauswahl und -aneignung nicht leisten. Hoffen Sie nicht auf leichte Rezepte und den einfachen Rechtsprechungsfall. Hüten Sie sich vor Übervereinfachung beim Lernen. Stellen Sie deswegen frühzeitig die Weichen richtig.

Im Öffentlichen Recht gilt: Wenig Dogmatik – viel Gesetz. Vermittelt wird anwendungsorientierte Methodik. Es werden in unseren Skripten Verwaltungsrecht I-III die im Verwaltungsrecht typischerweise vorkommenden Problemkreise dort behandelt, wo sie im Klausuraufbau zu prüfen sind. Damit können die Skripten wie ein großes Schema gelesen werden. Lernen Sie mit der **hemmer-Methode** die richtige Einordnung. Nur so macht Ihnen auch „Ö-Recht" Spaß.

Die **hemmer-Methode** vermittelt Ihnen die **erste richtige Einordnung** und das **Problembewusstsein**, welches Sie brauchen, um an einer Klausur bzw. dem Ersteller nicht vorbeizuschreiben. Häufig ist dem Studierenden nicht klar, warum er schlechte Klausuren schreibt. Wir geben Ihnen **gezielte Tipps**! Vertrauen Sie auf unsere **Expertenkniffe**.

Durch die ständige Diskussion mit unseren Kursteilnehmerinnen und Kursteilnehmern ist uns als erfahrenen Repetitoren klar geworden, welche **Probleme** die Studierenden haben, ihr **Wissen anzuwenden**. Wir haben aber auch von unseren Kursteilnehmerinnen und Kursteilnehmern profitiert und von ihnen erfahren, welche **Argumentationsketten** in der Prüfung zum Erfolg geführt haben.

Die **hemmer-Methode** gibt **jahrelange Erfahrung** weiter, erspart Ihnen viele schmerzliche Irrtümer, setzt richtungsweisende Maßstäbe und begleitet Sie als **Gebrauchsanweisung** in Ihrer Ausbildung:

1. Grundwissen:

Die **Grundwissenskripten** sind für die Studierenden in den ersten Semestern gedacht. In den Theoriebänden Grundwissen werden leicht verständlich und kurz die wichtigsten Rechtsinstitute vorgestellt und das notwendige Grundwissen vermittelt. Die Skripten werden durch den jeweiligen Band unserer **Reihe „Die wichtigsten Fälle"** ergänzt.

2. Basics:

Das Grundwerk für Studium und Examen. Es schafft schnell **Einordnungswissen** und mittels der hemmer-Methode richtiges Problembewusstsein für Klausur und Hausarbeit. Wichtig ist, **wann und wie** Wissen in der Klausur angewendet wird.

3. Skriptenreihe:

Vertiefendes Prüfungswissen: Über 1.000 Klausuren wurden auf ihre „essentials" abgeklopft.

Anwendungsorientiert werden die für die Prüfung nötigen Zusammenhänge umfassend aufgezeigt und wiederkehrende Argumentationsketten eingeübt.

Gleichzeitig wird durch die **hemmer-Methode** auf **anspruchsvollem Niveau** vermittelt, nach welchen Kriterien Prüfungsfälle beurteilt werden. Mit dem Verstehen wächst die Zustimmung zu Ihrem Studium. Spaß und Motivation beim Lernen entstehen erst durch Verständnis.

Lernen Sie, durch Verstehen am juristischen Sprachspiel teilzunehmen. Wir schaffen den „background", mit dem Sie die innere Struktur von Klausur und Hausarbeit erkennen: **„Problem erkannt, Gefahr gebannt"**. Profitieren Sie von unserem **strategischen Wissen**. Wir werden Sie mit unserem know-how auf das Anforderungsprofil einstimmen, das Sie in Klausur und Hausarbeit erwartet.

Die Theoriebände Grundwissen, die Basics, die Skriptenreihe und der Hauptkurs sind als **modernes, offenes und flexibles Lernsystem** aufeinander abgestimmt und ergänzen sich ideal. Die **studentenfreundliche Preisgestaltung** ermöglicht den **Erwerb als Gesamtwerk**.

4. Hauptkurs:

Schulung am examenstypischen Fall mit der Assoziationsmethode. Trainieren Sie unter professioneller Anleitung, was Sie im Examen erwartet und wie Sie bestmöglich mit dem Examensfall umgehen.

Nur wer die Dramaturgie eines Falles verstanden hat, ist in Klausur und Hausarbeit auf der sicheren Seite! Häufig hören wir von unseren Kursteilnehmenden: **„Erst jetzt hat Jura richtig Spaß gemacht"**.

Die Ergebnisse unserer Kursteilnehmerinnen und Kursteilnehmer geben uns Recht. Maßstab ist der Erfolg. Die Examensergebnisse zeigen, dass unsere Kursteilnehmenden überdurchschnittlich abschneiden.

Die Examensergebnisse unserer Kursteilnehmerinnen und Kursteilnehmer können auch Ansporn für Sie sein, intelligent zu lernen: Wer nur auf vier Punkte lernt, landet leicht bei drei.
Lassen Sie sich aber nicht von diesen Supernoten verschrecken, sehen Sie dieses Niveau als Ansporn für Ihre Ausbildung.

Wir hoffen, mit unserem Gesamtangebot bei der Konkretisierung des Rechts mitzuwirken und wünschen Ihnen **viel Spaß beim Durcharbeiten** unserer Skripten.

Wir würden uns freuen, mit Ihnen in unserem Hauptkurs und mit der **hemmer-Methode** gemeinsam Verständnis an der Juristerei zu trainieren. Nur wer erlernt, was ihn im Examen erwartet, lernt richtig!

So leicht ist es, uns kennenzulernen: Probehören ist jederzeit in den jeweiligen Kursorten möglich.

Karl-Edmund Hemmer & Achim Wüst

VERWALTUNGSRECHT III

Hemmer/Wüst/Christensen/Grieger

Hemmer/Wüst Verlagsgesellschaft

Hemmer/Wüst/Christensen/Grieger, Verwaltungsrecht III

ISBN 978-3-86193-916-0

14. Auflage 2020

gedruckt auf chlorfrei gebleichtem Papier
von Schleunungdruck GmbH, Marktheidenfeld

Kommentare:

Eyermann	Verwaltungsgerichtsordnung Kommentar, 15. Aufl. 2019
Kopp	Verwaltungsgerichtsordnung Kommentar, 10. Aufl. 1994
Kopp/Schenke	Verwaltungsgerichtsordnung Kommentar, 25. Aufl. 2019
Kopp/Ramsauer	Verwaltungsverfahrensgesetz Kommentar, 20. Aufl. 2019
Redeker/von Oertzen	Verwaltungsgerichtsordnung Kommentar, 16. Aufl. 2014
Thomas/Putzo	Zivilprozessordnung Kommentar, 39. Aufl. 2018
Widtmann/Grasser/Glaser	Bayerische Gemeindeordnung Kommentar, 29. Ergänzungslieferung, Mai 2018

Lehrbücher:

Finkelnburg/Dombert/Külpmann	Vorläufiger Rechtsschutz im Verwaltungsstreitverfahren, 7. Aufl. 2017
Maurer/Waldhoff	Allgemeines Verwaltungsrecht, 19. Aufl. 2017
Hufen	Verwaltungsprozessrecht, 11. Aufl. 2019
Kroiß/Neurauter	Formularsammlung für Rechtspflege und Verwaltung, 23. Aufl. 2013
Pietzner/Ronellenfitsch	Das Assessorexamen im Öffentlichen Recht, 14. Aufl. 2019
Schenke	Verwaltungsprozessrecht, 16. Aufl. 2019
Schmitt-Glaeser	Verwaltungsprozessrecht Kurzlehrbuch, 14. Aufl. 1997
Schoch	Vorläufiger Rechtsschutz und Risikoverteilung im Verwaltungsrecht, Band 10, 1988
Schoch	Übungen im öffentlichen Recht II, 1991
Stern/Blanke	Verwaltungsprozessrecht in der Klausur, 9. Aufl. 2008
Würtenberger	Verwaltungsprozessrecht, Prüfe dein Wissen (PdW), 3. Aufl. 2007

Weitere Literatur (v.a. Aufsätze) in den Fußnoten

1. ABSCHNITT: DAS WIDERSPRUCHSVERFAHREN

§ 1 EINLEITUNG

diff.: Widerspruchsverfahren als Sachurteilsvoraussetzung und Prüfung der Erfolgsaussichten eines Widerspruchs selbst

Das Widerspruchsverfahren kann in der Klausur nicht nur als Sach- 1
urteilsvoraussetzung einer Anfechtungs- oder Verpflichtungsklage eine Rolle spielen.[1] Es ist vielmehr - soweit die einschlägige Prüfungsordnung nichts anderes anordnet[2] - auch denkbar, dass in der Klausur nach der Entscheidung der Widerspruchsbehörde gefragt ist, mithin also Zulässigkeit und Begründetheit des Widerspruchs selbst zu prüfen sind. Bevor diese hier dargestellt werden, soll jedoch eine Einleitung zu Funktion, Rechtsgrundlagen und Ablauf des Widerspruchsverfahrens erfolgen, um die nachfolgenden Prüfungspunkte besser verstehen zu können.

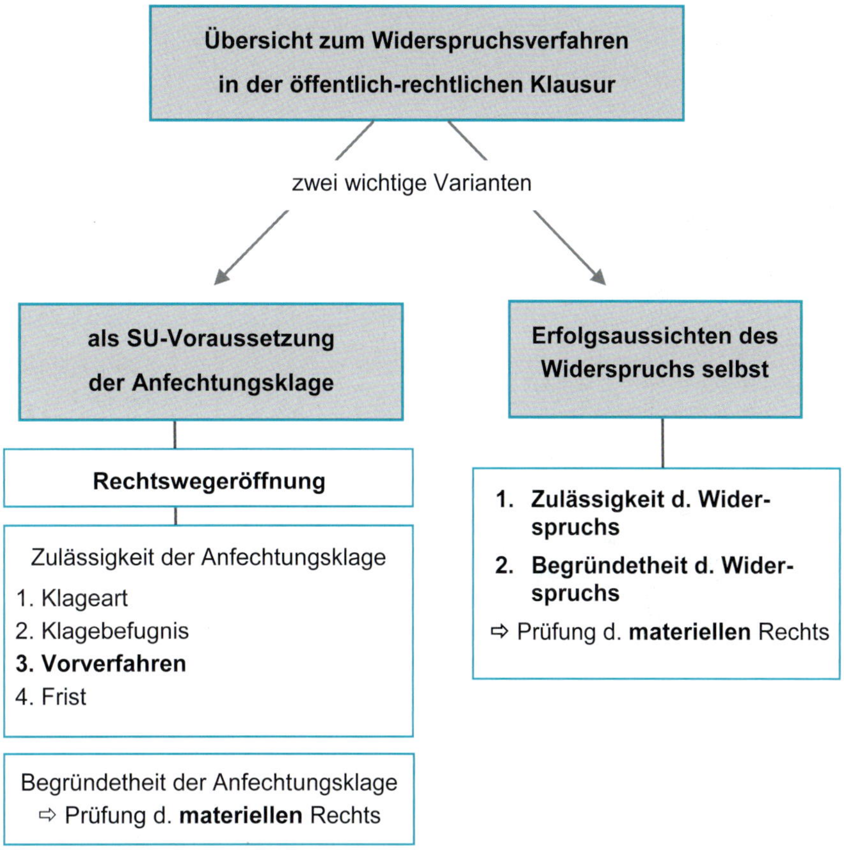

hemmer-Methode: Eine größere Rolle als im ersten Examen spielt das Widerspruchsverfahren für Referendare, sei es in der Verwaltungsstation, sei es im Assessorexamen. Im Folgenden sollen deshalb – z.T. in Exkursen – durchaus auch Punkte angesprochen werden, die v.a. für Referendare von Bedeutung sind, wobei es freilich keinem Studenten schadet, von diesen schon einmal etwas gehört zu haben. Dabei muss allerdings vorweg schon eine Einschränkung gemacht werden: Viele, für das zweite Examen nicht unwichtige, formale Fragen und Fragen der Verwaltungspraxis werden in den einzelnen Bundesländern stark unterschiedlich gelöst und sollen deshalb an dieser Stelle ausgespart bleiben.
Umgekehrt sei der (zukünftige) Referendar auch darauf hingewiesen, dass die Darstellung sich im Wesentlichen an den Anforderungen für das erste Examen orientiert, sodass sie eher unter wissenschaftlich-pädagogischen als unter praktischen Gesichtspunkten erfolgt.

1 Umfassend zum Widerspruchsverfahren als Sachurteilsvoraussetzung **Hemmer/Wüst, Verwaltungsrecht I, Rn. 146 ff.**

2 In Bayern ist das Widerspruchsverfahren seit 2017 kein Prüfungsstoff des Ersten Staatsexamens mehr, so dass jedenfalls keine Details aus diesem Bereich abgeprüft werden dürfen.

Dass hier die Prüfererwartung nach dem ersten Examen z.T. eine abweichende ist (und zwar nicht nur beim Entwurf eines Bescheids, sondern auch wenn ein Gutachten verlangt wird), ist eines der ersten und grundsätzlichen Probleme, die Sie zu bewältigen haben.

A) Funktion des Widerspruchsverfahrens

Anfechtungswiderspruch, § 68 I VwGO

§ 68 I S. 1 VwGO schreibt vor Erhebung von Anfechtungsklagen 2
grds. die Durchführung eines Widerspruchsverfahrens, also eine erneute Überprüfung des angefochtenen Verwaltungsakts durch die Verwaltung selbst, vor[3] (sog. Anfechtungswiderspruch).

Verpflichtungswiderspruch, § 68 II VwGO

Gemäß § 68 II, I S. 1 VwGO ist aber auch vor Erheben der Verpflichtungsklage ein Widerspruchsverfahren durchzuführen, wenn der Antrag bei der Behörde auf Erlass des begehrten VA zurückgewiesen wurde, also im Fall der sog. Versagungsgegen-, nicht aber im Fall der Untätigkeitsklage, vgl. auch § 75 S. 1 VwGO (sog. Verpflichtungswiderspruch).

Widerspruch, § 68 VwGO

Anfechtungswiderspruch, § 68 I VwGO | Verpflichtungswiderspruch, § 68 II VwGO

Funktionen des Widerspruchsverfahrens:

Bei beiden Varianten handelt es sich dabei um einen außergerichtlichen Rechtsbehelf, dessen obligatorische Durchführung v.a. drei Zwecken dient:[4]

⇨ Rechtsschutz des Bürgers

⇨ Dem Bürger soll eine zusätzliche Rechtsbehelfsmöglichkeit eröffnet werden, die an weniger hohe formelle und finanzielle (Kostenrisiko!) Voraussetzungen geknüpft ist als eine sofortige Klage zum Verwaltungsgericht und die i.d.R. auch zu einer vollen Überprüfung der Zweckmäßigkeit führt (vgl. unten Rn. 47, 57).

⇨ Entlastung der Verwaltungsgerichte

⇨ Die Verwaltungsgerichte können durch das Widerspruchsverfahren entlastet werden, soweit dem Widerspruch abgeholfen und ein Prozess dadurch verhindert wird.

⇨ Selbstkontrolle der Verwaltung

⇨ Der Verwaltung soll die Möglichkeit gegeben werden, ihre Entscheidung noch einmal zu überprüfen und sie erforderlichenfalls selbst zu ändern (Selbstkontrolle der Verwaltung).

hemmer-Methode: Diese Funktionen sind nicht nur von theoretischem Interesse, sondern können auch für die Klausur als Argumente für oder gegen eine bestimmte Auslegung eine Rolle spielen (z.B. für die Frage nach der Erforderlichkeit eines Widerspruchsverfahrens im Einzelfall[5] oder der Zulässigkeit einer sog. reformatio in peius[6]).
In der Praxis hat sich herausgestellt, dass das Widerspruchsverfahren oft nur der Form halber durchgeführt wird und die angestrebten Ziele deshalb nicht erreicht werden können.

3 Beachte aber auch § 126 II BBG, nach dem für alle Klagen aus dem Beamtenverhältnis ein Vorverfahren erforderlich ist.

4 Vgl. Brühl, JuS 1994, 56 (57); die vierteilige Reihe, deren erster Teil dieser Beitrag darstellt (weitere Teile in JuS 1994, 153 ff., 330 ff. und 420 ff.) kann (auch schon Studenten) zur Lektüre empfohlen werden.

5 So z.B. bei der Frage, ob und wann bei der Fortsetzungsfeststellungsklage ein Vorverfahren notwendig ist; vgl. hierzu ausführlich **Hemmer/Wüst, Verwaltungsrecht II, Rn. 144 ff.**

6 Vgl. hierzu ausführlich **Hemmer/Wüst, Verwaltungsrecht I, Rn. 504 ff.**

Doppelcharakter des Widerspruchsverfahrens

In rechtlicher Hinsicht hat das Widerspruchsverfahren damit vor allem Doppelcharakter: Es ist zum einen eine erneute Entscheidung der Verwaltung, zum anderen ist es ein Vorschaltrechtsbehelf vor der verwaltungsgerichtlichen Entscheidung. 3

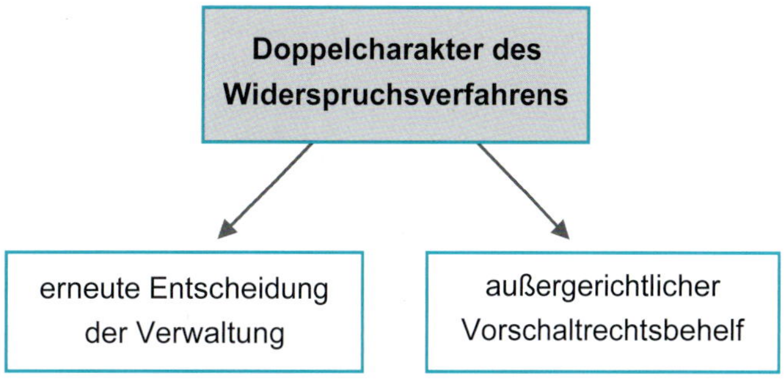

B) Rechtsgrundlagen des Widerspruchsverfahrens

Rechtsgrundlagen: VwGO und VwVfGe des Bundes u. der Länder

Dem Doppelcharakter des Widerspruchsverfahrens entsprechend, ist es z.T. durch die VwGO, z.T. durch die VwVfGe[7] des Bundes bzw. der Länder geregelt. Hierbei können sich Probleme daraus ergeben, dass die VwGO Bundesgesetz ist, die VwVfGe der Länder (die häufiger zur Anwendung kommen als das BVwVfG) Ländergesetze. Der jeweilige Gesetzgeber hat dabei auch nur die Kompetenz, den ihm jeweils zustehenden Teilbereich zu regeln, also der Bund das Widerspruchsverfahren als Vorverfahren zum Verwaltungsprozess, die Länder das Widerspruchsverfahren als spezielles Verwaltungsverfahren. Auch aus diesem Schnittpunkt der Kompetenzen können sich Abgrenzungs- und Auslegungsprobleme ergeben. 4

insbesondere §§ 68 ff. VwGO, aber bzgl. Kosten § 80 VwVfG

Konkret regelt die VwGO das Vorverfahren in den §§ 68 ff. VwGO. Die VwVfGe erwähnen dagegen die „förmlichen Rechtsbehelfe gegen Verwaltungsakte“ (also für außergerichtliche Verfahren im Wesentlichen das Widerspruchsverfahren) in § 79 VwVfG und verweisen dabei vor allem auf die VwGO, ergänzend auf die Vorschriften über das Verwaltungsverfahren im VwVfG selbst, soweit nicht - zumindest für das erste Examen nicht relevante – Sondergesetze[8] eingreifen. Eine wichtige eigenständige Regelung für das Widerspruchsverfahren enthalten die VwVfGe vor allem im Hinblick auf die Kostenregelung des § 73 III S. 3 VwGO i.V.m. § 80 VwVfG (vgl. auch unten Rn. 67).

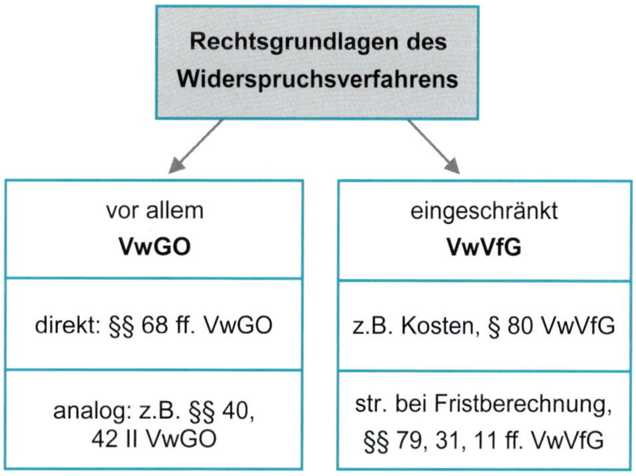

7 Die Vorschriften der VwVfGe werden (wie auch in den Bänden Verwaltungsrecht I und II) einheitlich mit §§ zitiert. Achten Sie in der Klausur darauf, ob das für Sie einschlägige Landes-VwVfG nach Art. zitiert wird.

8 Zu einigen möglichen Gesetzen, durch die etwas „anderes bestimmt“ sein könnte, vgl. Kopp/*Ramsauer* VwVfG, 20. Aufl. 2019, § 79 VwVfG, Rn. 13-16.

h.M.: entsprechende Anwendung der VwGO-Vorschriften in sonstigen Fällen

In der VwGO ist das Widerspruchsverfahren in den §§ 68 ff. VwGO aber nur sehr unvollständig geregelt. Viele Zulässigkeitsvoraussetzungen des Widerspruchs können deshalb nicht aufgrund direkter, sondern nur analoger Anwendung der VwGO hergeleitet werden. 5

Die analoge Anwendung von Vorschriften der VwGO resultiert dabei vor allem aus der notwendigerweise weitgehenden Einheitlichkeit von außergerichtlichem Vorschaltrechtsbehelf und gerichtlicher Hauptsache.

z.B. Zulässigkeitsvoraussetzungen und Begründetheitsmaßstab

So dürfen bei der Zulässigkeit des Vorverfahrens in vieler Hinsicht keine geringeren Anforderungen zu stellen sein, wie an die Hauptsache selbst (z.B. Klagebefugnis § 42 II VwGO bei der Anfechtungsklage und Widerspruchsbefugnis § 42 II VwGO analog beim Anfechtungswiderspruch; dazu unten Rn. 46). Gleiches gilt auch für die Begründetheit, bei der § 113 I, V VwGO analoge Anwendung findet (vgl. unten Rn. 57), weil zu einer erfolgreichen Entlastung der Gerichte der Prüfungsmaßstab im Verwaltungsverfahren nicht geringer sein kann als im Gerichtsverfahren selbst. Wenngleich es sich also beim Widerspruchsverfahren im eigentlichen Sinne um ein Verwaltungsverfahren handelt, so finden gleichwohl vielfach die Vorschriften der VwGO direkt oder analog Anwendung. Der Anwendbarkeit des VwVfG „im Übrigen" über § 79 VwVfG kommt also nur geringe Bedeutung zu.

hemmer-Methode: Denken in Zusammenhängen! Wer die Klagearten der VwGO beherrscht, hat deshalb i.d.R. auch die Zulässigkeitsvoraussetzungen des Widerspruchs fest im Griff: Von den wichtigsten Prüfungspunkten im Zulässigkeitsschema (vgl. unten Rn. 26) werden v.a. Statthaftigkeit, Widerspruchsbefugnis, Form und Frist und Zuständigkeiten durch die VwGO geregelt (§§ 68, 42 II analog, 70, 73 VwGO). Für die Fristberechnung besteht ein (eher akademischer) Streit, ob § 57 II VwGO, § 222 I ZPO oder §§ 79, 31 I VwVfG zu den §§ 187 ff. BGB führen.[9] Die Beteiligtenfähigkeit richtet sich nach §§ 11 ff. VwVfG.

C) Ablauf des Verfahrens[10]

Die VwGO regelt in den §§ 68 ff. VwGO weitgehend den formalen Ablauf des Widerspruchsverfahrens.

Übersicht zum Ablauf des Widerspruchsverfahrens (Zeitstrahl)

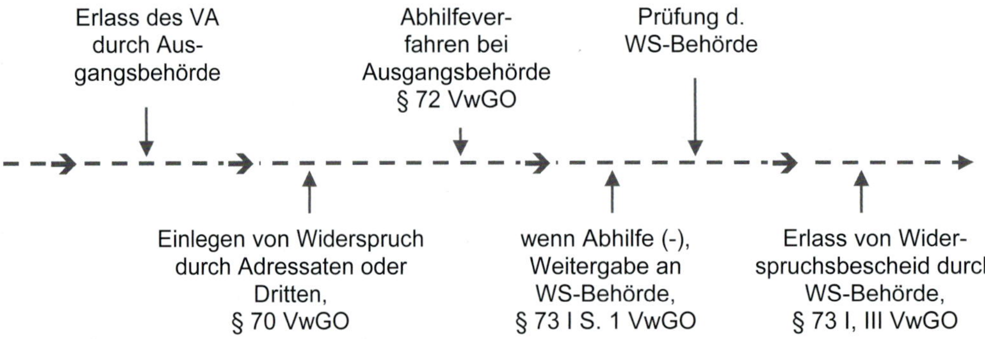

9 Zum Streit **Hemmer/Wüst, Verwaltungsrecht II, Rn. 179**.

10 Vgl. dazu Brühl, JuS 1994, 56 (57 f.); Pietzner/Ronellenfitsch, Das Assessorexamen im Öffentlichen Recht, § 28, Rn. 1032 ff.

I. Gang des Verfahrens

1. Einlegung des Widerspruchs

§ 69 VwGO: Einleitung durch Erhebung des Widerspruchs

Nach § 69 VwGO wird das Verfahren durch die Erhebung des Widerspruchs eingeleitet. 6

Form des § 70 I VwGO

Hierfür schreibt § 70 I S. 1 VwGO eine bestimmte Form (schriftlich oder zur Niederschrift), eine bestimmte Frist (einen Monat) und einen bestimmten Adressaten (Ausgangsbehörde) vor.

hemmer-Methode: Diese Anforderungen des § 70 I VwGO werden im Zulässigkeitsschema bei den Punkten „ordnungsgemäße Erhebung des Widerspruchs", „Form" und „Frist" geprüft, vgl. unten Rn. 48 ff.

2. Abhilfe- und Widerspruchsentscheidung

zwei Abschnitte: Abhilfeverfahren und Entscheidung der Widerspruchsbehörde

Das Widerspruchsverfahren unterteilt sich nach der Einlegung entsprechend der Regelungen der VwGO in zwei Abschnitte: Das so genannte Abhilfeverfahren durch die Ausgangsbehörde (die den VA erlassen hat bzw. bei Verpflichtungsklage erlassen sollte) und die Entscheidung der Widerspruchsbehörde. 7

Abhilfe nur zugunsten von WF; Sonderregelung zu §§ 48 ff. VwVfG

Das Abhilfeverfahren gibt der Ausgangsbehörde die Möglichkeit, das Widerspruchsverfahren ohne Anwendung der §§ 48 ff. VwVfG zugunsten des Widerspruchsführers zu beenden (dazu auch weiter unten Rn. 20). Die Abhilfeentscheidung ergeht als VA i.S.d. § 35 VwVfG und ist als solche auch u.U. selbstständig anfechtbar, vgl. § 79 I Nr. 2, II VwGO.[11]

> ***Bsp.:*** *A bekommt von der Ausgangsbehörde eine Baugenehmigung erteilt, die von Nachbar N mittels Nachbarwiderspruch angefochten wird. Die Ausgangsbehörde nimmt daraufhin die Baugenehmigung im Abhilfeverfahren zurück.*
>
> Die Abhilfeentscheidung ist ein für A belastender VA. Die Abhilfe ist folglich mit einer Anfechtungsklage angreifbar, da ein weiteres Vorverfahren nach § 68 I S. 2 Nr. 2 VwGO entbehrlich ist.

hemmer-Methode: Zur richtigen Einordnung des Abhilfeverfahrens ist das Verständnis für Probleme der Praxis unumgänglich! Das Abhilfeverfahren dient nämlich vor allem der erneuten Selbstprüfung der Ausgangsbehörde. Stellen Sie sich also vor, Sie wären zuständiger Sachbearbeiter beim Landratsamt bzw. bei der Kreisbehörde: Während Ihres wohlverdienten Urlaubs erlässt die Urlaubsvertretung einen evident fehlerhaften VA.
Hier werden Sie selbst das allergrößte Interesse daran haben, dass dieser Bescheid gar nicht erst bis zur Widerspruchsbehörde vordringt. Da der Widerspruch in der Regel auch bei der Ausgangsbehörde eingelegt wird, kann mit der Abhilfeentscheidung die Sache also ggf. unauffällig „unter den Teppich gekehrt" werden.

wenn Abhilfe (-), dann Weitergabe an WS-Behörde

Kommt die Ausgangsbehörde im Abhilfeverfahren jedoch zu dem Ergebnis, dass in der Sache selbst keine neue Entscheidung zu treffen ist, so reicht sie die mit einem Aktenzeichen versehenen Akte unter Beifügung einer eigenen erneuten Stellungnahme weiter an die Widerspruchsbehörde, die meist somit erst von dem anhängigen Widerspruchsverfahren Kenntnis erlangt. 8

11 Kopp/*Schenke* VwGO, 25. Aufl. 2019, § 72 VwGO, Rn. 3.

⇨ Prüfung durch die WS-Behörde

Anschließend prüft die Widerspruchsbehörde selbstständig die dem Widerspruch zugrundeliegende Sach- und Rechtslage. Schließlich erlässt diese bei Entscheidungsreife den Widerspruchsbescheid.

⇨ Ist die Widerspruchsbehörde der Ansicht, dass eine Baugenehmigung zu Unrecht erteilt und der Widerspruchsführer dadurch in seinen Rechten verletzt wurde, so wird die Baugenehmigung mit dem Widerspruchsbescheid aufgehoben.

⇨ Ist die Widerspruchsbehörde allerdings der Ansicht, dass die Baugenehmigung zu Recht erteilt oder der Widerspruchsführer durch die rechtswidrige Baugenehmigung nicht in seinen Rechten verletzt ist, so wird mit dem Widerspruchsbescheid die Sache zurückgewiesen.

3. Wirkungen des Widerspruchs

Wirkungen

Wichtige Wirkungen des Widerspruchsverfahrens sind vor allem der Suspensiv- und der Devolutiveffekt.

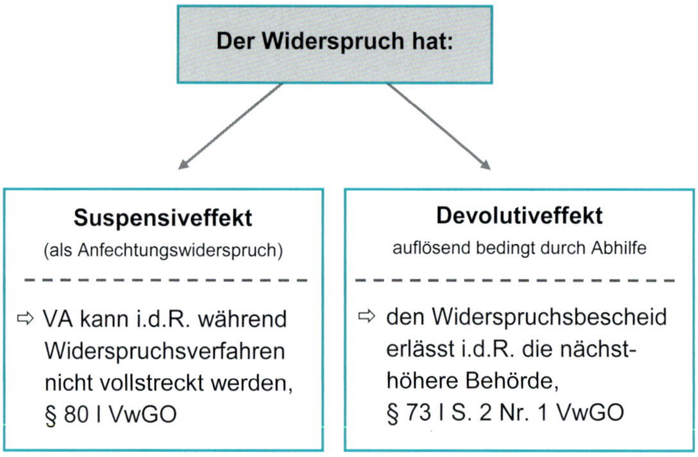

a) Suspensiveffekt

grds.: aufschiebende Wirkung des Widerspruchs, § 80 I VwGO

Mit der Einlegung hat der Widerspruch als Anfechtungswiderspruch 9
grds. aufschiebende Wirkung,[12] es entsteht also der sog. Suspensiveffekt (vgl. § 80 I S. 1 Alt. 1 VwGO).

Ausnahmen bestehen jedoch in den Fällen des § 80 II S. 1 Nr. 1 - 4 VwGO,[13] also bei der Anforderung öffentlicher Kosten, unaufschiebbaren Anordnungen und Maßnahmen der Polizei, in anderen durch Bundesgesetz oder für Landesrecht durch Landesgesetze vorgeschriebenen Fällen und bei Anordnung der sofortigen Vollziehbarkeit. Die Vollstreckbarkeit des angefochtenen VA kann in diesen Fällen durch die Einlegung des Widerspruchs nur dann verhindert werden, wenn ein Verfahren nach § 80 IV, V S. 1 VwGO erfolgreich eingeleitet wird.[14]

***Bsp.:** Die Ausgangsbehörde erlässt gegenüber A eine Abrissverfügung für ein Wochenendhaus im Außenbereich. Der Bescheid wurde nicht für sofort vollziehbar erklärt. A legt dagegen Widerspruch ein.*

---

12 Häufig wird hier auch (wie bei gerichtlichen Rechtsmitteln) vom Suspensiveffekt gesprochen, wobei aber keine völlige Identität zwischen beiden Begriffen besteht, vgl. unten Rn. 286.

13 Vgl. Rn. 98 ff.

14 Vgl. Rn. 120 ff.

Eine Vollstreckung der Abrissverfügung kommt erst nach Bestandskraft des VA, frühestens also nach Beendigung des Widerspruchsverfahrens in Betracht, vgl. bspw. Art. 19 I Nr. 1 BayVwZVG. Während der Dauer des Widerspruchsverfahrens bewirkt der Suspensiveffekt, dass der VA nicht vollstreckt werden darf, § 80 I S. 1 VwGO.

§ 80b I S. 1 VwGO stellt klar, dass diese aufschiebende Wirkung eines Widerspruchs mit der Unanfechtbarkeit des VA endet, d.h. mit Ablauf der Widerspruchsfrist.

hemmer-Methode: Die Frage der aufschiebenden Wirkung spielt allerdings bei der Prüfung der Erfolgsaussichten eines Widerspruchs i.d.R. keine Rolle. Vielmehr ist sie im Zusammenhang mit dem einstweiligen Rechtsschutz, v.a. dem Antrag nach § 80 V S. 1 VwGO zu sehen, vgl. dazu Rn. 78 ff.

b) Devolutiveffekt

Devolutiveffekt des Widerspruchs, aufschiebend bedingt durch Verweigerung der Abhilfe

aa) Dem Widerspruch kommt außerdem i.d.R. ein sog. Devolutiveffekt zu, d.h. er begründet im Normalfall die Entscheidungszuständigkeit der nächsthöheren Behörde, § 73 I S. 2 Nr. 1 VwGO. Dieser Devolutiveffekt ist aber[15] aufschiebend bedingt durch die Abhilfeverweigerung der Ausgangsbehörde, an die nach § 70 I S. 1 VwGO (vgl. oben) der Widerspruch zu richten ist, vgl. §§ 72, 73 I S. 2 VwGO. 10

Bsp.: Hilft bereits die Ausgangsbehörde dem Widerspruch ab, kommt es zu keiner Zuständigkeit der übergeordneten Behörde. Hilft die Ausgangsbehörde dagegen nicht ab, wird die Zuständigkeit erst mit der (auch konkludent, etwa durch Übersendung der Akten an die übergeordnete Behörde möglichen) Abhilfeverweigerung begründet.

hemmer-Methode: Lesen Sie jetzt noch einmal bewusst die im Studium nur selten beachteten §§ 72, 73 VwGO: Die „Behörde" i.S.d. § 72 VwGO ist die Ausgangsbehörde, an die nach § 70 I S. 1 VwGO grds. der Widerspruch zu adressieren ist. Hilft diese (Ausgangs-) Behörde dem Widerspruch nicht ab, ergeht nach § 73 I S. 1 VwGO ein Widerspruchsbescheid durch die Widerspruchsbehörde; auch dieser kann selbstverständlich das vom Widerspruchsführer angestrebte Ziel, nämlich die Aufhebung des Ausgangsverwaltungsaktes, noch zum Inhalt haben.

h.M.: „relativer Devolutiveffekt", d.h. auch nach Abhilfeverweigerung konkurrierende Zuständigkeit der Ausgangsbehörde

bb) Nach wohl h.M. ist überdies der Devolutiveffekt des Widerspruchs nur ein relativer, d.h. er begründet bei Abhilfeverweigerung die Zuständigkeit der übergeordneten Behörde, ohne dass die weitere Zuständigkeit der Ausgangsbehörde, doch noch ihre Meinung zu ändern und dem Widerspruch abzuhelfen, beendet würde.[16]

Im Ergebnis besteht damit nach unterlassener Abhilfeentscheidung der Ausgangsbehörde eine Parallel- bzw. Doppelzuständigkeit von Ausgangs- und Widerspruchsbehörde. Dagegen bestehen insoweit keine Bedenken, als der Ausgangsbehörde nur eine Entscheidungsmöglichkeit zugunsten des Widerspruchsführers eingeräumt ist. 11

a.A.: Zuständigkeit der Ausgangsbehörde nur bis zur Abhilfeverweigerung, danach allenfalls Zweitbescheid möglich

Die Gegenansicht[17] gesteht der Ausgangsbehörde dagegen die Abhilfebefugnis nur bis zur Abhilfeverweigerung zu, danach käme eine „Abhilfe" i.S.d. § 72 VwGO nicht mehr in Betracht.

15 Anders als z.B. bei den gerichtlichen Rechtsmitteln der Berufung oder Revision, aber ebenso wie bei der Beschwerde, vgl. § 148 I VwGO u. Rn. 352.

16 Vgl. BVerwGE 43, 291; 76, 289; 82, 336, st. Rechtsprechung; OVG Koblenz, NVwZ 1987, 1098; Pietzner/Ronellenfitsch, § 28, Rn. 1036 ff. m.w.N.

17 Kopp bis 10. Aufl., § 72 VwGO, Rn. 2, 8 f.; BayVGH, BayVBl. 1976, 691; P. Schmidt, BayVBl. 1982, 89; anders aber (d.h. i.S.d. oben genannten h.M.) BayVGH (23. Senat), BayVBl 1988, 628; so jetzt auch Kopp/*Schenke*, § 72 VwGO, Rn. 2.

Zwar könne sie auch weiterhin dem Begehren des Widerspruchsführers entsprechen, allerdings nur über eine neue, vom Widerspruchsverfahren zu trennende Entscheidung nach den Grundsätzen über den Erlass eines „Zweitbescheids", vor allem also nach den §§ 48 - 50 VwVfG.

So werde nämlich der Abhilfebegriff auch in anderen Rechtsvorschriften verstanden (z.B. bei den Beschwerden nach § 148 I VwGO, § 306 II StPO und § 571 ZPO), die dem Gesetzgeber beim Erlass der VwGO bekannt waren, sodass es keinen Grund gebe, den Begriff hier anders zu deuten.

dagegen: Verwaltungsverfahren anders als Gerichtsverfahren

Andererseits wird aus den §§ 72, 73 VwGO keine zeitliche Grenze ersichtlich, und es wäre nicht recht verständlich und mit dem Sinn des Widerspruchsverfahrens schwer in Einklang zu bringen, wenn § 73 I S. 1 VwGO ein Entscheidungsmonopol der Widerspruchsbehörde begründen würde.

Zwar sind konkurrierende Zuständigkeiten mehrerer Gerichtsinstanzen dem Prozessrecht grds. fremd und wären sub specie Art. 101 I S. 2 GG (Recht auf den gesetzlichen Richter) auch problematisch, wohingegen im Verwaltungsverfahrensrecht konkurrierende Zuständigkeiten auch sonst vorkommen, z.B. beim Selbsteintrittsrecht der übergeordneten Behörde.[18]

nach Erlass v. WS-Bescheid keine Abhilfe mehr möglich

Jedenfalls hat die Ausgangsbehörde nach Erlass des Widerspruchsbescheides nach allen Ansichten nur noch die Möglichkeit des Zweitbescheids, d.h. die Aufhebung des Erstbescheides nach §§ 48, 49 VwVfG, da die §§ 72 ff. VwGO nur bis zum Erlass des Widerspruchsbescheids Anwendung finden können.

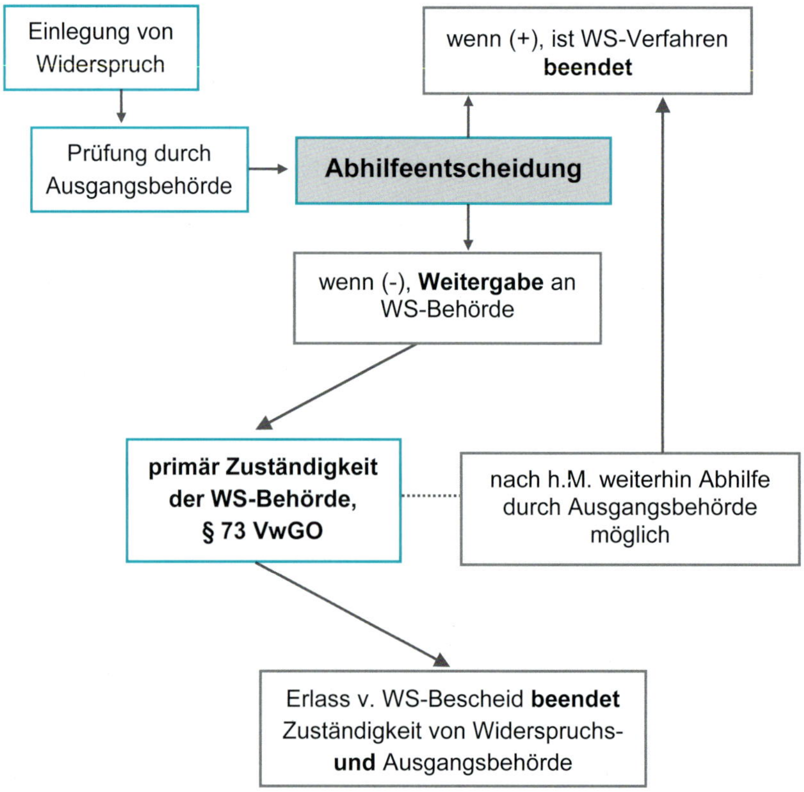

18 Vgl. zu den jeweiligen Argumenten näher Pietzner/Ronellenfitsch, § 28, Rn. 1045 f.

hemmer-Methode: Die Frage nach Zeitpunkt und Umfang des Devolutiveffekts würde im Gutachten bei der Frage der Zuständigkeit auftauchen. Dabei ist der Streit um den relativen Devolutiveffekt und die weitere Abhilfezuständigkeit der Ausgangsbehörde für das erste Examen schon sehr tiefgehend. Für Referendare gilt es hier, insbesondere auch die Rechtsprechung des jeweiligen für Sie zuständigen OVG/VGH zu kennen.

II. Verfahren und Entscheidung im Widerspruchsverfahren

1. Zuständigkeit der Ausgangsbehörde

anfängliche Zuständigkeit: nur Ausgangsbehörde

Wegen des durch die Abhilfeverweigerung aufschiebend bedingten Devolutiveffekts ist zunächst also nur die Ausgangsbehörde zuständig, die neben der Zulässigkeit des Widerspruchs erneut Rechtmäßigkeit und Zweckmäßigkeit[19] des Verwaltungsakts in vollem Umfang nachprüft.[20] 12

hemmer-Methode: Die vollumfängliche Zweckmäßigkeitsprüfung durch die Ausgangsbehörde hat besondere Bedeutung in Selbstverwaltungsangelegenheiten, in denen die übergeordnete Widerspruchsbehörde auf eine Rechtmäßigkeitskontrolle beschränkt ist.

2. Entscheidungsmöglichkeiten im Abhilfeverfahren

Beschränkung der Ausgangsbehörde auf Abhilfe oder Weiterleitung

a) Was den Entscheidungsinhalt angeht, ist zu beachten, dass die Ausgangsbehörde als Abhilfebehörde auf eine positive Entscheidung zugunsten des Widerspruchsführers beschränkt ist, also dem Widerspruch nur abhelfen kann. 13

Hilft sie ihm dagegen nicht ab, ist dies keine Entscheidung mit Außenwirkung, sondern lediglich ein verwaltungsinterner Vorgang, der die (nach h.M. konkurrierende, vgl. oben) Zuständigkeit der Widerspruchsbehörde begründet. Insbesondere kann die Ausgangsbehörde im Rahmen eines Abhilfebescheides keine „Verböserung" beschließen.[21]

hemmer-Methode: Dieses Verböserungsverbot für die Ausgangsbehörde ist zu unterscheiden von der Frage, ob im Widerspruchsverfahren überhaupt, d.h. also durch die Widerspruchsbehörde, eine reformatio in peius zulässig ist und welche spezifischen Probleme dadurch in Zulässigkeit und Begründetheit einer Anfechtungsklage auftreten können. Lesen Sie dazu Hemmer/Wüst, Verwaltungsrecht I, Rn. 504 ff.!

Für das Verfahren ist zu beachten, dass Dritte, die durch die Abhilfeentscheidung erstmalig beschwert werden, nach § 71 VwGO die Gelegenheit zur Stellungnahme erhalten müssen. 14

bei Begründetheit nach h.M. Pflicht zur Abhilfe

b) Wenn die Ausgangsbehörde den Widerspruch für zulässig und begründet hält, hat sie nicht nur eine Abhilfebefugnis, sondern nach h.M. auch eine Abhilfepflicht; nach § 72 VwGO entscheidet sie bei der Abhilfe außerdem über die Kosten. 15

---

19 Zur Zweckmäßigkeitsüberprüfung in der Klausur als Teil der Begründetheitsprüfung vgl. unten Rn. 57 f.

20 Zum Ablauf des Abhilfeverfahrens und den wichtigsten Problemen vgl. auch die knappe Darstellung im Exkurs in **Hemmer/Wüst, Verwaltungsrecht I, Rn. 168 ff.**

21 Allerdings steht ihr die Möglichkeit eines „verschlechternden" Zweitbescheides zur Verfügung, vgl. Kopp/*Schenke*, § 72 VwGO, Rn. 3; das Institut der reformatio in peius ist hier also überhaupt nicht von Nöten.

c) Hält sie ihn dagegen für nur teilweise begründet, soll sie nach wohl herrschender, wenngleich nicht unbestrittener Ansicht zu einer teilweisen Abhilfe nicht verpflichtet sein.[22] 16

d) Umstritten ist die Frage, ob das System der §§ 72, 73 VwGO auch gilt (d.h. ob auch ein Abhilfeverfahren stattfinden muss), wenn ausnahmsweise Ausgangs- und Widerspruchsbehörde identisch sind.[23] 17

Bsp.: Student S erhält von seiner Universität eine Bescheidung über den Semesterbeitrag in Höhe von 500,- €. In diesem Fall ist die Universität als Selbstverwaltungskörperschaft nicht nur Ausgangs-, sondern nach § 73 I S. 2 Nr. 3 VwGO auch Widerspruchsbehörde.

Letztlich spielt diese Frage für den Rechtsschutz suchenden Bürger allerdings keine Rolle, ein Unterschied besteht nur bei der Frage, ob auch ein dem Widerspruch stattgebender Bescheid in diesen Fällen immer ein Widerspruchsbescheid ist oder auch ein Abhilfebescheid sein kann.

Abhilfe auch bei Einlegung von Widerspruch bei WS-Behörde möglich

e) Sollte entgegen § 70 I S. 1 VwGO der Widerspruch direkt bei der übergeordneten Behörde eingelegt werden, was nach § 70 I S. 2 VwGO fristwahrend wirkt, hat diese der Ausgangsbehörde gleichwohl Gelegenheit zur Entscheidung zu geben.

§ 70 I S. 2 VwGO enthält nämlich nur eine Erleichterung hinsichtlich der Fristwahrung, begründet aber keine von §§ 72, 73 VwGO abweichenden Zuständigkeiten.[24] Ein Abhilfeverfahren durch die Ausgangsbehörde ist also auch in diesem Fall möglich.

3. Verfahren bei der Widerspruchsbehörde

wird nicht abgeholfen, entscheidet Widerspruchsbehörde

a) Wenn dem Widerspruch durch die Ausgangsbehörde nicht abgeholfen wird, entscheidet die Widerspruchsbehörde i.S.d. § 73 I S. 1 VwGO über den Widerspruch, es ergeht der sog. Widerspruchsbescheid, der seinerseits wieder einen Verwaltungsakt darstellt. 18

Soweit man mit der h.M. eine Zuständigkeitskonkurrenz annimmt (vgl. oben) kann aber immer auch noch ein Abhilfebescheid ergehen, wobei sich die Wirkung der beiden möglichen Bescheide dem Bürger gegenüber nach dem Prioritätsprinzip richtet.

hemmer-Methode: Der Widerspruchsbescheid als Verwaltungsakt könnte grds. auch Gegenstand einer Anfechtungsklage sein, § 79 I Nr. 2 Alt. 2, II S. 1 VwGO. Lesen Sie zur Frage, wann eine solche isolierte Anfechtung des Widerspruchsbescheids möglich ist, Hemmer/Wüst, Verwaltungsrecht I, Rn. 102 ff. und 504 ff.

b) Kann diese Entscheidung einen Beteiligten erstmalig beschweren, so soll er nach § 71 VwGO vor Erlass des Widerspruchsbescheides gehört werden. Eine Anhörung des Widerspruchsführers nach §§ 79 I Nr. 2 Alt. 2, 28 VwVfG erübrigt sich i.d.R., da er schon durch die Einlegung seines Widerspruchs ausreichend Gelegenheit zur Äußerung hatte.

---

22 Vgl. Pietzner/Ronellenfitsch, § 28, Rn. 1041 ff. Zur Begründung wird angeführt, dass es in § 72 VwGO gerade anders als in § 113 I S. 1 VwGO nicht heißt, „soweit die Behörde den Widerspruch für begründet hält".

23 Dafür z.B. Kopp bis 10. Aufl., § 72 VwGO, Rn. 1 m.w.N.; dagegen Pietzner/Ronellenfitsch, § 28, Rn. 1043 ff. m.w.N; so jetzt auch: Kopp/*Schenke*, § 72 VwGO, Rn. 1, da sonst der Devolutiveffekt entfallen würde; nicht ganz klar BVerwGE 70, 4 (11 f.) = **juris**byhemmer (Wenn dieses Logo hinter einer Fundstelle abgedruckt wird, finden Sie die Entscheidung online unter „juris by hemmer": www.hemmer.de).

24 Vgl. Pietzner/Ronellenfitsch, § 28, Rn. 1038.

unzulässiger Widerspruch wird von Widerspruchsbehörde zurückgewiesen

c) Ist der Widerspruch unzulässig, weist sie ihn zurück. Allerdings wird der Widerspruchsbehörde als „Herrin des Vorverfahrens“ vom BVerwG zugestanden, über verfristete[25] Widersprüche gleichwohl in der Sache zu entscheiden, soweit nicht Dritte auf die durch den Fristablauf an sich eingetretene Bestandskraft vertrauen.

hemmer-Methode: Dieses Problem könnte sowohl in der Prüfung der Erfolgsaussichten des Widerspruchs als auch und v.a. bei der Prüfung einer Klage vor dem Verwaltungsgericht unter dem Prüfungspunkt „Ordnungsgemäße Durchführung eines Vorverfahrens" eine Rolle spielen. In diesem Zusammenhang ist es dargestellt in Hemmer/Wüst, Verwaltungsrecht I, Rn. 198 f.

ebenso beim unbegründeten Widerspruch

d) Hält die Widerspruchsbehörde den Widerspruch für unbegründet, weist sie ihn ebenfalls zurück. Dabei kann die Unbegründetheit nicht nur darauf beruhen, dass der Ausgangsverwaltungsakt recht- und zweckmäßig ist, sondern dass er den Widerspruchsführer ohnehin weniger belastet bzw. ihm mehr zugesteht, als es rechtmäßig wäre. Außerdem ist auch ein Drittwiderspruch gegen einen objektiv rechtswidrigen VA unbegründet, wenn keine drittschützenden Normen verletzt sind.[26] 19

Soweit die Widerspruchsbehörde davon ausgeht, dass der Widerspruch nicht nur unbegründet ist, sondern darüber hinaus der Ausgangsverwaltungsakt sogar noch „zu milde“ ist, hat sie nach der h.M. die Möglichkeit, diesen zu verbösern, sog. reformatio in peius.[27]

hemmer-Methode: Rechtsgrundlage einer solchen reformatio in peius ist allerdings nicht § 73 VwGO, sondern das jeweilige materielle Recht und - nach wohl h.M. - eine vergleichende Anwendung der §§ 48, 49 VwVfG.

beim begründeten Widerspruch:

Hält die Widerspruchsbehörde den Widerspruch für begründet, ist zwischen Anfechtungs- und Verpflichtungswiderspruch zu unterscheiden:

bei Anfechtungswiderspruch Aufhebung des Verwaltungsakts

aa) Beim Anfechtungswiderspruch hebt sie den angefochtenen Verwaltungsakt auf.

beim Verpflichtungswiderspruch str., ob Erlass des begehrten Verwaltungsakts durch Widerspruchsbehörde oder Anweisung an die Ausgangsbehörde

bb) Beim Verpflichtungswiderspruch könnte die Widerspruchsbehörde entweder den beantragten Verwaltungsakt selbst erlassen oder die Ausgangsbehörde zu dessen Erlass verpflichten. Obwohl die wohl h.M. ein Recht, den Bescheid auch selbst zu erlassen, annimmt, besteht keine Pflicht dazu, da die Verpflichtung der Ausgangsbehörde den Rechtsschutz des Bürgers nicht einschränkt und Letztere schon rein verwaltungstechnisch (Formulare etc.) i.d.R. besser dazu ausgestattet sein wird. Wichtig ist, dass jedenfalls die Widerspruchsbehörde nicht analog § 113 V S. 1 VwGO auf eine Verpflichtung der Ausgangsbehörde zum Erlass des Verwaltungsakts beschränkt ist, da diese Vorschrift, nach der die Judikative ihr Ermessen nicht an das der Exekutive setzen soll, auf das Verhältnis der beiden Exekutivorgane untereinander, die dem Bürger gegenüber überdies in einem einheitlichen Verfahren auftreten, nicht gilt.

4. Andere Möglichkeiten

U.U. kann das Rechtsschutzziel des Bürgers auch auf andere Weise erreicht werden als durch den Widerspruchsbescheid. 20

25 Nach Pietzner/Ronellenfitsch, § 42, Rn. 1254 ff. müsste dasselbe für formfehlerhafte Widersprüche gelten, da diese die Frist nicht wahren und damit auch gleichsam verfristet sind.

26 Vgl. insoweit auch die Begründetheit der Dritt-Anfechtungsklage **Hemmer/Wüst, Verwaltungsrecht I, Rn. 400 ff.**

27 Vgl. ausführlich hierzu **Hemmer/Wüst, Verwaltungsrecht, Rn. 504 ff.**

So wäre zum einen denkbar (wie in der Praxis auch praktiziert), dass die Widerspruchsbehörde, die i.d.R. auch Aufsichtsbehörde der Ausgangsbehörde ist, diese fachaufsichtlich zum Erlass eines Abhilfebescheids anweist. Dieses Vorgehen ist angesichts der gesetzlichen Gliederung des Verfahrens und des Wortlauts des § 73 I VwGO (... „so ergeht ein Widerspruchsbescheid“ ... „diesen erlässt“ ...) Bedenken ausgesetzt.[28]

Abgrenzung von Abhilfe oder stattgebendem Widerspruchsbescheid zu §§ 48 ff. VwVfG

Außerdem kann ein Verwaltungsakt auch außerhalb des Widerspruchsverfahrens von der Ausgangsbehörde[29] nach §§ 48 f. VwVfG zurückgenommen bzw. widerrufen werden, sog. Zweitbescheid, wobei während des Vorverfahrens an die Erleichterung des § 50 VwVfG zu denken ist, wenn der gegen den Verwaltungsakt eingelegte Widerspruchsbescheid zulässig (sowie nach wohl h.M. nicht offensichtlich unbegründet) ist.[30] Der Behörde steht grds. die Wahl offen, ob sie mittels Abhilfe- oder mittels Zweitbescheid vorgehen möchte.[31]

hemmer-Methode: Halten Sie die Abhilfeentscheidung nach § 72 VwGO und die Rücknahme nach §§ 48 ff. VwVfG gut auseinander! § 72 VwGO ist einerseits enger, weil er auch eine subjektive Rechtsverletzung erfordert, andererseits trifft die Behörde gegebenenfalls eine Abhilfepflicht ohne Rücksicht auf etwaiges schutzwürdiges Vertrauen und es kann die Zweckwidrigkeit für den Erfolg des Widerspruchs genügen.
Ein weiterer Unterschied besteht darin, dass die Behörde bei der Abhilfe eine Kostenentscheidung zu treffen hat. Versucht sie, diese durch die bloße Deklarierung des Bescheids als Rücknahme zu umgehen, kann der Widerspruchsführer gegen die bei der nachfolgenden Einstellung des Widerspruchsverfahrens ergehende Kostenentscheidung vorgehen und rügen, dass eigentlich eine Abhilfe vorliegt, sodass die Kostenentscheidung nach § 80 I S. 1 VwVfG hätte ergehen müssen.[32]
Eine wichtige Schnittstelle zwischen Abhilfeentscheidung und Rücknahme/Widerruf nach §§ 48, 49 VwVfG bildet § 50 VwVfG (vgl. Hemmer/Wüst, Verwaltungsrecht I, Rn. 500 ff.), nach dem Rücknahme und Widerruf unter erleichterten Umständen möglich sind, soweit dadurch einem Widerspruch oder einer Anfechtungsklage „abgeholfen“, d.h. im Ergebnis Recht gegeben wird. Es handelt sich dabei aber nicht um einen Abhilfebescheid im technischen Sinn des § 72 VwGO, sondern um einen Aufhebungsbescheid nach §§ 48 f. VwVfG. In der Abgrenzung der verschiedenen hier möglichen Handlungsformen der Ausgangsbehörde kann durchaus einmal ein Schwerpunkt in der Klausur liegen.

Widerspruchsbehörde i.d.R. kein Wahlrecht

Die Widerspruchsbehörde hat anders als die Ausgangsbehörde regelmäßig kein Wahlrecht, ob sie einen Widerspruchsbescheid erlässt oder nach §§ 48 f. VwVfG vorgeht. Für letzteres fehlt der Widerspruchsbehörde nämlich i.d.R. die sachliche Zuständigkeit.

D) Exkurs für Referendare: Der Sachbericht

Sachbericht als Anforderung in der Widerspruchsklausur im Zweiten Examen

21 Gerade im Widerspruchsverfahren, in dem die Fakten das erste Mal zur rechtlichen Überprüfung zusammengetragen und geordnet werden, ist es ein praktisches (und damit auf den Referendar in der Verwaltungsstation zukommendes) Problem, diesen so aufzubereiten, dass ein festes Bild vom Sachverhalt entsteht, das der rechtlichen Bewertung zugrunde zu legen ist. Nicht selten ist dies auch in Prüfungen Bestandteil einer Widerspruchsklausur.

28 Dieses Problem war Gegenstand des Bayerischen Zweiten Staatsexamens 2000/II.

29 Der Widerspruchsbehörde fehlt hierfür i.d.R. die sachliche Zuständigkeit! Diese folgt den allgemeinen Regeln.

30 Vgl. zu § 50 VwVfG **Hemmer/Wüst, Verwaltungsrecht I, Rn. 500 ff.**

31 BVerwG, BayVBl. 1997, 345 = **juris**byhemmer.

32 Kopp/*Ramsauer*, § 80 VwVfG, Rn. 18, 19, wobei der Widerspruchsführer im Zweifelsfall die Absicht der Behörde nicht wird beweisen können; beachte auch Art. 80 I S. 5 HS 1 BayVwVfG, wonach auch bei einer Erledigung des Widerspruchs durch Rücknahme des VA eine Kostenentscheidung nach billigem Ermessen ergehen kann.

hemmer-Methode: Hierbei handelt es sich für Referendare i.d.R. um ein völlig neues Problemfeld, auf das das Studium nur unzureichend, meistens sogar überhaupt nicht vorbereitet hat. Auch i.R. dieses Exkurses kann keine vollständige Anleitung zum Erstellen eines Sachberichts geleistet werden. Vielmehr sollen einige knappe grundlegende Hinweise erfolgen, die sich v.a. an den Referendar wenden, der am Beginn seiner Ausbildung steht. Auch hier sei wieder darauf hingewiesen, auf Gepflogenheiten und Besonderheiten der jeweiligen Ausbildungsstation bzw. des jeweiligen Bundeslandes zu achten.

Einordnung: nicht als Tatbestand gesondert abgesetzt, sondern als Teil der Gründe i.w.S.

Ein erster wichtiger Unterschied zum Urteil ist, dass der Sachverhalt im Verwaltungsverfahren nicht wie im Urteil als „Tatbestand" gesondert abgesetzt, sondern als Teil der Gründe i.w.S. der Entscheidung über den Widerspruch inkorporiert wird.[33] Es ist als Aufgabenstellung aber auch denkbar, dass vor einem Gutachten über die Erfolgsaussichten des Widerspruchs ein Sachbericht verlangt wird. 22

Für den Aufbau dieses Sachberichts bzw. der tatsächlichen Gründe werden z.T. unterschiedliche Reihenfolgen vorgeschlagen. Wichtig ist, dass folgende Punkte getrennt werden:[34] 23

mögliche Elemente des Sachberichts

<u>Mögliche Elemente des Sachberichts:</u>

- ⇨ der unstreitige Sachverhalt
- ⇨ Anträge der Beteiligten im Ausgangsverfahren
- ⇨ das strittige Vorbringen und zwar
  - strittige Tatsachenbehauptungen
  - unterschiedliche Rechtsauffassungen
- ⇨ der Ablauf des Ausgangsverfahrens
- ⇨ der Ausgangsbescheid und zwar
  - sein Tenor
  - seine wesentlichen Gründe
- ⇨ der bisherige Ablauf des Widerspruchsverfahrens, insbesondere
  - das Vorbringen des Widerspruchsführers
  - neue Sachverhaltsermittlungen
  - die Entscheidung über die Abhilfe

grds. knappe Darstellung geboten

Was den Umfang angeht, ist – schon aus Zeitgründen – eine knappe Darstellung geboten, die sich um eine klare und natürliche Sprache bemüht und keinesfalls den Eindruck von Subjektivität und Voreingenommenheit erwecken darf. Wertende Darstellungen sollten also, soweit entbehrlich, überhaupt nicht eingebaut werden. 24

33 Vgl. Pietzner/Ronellenfitsch, § 43, Rn. 1289; Brühl, JuS 1994, 330 (331); vgl. auch unten Rn. 69.; Kroiß/Neurauter, Formularsammlung, 23. Aufl. 2013, Nr. 50.

34 Ein ausführlicheres und untergliedertes Schema findet sich bei Brühl, JuS 1994, 330 (331); vgl. auch Pietzner/Ronellenfitsch, § 24, Rn. 862 ff. zum Tatbestand im verwaltungsgerichtlichen Urteil.

§ 2 ERFOLGSAUSSICHTEN DES WIDERSPRUCHS IN DER KLAUSUR

Während der erste Abschnitt v.a. einen Überblick über das Widerspruchsverfahren als Hintergrundinformation geben sollte, sollen in diesem Abschnitt ein Prüfungsschema für den Widerspruch aufgezeigt und wichtige Problemkonstellationen der jeweiligen Prüfungspunkte dargestellt werden. Dabei werden sich z.T. Überschneidungen, z.T. aber auch Abweichungen vom Prüfungsschema der Anfechtungs- bzw. Verpflichtungsklage ergeben. 25

hemmer-Methode: Lesen Sie deshalb für ein vollständiges Erfassen der Probleme und zur gleichzeitigen Wiederholung immer die angegebenen Fundstellen in den Skripten Hemmer/Wüst, Verwaltungsrecht I und II nach!
Ihre Aufgabe muss es also sein, die Gemeinsamkeiten zu erkennen, um so Speicherkapazität in Ihrem Gehirn zu sparen, sich aber andererseits die Unterschiede gut einzuprägen, mit denen Sie in der Klausur zeigen können, dass Sie auch das Widerspruchsverfahren beherrschen.

Das Schema geht in erster Linie vom im ersten Examen geforderten Gutachten aus, das freilich auch im Assessorexamen verlangt sein kann. Die vermittelten Informationen können aber natürlich auch für den Entwurf eines Widerspruchsbescheides nützlich sein.

Liegt ein Widerspruchsbescheid vor, dessen Erfolgsaussichten zu prüfen sind, ist für die Prüfung folgendes Schema möglich:[35] 26

Prüfungsschema zum Widerspruch

Prüfungsschema zum Widerspruch

I. Zuständigkeit der Behörde

II. Zulässigkeit

1. Eröffnung des Verwaltungsrechtswegs, § 40 I S. 1 VwGO analog
2. Statthaftigkeit des Widerspruchs, § 68 I S. 1 VwGO
3. Widerspruchsbefugnis, § 42 II VwGO analog
4. Form und Frist, § 70 I VwGO
5. Beteiligtenbezogene Voraussetzungen (Beteiligten- und Handlungsfähigkeit, Vertretung, §§ 11 ff. VwVfG)
6. Sonstige Voraussetzungen (z.B. Sachbescheidungsinteresse)

III. Begründetheit

hemmer-Methode: Wie bei den meisten Aufbauvorschlägen gilt auch hier: Schemata sind kein Selbstzweck und können immer nur unverbindliche Hinweise sein. Es gibt auch wesentlich ausführlichere Versionen, bei denen freilich allzu leicht die Gefahr besteht, dass die Übersichtlichkeit und die Erlernbarkeit darunter leiden. Aber selbst bei diesem Schema müssen nicht immer alle Punkte angesprochen werden. Insbesondere erübrigt sich die Prüfung der sonstigen Voraussetzungen, wenn keine Besonderheiten ersichtlich sind, und auch die beteiligtenbezogenen Voraussetzungen können u.U. einmal weggelassen werden oder zumindest in einem Satz bejaht werden, wenn sich keine Schwierigkeiten ergeben.

35 Vgl. auch die Zulässigkeitsschemata bei Pietzner/Ronellenfitsch, § 30, Rn. 1074, sowie bei Brühl, JuS 1994, 153.

A) Vorbemerkung: Auslegung des Rechtsschutzziels 27

u.U. vor der Prüfung Auslegung des Rechtsschutzbegehrens erforderlich

Der dargestellte Aufbau, der im Anschluss näher erörtert wird, ist ausreichend, wenn aus dem Sachverhalt unzweifelhaft hervorgeht, dass es sich bei dem zu überprüfenden Rechtsbehelf überhaupt um einen Widerspruch handelt. U.U. kann aber auch einmal unklar sein, ob überhaupt ein solcher vorliegt:

z.B. bei Formulierung als „Einspruch"

Bsp.: *Nachdem im Sachverhalt der Erlass eines Verwaltungsakts geschildert wird, mit dem der Bürger (B) nicht einverstanden ist, heißt es:*

„Drei Wochen später geht bei der Behörde ein mit „Einspruch" überschriebenes Schreiben des B ein, in dem er erklärt, dass die „Maßnahme seiner Ansicht nach gegen die Gesetze verstoße" und dass er eine nochmalige Prüfung und erforderlichenfalls Vorlage an die übergeordnete Behörde verlange; sollte seinem Begehren nicht entsprochen werden, werde er die Behörde vor Gericht verklagen."

Hier ist der untechnische Begriff des „Einspruchs" gewählt, was allerdings nicht schadet, wenn die Auslegung ergibt, dass B Widerspruch i.S.d. §§ 68 ff. VwGO einlegen wollte.[36] Hier ist die Auslegung wohl relativ leicht und eindeutig in diese Richtung vorzunehmen, da B eine erneute Überprüfung wegen angeblicher Rechtswidrigkeit sowie „erforderlichenfalls Vorlage an die übergeordnete Behörde" verlangt. Außerdem möchte er eventuell Klage erheben, um den Verwaltungsakt zu beseitigen, wofür ein Vorverfahren ordnungsgemäß durchzuführen ist.

Abgrenzung v.a. von formlosen Rechtsbehelfen

Abzugrenzen ist die Einlegung des Widerspruchs insbesondere von den formlosen Rechtsbehelfen der Gegenvorstellung, Dienstaufsichts- und (Sach-) Aufsichtsbeschwerde.[37] Diese Abgrenzung ist zweckmäßigerweise an den Beginn der Klausur zu stellen, denkbar wäre aber auch, sie unter dem Gesichtspunkt der ordnungsgemäßen Einlegung des Widerspruchs zu behandeln: wird nämlich nicht klar, dass es sich um einen Widerspruch handelt, ist ein solcher sicher auch nicht wirksam eingelegt.[38] Allerdings spricht für die Einordnung am Beginn der Prüfung, dass ja erst mit der Auslegung des Bürgerbegehrens als Widerspruch das Formerfordernis des § 70 I VwGO Anwendung finden kann.

im Zweifel ist großzügig Widerspruch anzunehmen, da nur dieser die Möglichkeit von Anfechtungs- oder Verpflichtungsklage eröffnet

Im Zweifel ist beim Vorliegen eines Verwaltungsakts ein Widerspruch großzügig anzunehmen, da nur dieser eine spätere verwaltungsgerichtliche Überprüfung ermöglicht. Zudem hat nur ein Widerspruch Suspensivwirkung. Allerdings darf dem Rechtsbehelfsführer nicht gegen seinen Willen ein bestimmter Rechtsbehelf „untergeschoben" werden, wenn er bewusst ein anderes, eventuell auch für ihn weniger vorteilhaftes Rechtsmittel gewählt hat. Insbesondere kann gegen eine Einordnung als Widerspruch und für einen formlosen Rechtsbehelf sprechen, wenn er erkennbar kein Kostenrisiko übernehmen wollte, insbesondere wenn ein Widerspruch aufgrund Verfristung unzulässig wäre.[39] Auch durch einen Rechtsanwalt eingelegte und bezeichnete Rechtsbehelfe sind i.d.R. nicht einfach gegen ihren Wortlaut auszulegen bzw. umzudeuten.[40]

u.U. auch Auslegung erforderlich, welche Maßnahme angegriffen wird

Auch in Fällen, in denen unzweifelhaft von einem Widerspruch auszugehen ist, kann im Übrigen noch eine Prüfung vor das hier genannte Schema treten:

---

36 Vgl. z.B. OVG Münster, NVwZ 1990, 676 = **juris**byhemmer.

37 Vgl. dazu näher m.w.N. und Beispielen **Hemmer/Wüst, Verwaltungsrecht I, Rn. 148 ff.**, wo in Rn. 152 ff. auch die einzelnen formlosen Rechtsbehelfe kurz dargestellt sind.

38 An diesem Punkt ordnet die Abgrenzungsproblematik z.B. Schoch, Übungen im Öffentlichen Recht II, S. 274 f. (= Fall 6) ein.

39 Vgl. Brühl, JuS 1994, 153.

40 Vgl. z.B. VGH München, NJW 2013, 3048; Kopp/*Schenke*, Vor § 124, Rn. 14; § 124a, Rn. 46; Eyermann-*Happ*, § 124a, Rn. 33.

Wenn die angegriffene behördliche Maßnahme mehrere selbstständige Regelungen enthält, muss der Widerspruch dahingehend ausgelegt werden, welche Regelungen überhaupt angegriffen werden sollen bzw. es muss zumindest klar gemacht werden, welche Einzelregelungen der Ausgangsverwaltungsakt enthält. Ob diese zweckmäßig getrennt geprüft werden und dann häufig nach oben verwiesen wird, oder ob – zumindest in der Zulässigkeit – zusammen geprüft und innerhalb der Prüfungspunkte erforderlichenfalls differenziert wird, ist eine Frage des Einzelfalls.

B) Zuständigkeit der Widerspruchsbehörde

Abhilfebehörde ist immer Ausgangsbehörde, zuständige Widerspruchsbehörde u.U. problematisch

I. Denkbar in der Klausur wäre zwar auch die Frage nach der Entscheidung der Abhilfe- = Ausgangsbehörde, deren Zuständigkeit keine Probleme aufwirft. 28

Meist wird aber nach der Entscheidung der Widerspruchsbehörde gefragt, wobei i.d.R. die Abhilfe durch die Ausgangsbehörde schon verweigert worden sein wird (vgl. dazu oben Rn. 14).

II. Über den zweckmäßigsten Ort für die Prüfung der Behördenzuständigkeit gehen die Meinungen auseinander. Einig ist man sich jedoch überwiegend darüber, dass sie entweder den Anfang oder das Ende der Zulässigkeitsprüfung bilden sollte, da ihr eine gewisse Sonderstellung zukommt: 29

⇨ Zum einen ist sie keine echte Zulässigkeitsvoraussetzung, wenngleich die Unzuständigkeit der Behörde zur Unzulässigkeit in Form der Verfristung führen kann, wenn der Widerspruchsführer selbst die Einlegung bei der falschen Behörde zu vertreten hat.

Bsp.: Der WF legt gegen einen Bescheid der Ausgangsbehörde bei dieser Widerspruch ein. Diese hilft ihm nicht ab und leitet den Widerspruch weiter, allerdings an die unzuständige Behörde.

Hier kann das Versehen der Ausgangsbehörde natürlich nicht zur Unzulässigkeit des Widerspruchs führen. Allerdings liegt in der Entscheidung der unzuständigen Behörde nach h.M. ein wesentlicher Verfahrensfehler i.S.d. § 79 I Nr. 2 VwGO, der zur isolierten Anfechtbarkeit des Widerspruchsbescheids führt.

Anders, wenn der WF den Widerspruch gleich bei der Widerspruchsbehörde einlegen möchte, was grds. möglich ist (arg. § 70 I S. 2 VwGO), dabei aber selbst die falsche Behörde wählt. Hierdurch wird zumindest die Frist nicht gewahrt, so dass ohne rechtzeitige Weiterleitung der Widerspruch unzulässig wird (vgl. auch unten Rn. 51). Dieses Problem tritt in der Praxis allerdings nur sehr selten auf, da die „richtige" Widerspruchsbehörde bei einer korrekten Rechtsbehelfsbelehrung in dieser ausdrücklich genannt ist.

⇨ Zum anderen ist die Zuständigkeit nicht nur mögliche Zulässigkeitsvoraussetzung, sondern auch formelle Rechtmäßigkeitsvoraussetzung für das Handeln der Widerspruchsbehörde.

hemmer-Methode: Ist Gegenstand der Klausur die Anfechtung eines Widerspruchsbescheides, gehört die Zuständigkeit der Widerspruchsbehörde aus diesem Grund in die Begründetheit der Klage, Unterpunkt formelle Rechtmäßigkeit des angegriffenen Verwaltungsaktes.

Im Fall des Gutachtens über die Erfolgsaussichten eines Widerspruchs, um den es hier geht, erscheint eine Prüfung der Behördenzuständigkeit zu Beginn der Prüfung angebracht, wie sie nicht zuletzt aus verwaltungsökonomischen Gesichtspunkten auch in der Praxis weitgehend vorgenommen wird.[41]

41 Vgl. Pietzner/Ronellenfitsch, § 19, Rn. 1062 ff.; Kroiß/Neurauter, Formularsammlung, Nr. 50.

hemmer-Methode: Der Beamte wird immer zunächst nach seiner Zuständigkeit fragen. Kann er diese verneinen, spart er sich jede weitere Sachprüfung in dieser Angelegenheit und hat den Kopf frei für die wirklich wichtigen Dinge des täglichen Lebens.
Achtung Referendare! Sowohl Ausbilder der Praxis als auch die Klausurenersteller für das zweite Examen legen meist besonders viel Wert darauf, dass die Zuständigkeit der Behörde vorab in den Gründen des Widerspruchsbescheids festgelegt wird.
Hier genügt aber in der Regel nicht der bloße Hinweis auf Zuständigkeitsnormen nach der VwGO (also z.B. §§ 72, 73 VwGO), vielmehr müssen Sie hier genau mit den Zuständigkeitsvorschriften der Spezialgesetze arbeiten, die den Streit entscheiden. Vielfach muss dabei auch auf die Ausführungsgesetze der Länder zurückgegriffen werden, weil sich aus den Bundesgesetzen wegen Art. 83, 84 GG regelmäßig nicht ergibt, wer die zuständige Behörde ist.

Regelung der Widerspruchsbehörde in § 73 I VwGO

III. Die Zuständigkeit der Widerspruchsbehörde regelt sich nach § 73 I S. 2 VwGO, welcher selbst an sich klar strukturiert ist, aber in weitem Umfange andere gesetzliche Regelungen zulässt. Deshalb kann es in der Praxis als auch in der Klausurbearbeitung schwierig sein, die zuständige Behörde genau zu bestimmen. Solche spezialgesetzlichen Bestimmungen sollen hier nicht näher beleuchtet werden. 30

§ 73 I S. 2 VwGO selbst unterscheidet folgendermaßen:

⇨ § 73 I S. 2 Nr. 1 VwGO: grds. übergeordnete Behörde

⇨ Nach § 73 I S. 2 Nr. 1 VwGO entscheidet grds. die nächsthöhere Behörde, soweit nicht durch Gesetz eine andere Behörde bestimmt wird.[42] Mit dem Begriff der „nächsthöheren Behörde" wird auf die für den Behördenaufbau maßgeblichen organisationsrechtlichen Bestimmungen des Bundes- und Landesrechts verwiesen, wobei § 73 I S. 2 VwGO insgesamt grds. von einem dreistufigen Behördenaufbau (Ministerium – Mittelbehörden – Unterbehörden) ausgeht. Aufgrund Art. 84 I GG wird der Behördenaufbau dabei in aller Regel in den Landesgesetzen normiert sein. 31

Bsp.: *Bauherr B beantragt eine Baugenehmigung. Wenn die untere Bauaufsichtsbehörde (je nach Bundesland i.d.R. Landratsamt[43] bzw. Oberkreis- oder Oberstadtdirektor) den Erlass einer Baugenehmigung verweigert, entscheidet die mittlere Bauaufsichtsbehörde (je nach Bundesland Bezirksregierung bzw. Regierungspräsident).*

⇨ § 73 I S. 2 Nr. 2 VwGO: Ausgangsbehörde, wenn nächsthöhere Behörde

⇨ Nach § 73 I S. 2 Nr. 2 VwGO entscheidet aber die Ausgangsbehörde selbst, wenn die nächsthöhere Behörde eine oberste Bundes- oder Landesbehörde ist. 32

Bsp.: *Der Ausgangsverwaltungsakt wird von der Regierung auf Bezirksebene erlassen. Nächsthöhere Behörde wäre hier das jeweilige (Fach-) Ministerium, also eine oberste Landesbehörde. Nach § 73 I S. 2 Nr. 2 VwGO ist die Regierung damit nicht nur Ausgangs-, sondern auch Widerspruchsbehörde.*

= oberste Bundes- oder Landesbehörde

hemmer-Methode: Hier sehen Sie deutlich, dass § 73 I S. 2 VwGO vom (zumindest) dreistufigen Behördenaufbau ausgeht. Bei einem zweistufigen Aufbau würde nämlich die Ausnahme der Nr. 2 gleichsam zum Regelfall. Dies berücksichtigt § 185 II VwGO, der den Ländern Berlin, Brandenburg, Bremen, Hamburg, Mecklenburg-Vorpommern, Schleswig-Holstein und dem Saarland gestattet, von der Vorschrift des § 73 I S. 2 VwGO abweichende Regelungen zu treffen.
Rechtspolitischer Zweck für die Regelung des § 73 I S. 2 Nr. 2 VwGO ist es, die Verwaltungsspitze zu entlasten und von Einzelfallentscheidungen freizuhalten.

---

42 Relevant für die Klausur können spezielle Zuständigkeitsregeln für die Entscheidung über den Widerspruch gegen Maßnahmen der Vollzugspolizei sein, vgl. für Bayern Art. 12, 4 II Nr. 1 BayPOG, sowie Art. 119 Nr. 2 BayGO für die Entscheidung über einen Widerspruch der Gemeinde aus dem übertragenen Wirkungskreis. Für den eigenen Wirkungskreis beachte Rn. 33.

43 In Bayern auch kreisfreie und große Kreisstädte, Art. 9 I, II BayGO, sowie einige kreisangehörige Gemeinden, Art. 53 II, I BayBO i.V.m. § 5 BayZustVBau.

Selbst entscheiden muss die oberste Behörde allerdings, wenn sie selbst einen Verwaltungsakt erlassen hat und abweichend von § 68 I S. 2 Nr. 1 VwGO ein Widerspruchsverfahren vorgeschrieben ist, z.B. § 126 II BBG.
Eine wichtige bundesgesetzliche Ausnahme zu § 73 I S. 2 Nr. 2 VwGO bildet § 126 III BBG, nach dem über Widersprüche aus dem Beamtenverhältnis grundsätzlich die oberste Dienstbehörde entscheidet, d.h. i.d.R. das jeweilige Ressortministerium.

⇨ § 73 I S. 2 Nr. 3 VwGO: in Selbstverwaltungsangelegenheiten grds. Selbstverwaltungskörperschaft selbst

⇨ Nach § 73 I S. 2 Nr. 3 VwGO entscheidet schließlich in Selbstverwaltungsangelegenheiten die Selbstverwaltungsbehörde selbst, soweit gesetzlich nichts anderes bestimmt ist.[44] 33

Bsp.: Der wichtigste Fall des § 73 I S. 2 Nr. 3 VwGO ist die Gemeinde. Selbstverwaltungsangelegenheiten sind dabei aber nur die weisungsfreien Angelegenheiten des eigenen Wirkungskreises, nicht hingegen auch die Angelegenheiten des übertragenen Wirkungskreises. Die Abgrenzung kann erfahrungsgemäß gewisse Schwierigkeiten bereiten, kann aber im Rahmen dieses Skripts nicht weiter ausgebreitet werden. Ein weiterer Fall des § 73 I S. 2 Nr. 3 VwGO sind Verwaltungsakte, die von der Universität als Selbstverwaltungskörperschaft erlassen werden. Diese ist dann sowohl Ausgangs- als auch Widerspruchsbehörde.

hemmer-Methode: § 73 I S. 2 Nr. 3 VwGO wahrt v.a. die Garantie der kommunalen Selbstverwaltung, Art. 28 II S. 1, 3 GG. Soweit der Landesgesetzgeber von der anderweitigen Regelungsmöglichkeit Gebrauch macht, muss er diese ebenfalls berücksichtigen, etwa dadurch, dass bei der Entscheidung durch eine andere Behörde diese auf eine bloße Rechtmäßigkeitskontrolle beschränkt ist, wie z.B. durch Art. 119 Nr. 1 BayGO. Bei anderen Selbstverwaltungskörperschaften ist dagegen eine solche Beschränkung mangels verfassungsrechtlichen Schutzes nicht erforderlich.

Erwähnenswert erscheint schließlich auch noch § 73 II VwGO, nach dem Vorschriften, nach denen an die Stelle der Behörden im Vorverfahren Ausschüsse oder Beiräte treten, unberührt bleiben, und abweichend von § 73 I S. 2 Nr. 1 VwGO auch bei der Behörde gebildet werden können, die den Verwaltungsakt erlassen hat. 34

Solche Ausschüsse und Beiräte finden sich in speziellen, für das erste Examen aber kaum relevanten Bereichen in Bundesgesetzen sowie in einigen Ländern. Wer mit dem entsprechenden Landesrecht arbeiten muss, sollte sich einen Überblick über die gesetzlichen Regeln verschaffen und sich für die Klausur eine prägnante Formulierung überlegen.

hemmer-Methode: Zusammenfassend gilt also: Wenn die Zuständigkeit noch gesondert festgestellt werden muss, ist von § 73 I S. 2 VwGO auszugehen, wobei die Nr. 2 und 3 als speziellere Regelungen die Nr. 1 verdrängen. Einen Überblick über die Verwaltungsorganisation sollte man sich im Laufe des Studiums zumindest durch entsprechendes Training am Fall verschafft haben. Mit gesetzlichen Sonderregelungen muss (außer in den von § 185 II VwGO betroffenen Ländern) in der Klausur bis zum ersten Examen allenfalls aus dem Kommunalrecht gerechnet werden. Für andere Fälle sollte der Sachverhalt i.d.R. einen entsprechenden Anhaltspunkt enthalten.

C) Zulässigkeit des Widerspruchs

Zulässigkeitsschema: Ähnlichkeiten zu Anfechtungs- und Verpflichtungsklage

Das Zulässigkeitsschema des Widerspruchs ähnelt stark dem der Anfechtungs- oder Verpflichtungsklage. Sie sollten aber besonders bei der Wortwahl und den wenigen Unterschieden sauber arbeiten, um nicht durch vermeidbare Ungenauigkeiten schon am Anfang der Klausur einen schlechten Eindruck zu erwecken. 35

44 Für Bayern vgl. Art. 119 Nr. 1 BayGO; Pietzner/Ronellenfitsch, § 37, Rn. 1183.

Wenn die Zuständigkeit der Widerspruchsbehörde auch bereits als Unterpunkt unter der Überschrift „Zulässigkeit" geprüft wird, dürfte das zwar von manchen Korrektoren nicht allzu sehr angekreidet werden, sauberer ist aber sicher eine getrennte Darstellung, wie auch hier verfolgt.

I. Eröffnung des Verwaltungsrechtswegs, §§ 68 I S. 1, 40 I VwGO analog

Eröffnung des Verwaltungsrechtswegs, § 40 I VwGO analog

Auch für das Widerspruchsverfahren als Vorschaltrechtsbehelf für den Verwaltungsprozess muss analog § 40 I VwGO der Verwaltungsrechtsweg eröffnet sein. 36

Häufig wird hier kein großes Problem liegen, nicht zuletzt da auch Verwaltungsakte, gegen die bzw. auf deren Erlass sich ja der Widerspruch richtet, nach § 35 S. 1 VwVfG auf dem Gebiet des öffentlichen Rechts erlassen werden.[45] Allerdings ist auch hier an abdrängende Sonderzuweisungen zu denken.

Hinsichtlich eventueller Schwierigkeiten, die sich bei der Eröffnung des Verwaltungsrechtswegs ergeben können (z.B. Hausverbote, Subventionen, Zulassung zu öffentlichen Einrichtungen) sei auf die entsprechenden Darstellungen in den Skripten **Hemmer/Wüst, Verwaltungsrecht I und II** verwiesen.[46]

hemmer-Methode: Nach vorzugswürdiger Ansicht ist § 40 VwGO im Zulässigkeitsschema der Klagen nicht als Zulässigkeitsfrage, sondern vorneweg zu prüfen, da nach Wegfall des § 41 VwGO und mit Geltung der §§ 17, 17a GVG (vgl. § 173 S. 1 VwGO) eine Verweisung von Amts wegen zu erfolgen hat und somit die Abweisung einer Klage wegen Nicht-Eröffnung des Verwaltungsrechtswegs als unzulässig durch Prozessurteil nicht mehr möglich ist.[47] Davon abgesehen, dass eine Prüfung als erster Zulässigkeitspunkt sogar bei einer Klage i.d.R. nicht als falsch angesprochen wird, spricht beim Schema für den Widerspruch mehr dafür, § 40 VwGO jedenfalls in der Zulässigkeit zu prüfen: Zum einen hat man mit der Behördenzuständigkeit schon einen vorgelagerten Punkt, zum anderen gibt es eine Verweisung an eine ordentliche Behörde, wie sie §§ 17, 17a GVG entsprechen würde, nicht, sodass bei Nichteröffnung des Verwaltungsrechtswegs der Widerspruch schon als unzulässig zurückgewiesen werden müsste.

II. Statthaftigkeit des Widerspruchs, §§ 68 I, 42 I VwGO analog

Statthaftigkeit: aus Spezialregeln (v.a. § 126 II BBG) sowie aus § 68 I, II VwGO

1. Bei der Statthaftigkeit ist zu prüfen, ob der Widerspruch der richtige Rechtsbehelf ist. Die Statthaftigkeit kann sich zum einen aus Spezialregelungen ergeben, von denen § 126 II BBG die wichtigste ist, zum anderen aus der allgemeinen Vorschrift des § 68 I S. 1, II VwGO. 37

mögliche Unterscheidung: Anfechtungs- und Verpflichtungswiderspruch

In Anlehnung an § 42 I VwGO kann man begrifflich zwischen Anfechtungs- und Verpflichtungswidersprüchen unterscheiden, je nachdem ob ein erlassener Verwaltungsakt beseitigt oder ein abgelehnter bzw. nicht erlassener Verwaltungsakt erreicht werden soll (s.o. Rn. 2).

§ 68 I S. 1 VwGO: grds. erforderlich vor Erhebung von Anfechtungs- und Verpflichtungsklage

2. Nach § 68 I S. 1, II VwGO ist die Einlegung eines Widerspruchs erforderlich und damit auch statthaft vor Erhebung einer Anfechtungsklage und vor der einer Verpflichtungsklage im Fall der Versagungsgegenklage. Für die Frage, wann ein behördliches Handeln als Verwaltungsakt zu qualifizieren ist und welche Abgrenzungsschwierigkeiten entstehen können, sei auf die Ausführungen in Hemmer/Wüst, Verwaltungsrecht I, Rn. 59 - 100 verwiesen. 38

45 Vgl. V. Mutius, Jura 1978, 28.

46 **Hemmer/Wüst, Verwaltungsrecht I, Rn. 22 ff.**, insbes. **Rn. 27 ff.**; **Hemmer/Wüst, Verwaltungsrecht II, Rn. 5 ff.**

47 Vgl. **Hemmer/Wüst, Verwaltungsrecht I, Rn. 16**.

Zwei Sonderfälle sollen hier aber Erwähnung finden:

auch bei nichtigen Verwaltungsakten

⇨ Nach zutreffender herrschender Ansicht[48] kann ein nichtiger Verwaltungsakt, der ja an sich rechtlich keine Wirkungen herbeiführt, mit Widerspruch (und auch Anfechtungsklage, die neben die Möglichkeit der Feststellungsklage nach § 43 I Alt. 2 VwGO tritt) angegriffen werden.

Der Bürger hat hieran ein Interesse aufgrund der an seine tatsächliche Existenz anknüpfenden Rechtsscheinswirkung.[49]

nach h.M. aber kein vorbeugender „Verwaltungsakt-Verhütungs-Widerspruch“

⇨ Ein gleichsam vorbeugender „Verwaltungsakt-Verhütungs-Widerspruch“ oder ein der sog. Untätigkeitsklage[50] nach § 75 S. 1 VwGO entsprechender „Untätigkeitswiderspruch“ sind unzulässig. Ersterer, weil § 68 I S. 1 VwGO einen schon erlassenen Verwaltungsakt zwingend voraussetzt,[51] der „Untätigkeitswiderspruch“, weil § 68 II VwGO den Widerspruch nur für Versagungsgegenklagen vorschreibt, während bei Untätigkeit der Behörde § 75 S. 1 Alt. 2 VwGO gerade ein Widerspruchsverfahren für entbehrlich erklärt.

gesetzlich geregelte Fälle der Nicht-Erforderlichkeit und damit Unstatthaftigkeit

3. Die VwGO selbst hat aber einige Fälle geregelt, in denen trotz Vorliegens eines Verwaltungsakts ein Vorverfahren nicht erforderlich und ein Widerspruch damit nicht statthaft ist.[52] 39

hemmer-Methode: Achten Sie auf die richtige Einordnung: Bei der Prüfung der Anfechtungsklage führen diese Ausnahmen dazu, dass die Klage auch ohne vorheriges Widerspruchsverfahren zulässig sein kann. Bei der Prüfung des Widerspruchs selbst dagegen führen die Ausnahmen zur Unstatthaftigkeit und damit Unzulässigkeit des Rechtsbehelfs!
Etwas anderes gilt aber in den nicht gesetzlich geregelten Fällen, in denen ein Widerspruchsverfahren für entbehrlich gehalten wird (vgl. u. Rn. 43): hier dienen die anerkannten Ausnahmen nur einem schnelleren und effektiveren Rechtsschutz des Bürgers und können nicht dazu führen, dass ein Widerspruch in einem gesetzlich nicht geregelten Fall als unzulässig zurückgewiesen würde.[53] Umstritten ist dies allerdings in den Fällen der Erledigung des Verwaltungsaktes vor Widerspruchseinlegung.[54]

⇨ *§ 68 I S. 2 HS 1 VwGO: bei besonderer gesetzlicher Bestimmung, z.B. §§ 74 I S. 2, 70, 75 VwVfG*

⇨ Nach § 68 I S. 2 HS 1 VwGO können besondere gesetzliche Bestimmungen ein Widerspruchsverfahren ausschließen. Wichtige Fälle aus dem allgemeinen Verfahrens- und Prozessrecht[55] sind §§ 74 I S. 2, 70 VwVfG für Verwaltungsakte, die in einem förmlichen Verwaltungsverfahren oder einem Planfeststellungsverfahren erlassen worden sind, sowie § 75 S. 1 Alt. 2 VwGO für die oben schon erwähnte Untätigkeitsklage in den Fällen, in denen bereits die Ausgangsbehörde keinen Bescheid erlassen hat und eine Klage nach Maßgabe des § 75 S. 2 u. 3 VwGO bereits zulässig ist. 40

---

48 Vgl. Pietzner/Ronellenfitsch, § 31, Rn. 1087 m.w.N.

49 Vgl. dazu auch **Hemmer/Wüst, Verwaltungsrecht II, Rn. 317**: Auf eine Nichtigkeitsfeststellungsklage soll der Bürger auch deshalb nicht verwiesen werden, weil er sonst das Risiko der z.T. schwierigen Abgrenzung zwischen nichtigem und nur rechtswidrigem Verwaltungsakt tragen müsste.

50 Zur Untätigkeitsklage vgl. **Hemmer/Wüst, Verwaltungsrecht II, Rn. 44 ff.**

51 Ebenso setzt die Anfechtungsklage einen bereits erlassenen Verwaltungsakt voraus, vorbeugender Rechtsschutz ist allenfalls als vorbeugende Unterlassungsklage als Unterfall der allgemeinen Leistungsklage möglich, vgl. unten Rn. 274 ff.

52 Eine ausführlichere Darstellung der folgenden Fälle, in denen ein Widerspruchsverfahren nicht erforderlich ist, finden Sie in **Hemmer/Wüst, Verwaltungsrecht I, Rn. 157 ff.**

53 Kopp/*Schenke*, § 68 VwGO, Rn. 22 ff.

54 Vgl. BVerwG, DVBl. 1989, 873 (874) = **juris**byhemmer; zur Gegenansicht Kopp/*Schenke*, § 68 VwGO, Rn. 34.

55 Eine Auflistung von weiteren Fällen, in denen in Spezialgesetzen die Durchführung eines Widerspruchsverfahrens für entbehrlich erklärt wird enthält Pietzner/Ronellenfitsch, § 17, Rn. 539.

hemmer-Methode: § 75 S. 1 Alt. 2 VwGO erklärt ein Vorverfahren komplett für entbehrlich, während § 75 S. 1 Alt. 1 VwGO lediglich auf den Widerspruchsbescheid als Abschluss des ordnungsgemäß eingeleiteten Vorverfahrens verzichtet.

z.T. weitgehende Abschaffung des Vorverfahrens in den Bundesländern

Einige Bundesländer, so z.B. Bayern, haben gestützt auf § 68 I S. 2 HS 1 VwGO das Vorverfahren weitgehend abgeschafft, soweit es sich um Verwaltungsakte von Länderbehörden handelt.[56] Fraglich hieran ist, ob § 68 I S. 2 HS 1 VwGO wirklich eine nahezu vollständige Abschaffung des Vorverfahrens auf Landesebene und damit eine Umkehrung des Regel-/Ausnahmeverhältnisses ermöglichen will, oder ob nicht vielmehr nur an eine punktuelle Abschaffung des Widerspruchsverfahrens gedacht war. Soweit diese Frage bislang entschieden wurde, bejahten die Gerichte eine umfassende und nicht nur eine punktuelle Befugnis des Landesgesetzgebers.[57]

⇨ § 68 I S. 2 Alt. 2 Nr. 1 VwGO: gegen Verwaltungsakte oberster Bundes- oder Landesbehörden

⇨ Nach § 68 I S. 2 Alt. 2 Nr. 1 VwGO findet grds. kein Widerspruchsverfahren gegen Verwaltungsakte statt, die von einer obersten Landes- oder Bundesbehörde erlassen wurden. Wichtige Ausnahme ist hierzu wiederum der schon erwähnte § 126 II BBG. *41*

⇨ § 68 I S. 2 Alt. 2 Nr. 2 VwGO: erstmalige Beschwer durch Abhilfebescheid oder Widerspruchsbescheid

⇨ Nach § 68 I S. 2 Alt. 2 Nr. 2 VwGO findet schließlich kein Vorverfahren statt, wenn der Abhilfebescheid oder der Widerspruchsbescheid erstmalig eine Beschwer enthält. *42*

***Bsp.:** Bauherr B beantragt eine Baugenehmigung, die von der zuständigen Behörde mit Hinweis auf nicht eingehaltene bauordnungsrechtliche Abstandsflächen zum Grundstück seines Nachbarn N verweigert wird.*

B erhebt dagegen Widerspruch und die Widerspruchsbehörde erteilt die angestrebte Genehmigung (bzw. weist die untere Aufsichtsbehörde zur Erteilung an, vgl. dazu oben Rn. 19). N kann hier sofort, ohne weiteres Widerspruchsverfahren, Klage gegen die Genehmigung erheben.

Ebenfalls von § 68 I S. 2 Alt. 2 Nr. 2 VwGO erfasst wird der Fall, dass der ursprüngliche Adressat eines begünstigenden Verwaltungsakts durch dessen Änderung im Widerspruchsverfahren erstmalig beschwert wird.

So im Bsp. von eben, wenn zuerst die untere Baubehörde die Genehmigung erteilt, die Widerspruchsbehörde sie auf den Widerspruch des N aber aufgehoben hätte. Hier hätte B sofort Klage erheben können und zwar nach § 79 I Nr. 2 Alt. 2 VwGO gegen den Widerspruchsbescheid.

Das Gleiche gilt nach § 68 I S. 2 Alt. 2 Nr. 2 VwGO, wenn der Abhilfebescheid erstmalig eine Beschwer beinhaltet.

hemmer-Methode: Im Fall der reformatio in peius, der Verböserung einer bereits vorhandenen Beschwer, müsste § 68 I S. 2 Alt. 2 Nr. 2 VwGO streng genommen analog und nicht direkt angewendet werden, da keine erstmalige Beschwer i.d.S. durch den Widerspruchsbescheid vorliegt. Diese Genauigkeit fehlt allerdings in nahezu allen Lehrbüchern und Kommentaren zur VwGO, sodass auch Sie in der Klausur § 68 I S. 2 Alt. 2 Nr. 2 VwGO ohne Weiteres direkt anwenden können.

soweit nur richterrechtliche Entbehrlichkeit, wäre gleichfalls eingelegter Widerspruch statthaft.

4. Des Weiteren sind Fälle anerkannt, in denen sich die Entbehrlichkeit des Widerspruchsverfahrens zwar nicht aus dem Gesetz selbst ergibt, aber ein solches als bloße Förmelei im Interesse eines effektiven Rechtsschutzes für verzichtbar gehalten wird. *43*

56 Für Bayern vgl. Art. 15 I, II BayAGVwGO. Hier findet nur noch in den Fällen, die Art. 15 I BayAGVwGO aufzählt, ein Vorverfahren statt, in allen anderen Fällen entfällt es, Art. 15 II BayAGVwGO. Selbst in den Fällen, in denen nach Art. 15 I BayAGVwGO ein Vorverfahren noch statthaft ist, ist es allerdings nur fakultativ, d.h. der Betroffene hat ein Wahlrecht, ob er erst Widerspruch einlegen oder unmittelbar sofort klagen will.

57 Vgl. VerfGH Bayern, Entscheidung vom 15.11.2006, Vf. 6-VII-05, = Life&Law 06/2007, 413 ff. = jurisbyhemmer; VerfGH Bayern, Entscheidung vom 23.08.2010, Vf. 10-VII-07 = jurisbyhemmer; OVG Münster, Beschluss vom 14.05.2010, 11 LA 547/09. **Unser Service-Angebot an Sie: kostenlos hemmer-club-Mitglied werden (www.hemmer-club.de) und Entscheidungen der Life&Law lesen und downloaden.**

Dies ist allgemein gesagt immer dann der Fall, wenn sein Zweck bereits erfüllt wurde oder offensichtlich nicht mehr erfüllt werden kann.

Bsp.:[58] *Der angefochtene Verwaltungsakt ersetzt lediglich einen solchen, gegen den bereits ein Widerspruchsverfahren durchgeführt wurde; das Widerspruchsverfahren wurde bereits von einem Dritten durchgeführt[59]; das Verhalten der Widerspruchsbehörde lässt mit großer Wahrscheinlichkeit erwarten, dass der Widerspruch keinen Erfolg haben wird.*

In diesen Fällen allerdings wird - wie oben bereits angedeutet - nur auf das Widerspruchsverfahren als Zulässigkeitsvoraussetzung einer Anfechtungs- bzw. Verpflichtungsklage verzichtet, ein gleichwohl eingelegter Widerspruch bliebe dagegen zulässig.

Unzulässigkeit bei Erledigung des VA

Die gleiche Unterscheidung (nicht erforderlich, aber statthaft) wird z.T. für die Fälle der Erledigung vor Widerspruchseinlegung getroffen, bei der dann eine Fortsetzungsfeststellungsklage analog § 113 I S. 4 VwGO in Betracht kommt.[60] Die wohl überwiegende Auffassung geht aber von einer Unstatthaftigkeit eines „Fortsetzungsfeststellungswiderspruchs“ außerhalb etwa der Sonderregelung des Beamtenrechts (§ 126 II BBG) aus, während die Gegenansicht zum Teil sogar die zwingende Durchführung eines Widerspruchsverfahrens fordert.

Unzulässigkeit auch bei Verzicht

5. Ein Widerspruch ist auch unzulässig, wenn auf ihn verzichtet worden ist, wobei ein Rechtsmittelverzicht nur wirksam ist, wenn er nach Bekanntgabe des Verwaltungsakts erklärt wird, der Inhalt des Verwaltungsaktes und die Folgen des Verzichts überblickt werden konnten und der Verzicht nicht durch eine unzulässige Beeinflussung durch die Behörde zustande gekommen ist.[61] *44*

hemmer-Methode: Anders als in den Fällen oben führt ein Rechtsmittelverzicht natürlich nicht dazu, dass die Anfechtungs-/Verpflichtungsklage ohne Widerspruchsverfahren möglich ist, sondern erfasst grds. auch die gerichtlichen Rechtsbehelfe.
Unterscheiden Sie vom Verzicht auf den Widerspruch den Verzicht auf das zugrunde liegende materielle Recht, etwa durch Unterschrift der Baupläne durch den Nachbarn. Dieser hat zunächst die Unbegründetheit einer Klage bzw. eines Widerspruchs zur Folge, kann aber vorher auch schon bei der Klage-/Widerspruchsbefugnis bzw. dem allgemeinen Rechtsschutzbedürfnis zur Unzulässigkeit führen.

Dagegen hat die Rücknahme eines Widerspruchs im Regelfall nicht zur Folge, dass er nicht erneut wieder eingelegt werden könnte. *45*

hemmer-Methode: Fraglich ist, bis zu welchem Zeitpunkt die Rücknahme eines Widerspruches in Betracht kommt. Teilweise wird dies bis zum Ablauf der Klagefrist für möglich gehalten, was den Regelungen der VwGO über gerichtliche Rechtsbehelfe entsprechen würde. Für den Widerspruchsführer hätte dies den Vorteil, dass er einer eventuellen reformatio in peius[62] im Nachhinein den Boden entziehen kann. Von der h.M. wird allerdings nach Erlass des Widerspruchsbescheids eine Rücknahme nicht mehr für möglich gehalten, weil damit das verfahrensrechtliche Ziel des Widerspruchs erreicht und dieser damit gleichsam „verbraucht“ sei, sodass eine Rücknahme ausscheide.
Die Einordnung von Verzicht und Rücknahme bei der Statthaftigkeit ist im Übrigen nicht zwingend, vielmehr könnte man sie auch als eigene Sonderprüfungspunkte oder i.R.d. allgemeinen Rechtsschutzbedürfnisses ansprechen.

58 Vgl. auch die ausführlichere Darstellung bei **Hemmer/Wüst, Verwaltungsrecht I, Rn. 171 ff.**

59 Vgl. hierzu BVerwG, NVwZ 2006, 1072 f. = **Life&Law 12/2006, 856 ff.** = **juris**byhemmer.

60 Vgl. dazu **Hemmer/Wüst, Verwaltungsrecht II, Rn. 141 ff.**

61 Vgl. Brühl, JuS 1994, 153 (155).

62 Zur reformatio in peius durch den Widerspruchsbescheid vgl. **Hemmer/Wüst, Verwaltungsrecht I, Rn. 504 ff.**

III. Widerspruchsbefugnis

obwohl nicht gesetzlich geregelt, nach h.M. auch hier subjektive Rechtsverletzung bzw. Widerspruchsbefugnis erforderlich

In den Regelungen über das Widerspruchsverfahren sind keine speziellen Regelungen über die Widerspruchsbefugnis getroffen, wie sie z.B. § 350 AO für außergerichtliche Rechtsbehelfe in Finanzsachen enthält. Allerdings ist man sich darüber einig, dass auch das Widerspruchs- als förmliches Rechtsbehelfsverfahren nur demjenigen zur Verfügung gestellt werden darf, der geltend machen kann, durch die öffentliche Gewalt in seinen Rechten verletzt zu sein. 46

hemmer-Methode: Dieser Gedanke wird für den Bereich des gerichtlichen Rechtsschutzes unter dem Stichwort „Ausschluss der Popularklage" gehandelt. Sehen Sie dazu auch den verfassungsrechtlichen Hintergrund: Art. 19 IV GG garantiert nur bei der Behauptung der Verletzung eigener Rechte einen Rechtsweg. Dies würde zwar einer weitergehenden Gewährleistung nicht entgegenstehen, doch findet diese aus Gründen des Zeit- und Kostenaufwandes weitgehend nicht statt. Eine Ausnahme findet sich z.B. in der Bayerischen Verfassung mit der Popularklage nach Art. 98 S. 4 BV, Art. 55 I, 2 Nr. 7 BayVerfGHG.

analoge Anwendung des § 42 II VwGO

Überwiegend wird deshalb die Vorschrift des § 42 II VwGO analog herangezogen, was außer bei besonders übel wollenden Korrektoren in der Klausur wohl keiner ausführlicheren Herleitung mehr bedarf, sondern z.B. folgendermaßen formuliert werden könnte:

⇨ Analog § 42 II VwGO müsste der Widerspruchsführer widerspruchsbefugt sein.

Hinsichtlich der dazu bestehenden Fragen und Probleme (z.B. Adressatentheorie, drittschützende Normen etc.) sei verwiesen auf die ausführliche Darstellung zu § 42 II VwGO in **Hemmer/Wüst, Verwaltungsrecht I, Rn. 114 - 145** und **Hemmer/Wüst, Verwaltungsrecht II, Rn. 38 ff.**

allerdings insofern weitergehend, als auch mögliche Unzweckmäßigkeit zur Widerspruchsbefugnis führen kann

Als Besonderheit des Widerspruchsverfahrens muss noch festgestellt werden, dass die Widerspruchsbefugnis insoweit weiter gefasst werden muss, als i.d.R. auch eine Zweckmäßigkeitskontrolle stattfindet. Eine exakte Formulierung würde also das obige Beispiel fortführen: 47

⇨ Widerspruchsbefugt ist er, wenn er geltend machen kann, durch die Rechtswidrigkeit des Verwaltungsakts (bzw. seiner Ablehnung) in seinen Rechten oder durch seine Unzweckmäßigkeit in seinen rechtlich geschützten Interessen beeinträchtigt zu sein.

hemmer-Methode: Mit einer solchen Formulierung machen Sie deutlich, dass nur für den grundsätzlichen Gedanken des Erfordernisses einer möglichen eigenen Rechts- bzw. Interessenverletzung die Analogie zu § 42 II VwGO herangezogen wird, dass aber die Widerspruchsbefugnis inhaltlich weiter reicht als die Klagebefugnis.

Zweckmäßigkeit aber nur bei Ermessensentscheidungen und soweit Ermessen speziell den Widerspruchsführer schützen soll

Dabei ist aber darauf zu achten, dass Zweckmäßigkeitsgesichtspunkte nur bei Ermessensentscheidungen eine Rolle spielen können, und auch dies – dem Rechtsgedanken des § 42 II VwGO entsprechend – nur, wenn die zugrunde liegende Ermessensnorm zumindest auch dem Interesse des Betroffenen dient. Einen allgemeinen Anspruch des Bürgers auf fehlerfreies Ermessen gibt es nach h.M. nicht.[63]

63 Zum Problem des Dritt- bzw. Individualschutzes durch Ermessensnormen vgl. auch **Hemmer/Wüst, Verwaltungsrecht I, Rn. 119**; **Hemmer/Wüst, Verwaltungsrecht II, Rn. 41**.

Der Unterschied zum Prüfungsumfang in der verwaltungsgerichtlichen Klage ergibt sich also nicht hinsichtlich der in die Überprüfung einbezogenen Normen, sondern hinsichtlich der jeweiligen Prüfungsdichte: die Widerspruchsbehörde überprüft die Ermessensentscheidung noch einmal vollständig und darf grds. ihr Ermessen an die Stelle dessen der Ausgangsbehörde setzen, das Verwaltungsgericht überprüft lediglich in beschränktem Umfang Ermessensfehler.[64]

hemmer-Methode: Abschließend noch ein Aufbauhinweis: V.a. in Anleitungen für Rechtsreferendare findet sich der Prüfungspunkt der Widerspruchsbefugnis in den Aufbauschemata häufig erst relativ weit am Ende, z.B. nach Form und Frist. Innerhalb der grds. austauschbaren Reihenfolge macht dies aus praktischer, verfahrensökonomischer Sicht v.a. deshalb Sinn, weil z.B. eine Verfristung i.d.R. mit wesentlich weniger Aufwand festgestellt werden kann, als Fragen zur Widerspruchsbefugnis gelöst werden müssen. Für den Studenten mag jedoch die hier genannte Reihenfolge den Vorteil haben, dass er sich auf dem ihm i.d.R. weniger bekannten Terrain des Widerspruchs enger am herkömmlichen Ablauf der ihm bekannten Klageprüfung anlehnen kann.

IV. Form und Frist, § 70 I VwGO

Damit der Widerspruch zulässig ist, muss er grds. form- und fristgerecht eingelegt worden sein:

1. Form (Ordnungsgemäße Widerspruchserhebung)

Form, § 70 I VwGO: schriftlich oder zur Niederschrift

Nach § 70 I VwGO muss der Widerspruch schriftlich oder zur Niederschrift, d.h. unter schriftlicher Aufnahme durch einen Amtsträger und anschließender Genehmigung durch den Widerspruchsführer,[65] eingelegt werden.

Probleme ähnlich wie bei Klageerhebung

48 Hinsichtlich der dabei möglichen Probleme, insbesondere im Hinblick auf das Schriftformerfordernis, sei zunächst auf die Darstellung in **Hemmer/Wüst, Verwaltungsrecht I, Rn. 178 sowie 211 ff.** (zur Schriftform der Klage, die z.T. ähnliche Probleme birgt) verwiesen. Knapp zusammengefasst seien aber folgende Stichworte zur Form erwähnt:

- ⇨ Der Widerspruchsführer kann sich im Verfahren vertreten lassen (vgl. § 14 I S. 1 VwVfG). Wichtig ist dies dann vor allem im Hinblick auf die Zustellung des Widerspruchsbescheids (vgl. auch § 73 III S. 1 und S. 2 VwGO i.V.m. §§ 8, 5 VwZG).
- ⇨ Im Gegensatz zur Klage werden grds. keine zu strengen Anforderungen gestellt, insbesondere kann nach h.M. sogar eine fehlende Unterschrift unschädlich sein, wenn sich die Urheberschaft des Widerspruchsführers eindeutig ergibt.[66]
- ⇨ Den Bedürfnissen und Entwicklungen der Praxis entsprechend wird die Einlegung von Widersprüchen durch Telefax relativ großzügig zugelassen, allerdings müssen das Telefax oder der Telebrief die kopierte Unterschrift des Widerspruchsführers tragen.[67]

64 Vgl. dazu **Hemmer/Wüst, Verwaltungsrecht I, Rn. 356 ff.**, insbes. **Rn. 363 ff.**

65 Vgl. Kopp/*Schenke*, § 70 VwGO, Rn. 2, § 81 VwGO, Rn. 12 f.

66 Kopp/*Schenke*, § 70 VwGO, Rn. 2.

67 Kintz, NVwZ 2004, 1429.

Strittig war deshalb die Zulässigkeit eines so genannten PC-Faxes, das direkt vom PC an das Faxgerät des Empfängers geleitet wird.[68]

Durch eine Entscheidung des Gemeinsamen Senats der obersten Gerichtshöfe[69] ist diese Form mittlerweile anerkannt.[70] Voraussetzung ist allerdings, dass das Dokument mit einer eingescannten Unterschrift endet, vgl. § 130 Nr. 6 ZPO.[71] Das BVerwG ist in seiner Rechtsprechung jedoch wohl großzügiger und lässt auch eine andere Art der Beendigung des Schriftsatzes genügen, wenn die Identität des Erstellers eindeutig geklärt werden kann.[72]

hemmer-Methode: Bei einem herkömmlichen Fax muss also wenigstens das Original vom Widerspruchsführer bzw. seinem Anwalt unterzeichnet sein, während bei einem PC-Fax eine eingescannte Unterschrift genügt. Diese Ungleichbehandlung stellt nach BVerfG keine Verletzung von Art. 3 I GG dar, da es sich bei einem PC-Fax naturgemäß verbietet, eine Originalunterschrift zu fordern, während dies bei einem herkömmlichen Fax problemlos möglich ist.[73]
Mit dem PC-Fax dürfen Sie aber nicht die bloße E-Mail verwechseln. Diese ist grundsätzlich nicht formgerecht. Etwas anderes gilt nur dann, wenn die Voraussetzungen des § 55a VwGO gegeben sind. Unter § 55a VwGO fällt bspw. die Kommunikation über das elektronische Anwaltspostfach, vgl. § 55a IV Nr. 2 VwGO.

⇨ Eine bloße (fern-)mündliche Einlegung genügt nicht, auch wenn von dem Telefonat ein entsprechender Aktenvermerk gemacht wird.

hemmer-Methode: Moderne Kommunikationsmittel schaffen neue Probleme, bei denen von Ihnen juristisches Fingerspitzengefühl verlangt wird. Bauen Sie in Ihre Argumentation das Schlagwort von der „Anpassung an die veränderten Bedürfnisse und Gepflogenheiten der Praxis" ein, wobei diese natürlich zu keiner völligen Aushöhlung der Formerfordernisse führen darf. Die Grenzen können Sie anhand des Normzwecks der Schriftform bei der Widerspruchseinlegung (Beweis der Identität und der Ernstlichkeit) bestimmen.[74]
Denken Sie auch hier wieder an andere Zusammenhänge: Die formgemäße (und auch die fristgemäße, vgl. dazu sogleich unten) Einlegung des Widerspruchs kann nicht nur bei der Zulässigkeit des Widerspruchs, sondern auch bei der Anfechtungsklage unter dem Prüfungspunkt „Ordnungsgemäße und erfolglose Durchführung eines Vorverfahrens" eine Rolle spielen und ist Ihnen im Zweifel v.a. daher aus der Vorlesung bekannt.

2. Frist[75]

Frist, § 70 I VwGO: einen Monat ab Bekanntgabe

Der Widerspruch ist nach § 70 I S. 1 VwGO innerhalb eines Monats (also nicht „in vier Wochen"!), nachdem der Verwaltungsakt dem Beschwerten bekannt gegeben worden ist, einzulegen. 49

ohne Bekanntgabe kein Fristablauf, aber Verwirkung möglich

a) Damit stellt sich die Frage, welche Konsequenz es hat, wenn der Verwaltungsakt dem Betroffenen überhaupt nicht bekannt gegeben wird. 50

68 Die Zulässigkeit verneinend: BGH, NJW 1998, 3649 = **juris**byhemmer, OLG Karlsruhe, **Life&Law 07/1998, 444** = NJW 1998, 1650 = **juris**byhemmer; zur Gegenansicht vgl. BSG, NJW 1997, 1254 f.; VG Karlsruhe, NJW 1998, 2693.

69 Vgl. hierzu das Gesetz zur Wahrung der Einheitlichkeit der Rechtsprechung der obersten Gerichtshöfe des Bundes, Nr. 95b im Schönfelder.

70 GmS-OGB, NJW 2000, 2340 = **Life&Law 09/2000, 626**.

71 Vgl. aber auch OLG Braunschweig, NJW 2004, 2024 = **juris**byhemmer; bestätigt durch BGH, NJW 2005, 2086 = **Life&Law 08/2005, 525** = **juris**byhemmer.

72 BVerwG, NJW 2006, 1989 f. = **Life&Law 09/2006, 630 ff.** = **juris**byhemmer.

73 BVerfG, NJW 2006, 3200 ff. = **Life&Law 12/2007, 843 ff.**

74 Kopp/*Schenke*, § 80 VwGO, Rn. 1, § 70 VwGO, Rn. 2, § 81 VwGO, Rn. 1, 4 ff.

75 Ausführlich hierzu Grieger, **Life&Law 01, 03 und 06/2007**.

Standardbeispiel ist hier folgender Fall: *Die dem Bauherren B am 10.03.2019 erteilte Baugenehmigung wird seinem Nachbarn N durch einen Fehler der Behörde nicht bekannt gegeben. Aufgrund eines Liquiditätsengpasses macht B von dieser jedoch zunächst keinen Gebrauch, sondern kann erst mit einer finanziellen Spritze durch die Eltern seiner nicht zuletzt aus diesem Grund zum Jahresende geheirateten Frau seine Pläne realisieren.*

Anfang April 2020 beginnt auf seinem Grundstück eine rege Bautätigkeit, die N nicht lange verborgen bleibt. Als im Herbst 2020 endlich das Haus steht, legt N schadenfroh Widerspruch gegen die Baugenehmigung des B ein.

Die Frist des § 70 I S. 1 VwGO läuft erst mit der Bekanntgabe, eine solche erfolgte hier nicht. Sie kann wegen dieses Gesetzeswortlauts auch nicht mit der Kenntniserlangung vom Verwaltungsakt zu laufen beginnen. Nicht einmal die Jahresfrist des § 58 II S. 2 VwGO kann zu laufen beginnen, da auch diese zumindest eine Bekanntgabe voraussetzt.

Allerdings kann nach h.M. das Widerspruchsrecht verwirkt werden, d.h. der Betroffene würde missbräuchlich handeln, wenn er sich lange Zeit nach sicherer Kenntnis auf die fehlende Bekanntgabe berufen würde. Die wohl überwiegende Ansicht orientiert sich für den Verwirkungszeitraum an der Frist des § 58 II S. 2 VwGO, wobei freilich erst auf den Zeitpunkt der Kenntniserlangung, nicht auf den des Erlasses des Verwaltungsakts abgestellt werden kann.[76] In unserem Beispiel würde also eine Verwirkung nicht schon am 10.03.2020, sondern erst im April 2021 eintreten. Da allerdings die Jahresfrist nur ein Anhaltspunkt ist, nicht etwa i.e.S. analog „angewendet“ wird, kann die Verwirkung nach überwiegender Ansicht auch erst später oder schon eher eintreten. Die Verwirkung erfordert neben dem Zeitmoment auch ein Umstandsmoment. An eine solche frühere Verwirkung könnte man u.U. im Beispielsfall denken, soweit der „schadenfrohe“ N den B nur schädigen wollte, allerdings ist hierfür der Sachverhalt zu knapp und eine solche Beurteilung ist nur mit Vorsicht vorzunehmen.

Einlegung bei Ausgangsbehörde, fristwahrend wirkt aber auch Einlegung bei Widerspruchsbehörde

b) Die Einlegung hat nach § 70 I S. 1 VwGO bei der Behörde zu erfolgen, die den Ausgangsverwaltungsakt erlassen (bzw. beim Verpflichtungswiderspruch abgelehnt) hat. Nach § 70 I S. 2 VwGO wird die Frist auch durch Einlegung bei der Widerspruchsbehörde gewahrt. *51*

bei anderen Behörden keine fristwahrende Einlegung, aber Pflicht zur Weiterleitung

Dagegen ist es nicht ausreichend, dass der Widerspruch bei irgendeiner anderen falschen Behörde eingelegt wurde: Zwar ist diese grds. verpflichtet, den Widerspruch weiterzuleiten, und wenn sie dies unterlässt bzw. verzögert, kann der Gedanke der Einheit der Verwaltung u.U. dazu führen, dass die Verwaltung den Widerspruch als rechtzeitig erhoben gelten lassen muss oder dass dem Widerspruchsführer nach §§ 70 II, 60 I VwGO Wiedereinsetzung gewährt werden muss.[77]

Gelangt der Widerspruch aber trotz unverzüglicher Weiterleitung zu spät an die zuständige Behörde, weil er etwa erst kurz vor Fristablauf bei der unzuständigen Behörde eingegangen ist, trägt der Bürger dieses Risiko. Eine allgemeine „Fristwahrung kraft Einheit der Verwaltung“ gibt es also nicht (arg. e contrario § 70 I S. 2 VwGO).

hemmer-Methode: Die Einlegung bei einer nicht nach § 70 I S. 1 u. S. 2 VwGO zuständigen Behörde betrifft also nicht in erster Linie die ordnungsgemäße Einlegung, sondern stellt sich im Ergebnis als Fristproblem dar.

76 Vgl. hierzu OVG Rheinland-Pfalz, DVBl. 2011, 1107 ff. = **Life&Law 01/2012, 39 ff.** = **juris**byhemmer.

77 BVerfG, NJW 2005, 2137 = **juris**byhemmer.

weitere Fristprobleme ähnlich wie bei Klageerhebung

c) Hinsichtlich der weiteren, mit der Fristwahrung verbundenen Probleme, insbesondere der Bekanntgabe in der Abgrenzung zur Zustellung, der fehlerhaften Rechtsbehelfsbelehrung, der Fristberechnung und der Wiedereinsetzung sei auf die ausführliche Darstellung in **Hemmer/Wüst, Verwaltungsrecht I, Rn. 179 ff.** verwiesen.[78] 52

Zusammengefasst sollen aber auch hier die wichtigsten Stichworte ins Gedächtnis gerufen werden:

⇨ Bei der Fristberechnung ist streitig, ob diese nach § 57 II VwGO, § 222 ZPO, §§ 187 ff. BGB oder nach §§ 79, 31 I VwVfG, §§ 187 ff. BGB zu erfolgen hat. Letztlich ergibt sich aber kein Unterschied, da beide Verweisungsketten letztlich bei den gleichen Vorschriften enden.

Insbesondere kann auch eine etwaige Wiedereinsetzung wegen der ausdrücklichen Regelung in § 70 II VwGO immer nur nach Maßgabe des § 60 I VwGO stattfinden.

⇨ Die fehlende oder fehlerhafte Rechtsbehelfsbelehrung führt dazu, dass statt der Monatsfrist die Jahresfrist des § 58 II VwGO läuft.

⇨ Bei schuldloser Fristversäumnis besteht die Möglichkeit der Wiedereinsetzung in den vorigen Stand, §§ 70 II, 60 I - IV VwGO. Dabei ist das Gericht weder an die Gewährung noch an die Verweigerung der Wiedereinsetzung durch die Widerspruchsbehörde gebunden, was sich aus der „fehlenden" Verweisung in § 70 II VwGO auf § 60 V VwGO ergibt.

bei Widerspruch als Sachentscheidungsvoraussetzung zu beachten: „Heilung" durch Widerspruchsbescheid in der Sache

d) Als weiteres Fristproblem ergibt sich in der Prüfung des Widerspruchsverfahrens als Sachurteilsvoraussetzung der Anfechtungs- oder Verpflichtungsklage die Frage, ob die Widerspruchsbehörde einen verfristeten Widerspruch gleichwohl in der Sache bescheiden kann, was gleichsam eine „Heilung" im untechnischen Sinne zur Folge hätte.[79] Da die bereits erfolgte Bescheidung in der Sache (d.h. also v.a. die Zurückweisung als unbegründet) aber zu dem Zeitpunkt, zu dem die Erfolgsaussichten des Widerspruchs geprüft werden, noch überhaupt nicht erfolgen konnte, spielt dieses Problem in der hier stattfindenden Zulässigkeitsprüfung so eigentlich keine Rolle! 53

hemmer-Methode: Natürlich muss die Widerspruchsbehörde sich Gedanken darüber machen, ob sie die nach der Rechtsprechung mögliche Sachbescheidung trotz Verfristung vornehmen darf, und man könnte diesen Gesichtspunkt ansprechen, wenn allgemein danach gefragt ist, „wie die Behörde entscheiden kann" o.Ä. Deshalb ist es auch ganz richtig, wenn diese Möglichkeit im Zusammenhang mit den Entscheidungsmöglichkeiten der Widerspruchsbehörde angesprochen wird.[80] Dass die „Sachentscheidung trotz Verfristung" als Zulässigkeitsproblem i.e.S. eher bei der anschließenden verwaltungsgerichtlichen Klage und nicht schon im Widerspruchsverfahren selbst (in dem ja z. Zt. der Prüfung gerade noch nicht beschieden wurde!) eine Rolle spielt, wird z.T. in Ausbildungsmaterialien aber nicht klar deutlich, wenn diese Frage kommentarlos im Zulässigkeitsschema zum Widerspruch behandelt wird.

78 Vgl. zu einigen wichtigen Fristproblemen auch Brühl, JuS 1994, 153 (155 ff.).

79 Vgl. dazu oben Rn. 16 sowie **Hemmer/Wüst, Verwaltungsrecht I, Rn. 198 f.**

80 So z.B. bei Pietzner/Ronellenfitsch, § 42, Rn. 1254; vgl. auch oben Rn. 16.

V. Beteiligtenbezogene Voraussetzungen

Beteiligten- und Prozessfähigkeit: §§ 79, 11 ff. VwVfG

Wie im Prüfungsschema zu verwaltungsgerichtlichen Klagen[81] können auch im Widerspruchsverfahren beteiligtenbezogene Voraussetzungen zu prüfen sein. Dies kann ganz knapp erfolgen, wenn sich keine besonderen Probleme ergeben. Terminologisch spricht man im Widerspruchsverfahren üblicherweise von Beteiligten- und Handlungsfähigkeit sowie einer möglichen Stellvertretung. 54

Diese richten sich nach nicht unstrittiger,[82] aber wohl herrschender Ansicht auch nach § 79 VwVfG i.V.m. §§ 11, 12 VwVfG.[83]

hemmer-Methode: Der Sache nach ergeben sich insbesondere hinsichtlich der Beteiligten- und Handlungsfähigkeit nur selten nennenswerte Unterschiede durch die §§ 79, 11, 12 VwVfG, die den §§ 61, 62 VwGO im Wesentlichen nachgebildet sind. Deshalb sei hier auf die Ausführungen in Hemmer/Wüst, Verwaltungsrecht I, Rn. 221 ff. verwiesen. Ein Unterschied liegt allerdings darin, dass nach § 11 Nr. 3 VwVfG Behörden beteiligtenfähig sind, während dies nach § 61 Nr. 3 VwGO nur gilt, soweit Landesrecht dies bestimmt.
Bzgl. der Vertretung (§ 14 VwVfG) ist die Konstellation von Interesse, in der ein vollmachtloser Vertreter Widerspruch einlegt: dieser ist unzulässig, wobei nach h.M. der angeblich Vertretene aber Beteiligter wird und die Vertretung genehmigen kann; die Kosten soll aber – wenn keine Genehmigung erfolgt – der vollmachtlose Vertreter tragen.[84]

VI. Sonstige Voraussetzungen

Antrags- bzw. Sachentscheidungsinteresse

Je nach Sachverhaltsgestaltung wären u.U. noch weitere Punkte denkbar, auf die man in der Zulässigkeit kurz zu sprechen kommen könnte, insbesondere das - dem allgemeinen Rechtsschutzbedürfnis vor den Gerichten vergleichbare - Antrags- oder Sachbescheidungsinteresse. 55

hemmer-Methode: Unterscheiden Sie dieses Sachbescheidungsinteresse von der Widerspruchsbefugnis, die die Verletzung gerade eigener Rechte oder rechtlich geschützter Interessen erfordert, vgl. oben Rn. 46 f.: Während das Sachbescheidungsinteresse ebenso wie das Rechtsschutzbedürfnis die Frage betrifft, ob überhaupt ein Rechtsschutz i.w.S. erforderlich ist, geht es bei Widerspruchs- und Klagebefugnis um den Ausschluss der Popularklage.

Dass das Sachbescheidungsinteresse fehlt, ist freilich (noch mehr als beim allgemeinen Rechtsschutzbedürfnis) die Ausnahme und sollte nicht zu vorschnell angenommen werden. Entscheidend ist, dass der Widerspruchsführer kein schutzwürdiges Interesse an der Bescheidung seines Widerspruchs hat.

> ***Bsp.:***[85] *Der Widerspruchsführer bedarf zur Erlangung seines Rechts keiner behördlichen Entscheidung (so bei Genehmigungsanträgen hinsichtlich gar nicht genehmigungsbedürftiger Anlagen)*[86] *oder er nimmt behördliche Dienste rechtsmissbräuchlich oder gar zur bloßen Schikane in Anspruch. Auch kann bei Begehren das Sachbescheidungsinteresse fehlen, wenn die Entscheidung offensichtlich (z.Zt.) nutzlos ist, was freilich nicht schon alleine deshalb anzunehmen ist, weil zur wirtschaftlichen oder sinnvollen Nutzung noch eine weitere Entscheidung, z.B. eine weitere Genehmigung erforderlich ist.*

81 Beispielhaft im Schema zur Anfechtungsklage in **Hemmer/Wüst, Verwaltungsrecht I, Rn. 221 ff.**

82 Mit beachtlichen Einwänden Jahn, JuS 1990, 220, Fn. 7 m.w.N., da z.B. für den bayerischen Bereich ein Rückgriff auf Art. 11 BayVwVfG im Widerspruchsverfahren das absurde Ergebnis zur Folge haben könnte, dass „Behörden" nach Art. 11 BayVwVfG zwar im Widerspruchsverfahren beteiligungsfähig wären, nicht aber im Verwaltungsprozess, weil Bayern vom Vorbehalt des § 61 Nr. 3 VwGO keinen Gebrauch gemacht hat.

83 So Brühl, JuS 1994, 153 ff. m.w.N.; Kopp/*Schenke*, vor § 68 VwGO, Rn. 18 m.w.N.

84 Ähnlich im Ergebnis, anders aber in der Konstruktion Pietzner/Ronellenfitsch, § 33, Rn. 1118 ff., die den vollmachtlosen Vertreter als Beteiligten behandeln wollen und bei einer Genehmigung durch den Vertretenen eine dadurch bewirkte Rechtsnachfolge in die Beteiligtenrolle annehmen.

85 Vgl. ausführlicher Pietzner/Ronellenfitsch, § 35, Rn.1159; Wittreck, BayVBl. 2004, 193.

86 Da in einem solchen Fall kein Anspruch auf eine Genehmigung bestehen kann, ist es aber möglich, hier bereits die Widerspruchsbefugnis zu verneinen.

D) Begründetheit des Widerspruchs

I. Keine Passivlegitimation

gegnerloses Verfahren ⇨ keine Prüfung der Passivlegitimation

Da es sich beim Widerspruchsverfahren um ein gegnerloses Verfahren handelt, findet eine Prüfung einer Passivlegitimation (bzw. des „Widerspruchsgegners“ i.R.d. Zulässigkeit) nicht statt.[87] 56

II. Prüfungsumfang

grds. § 113 I, V VwGO analog

Ausgangspunkt für den Prüfungsumfang des Widerspruchs als Vorschaltrechtsbehelf zu Anfechtungs- oder Verpflichtungsklage ist die analoge Anwendung der Vorschrift des § 113 I, V VwGO, je nachdem, ob ein Anfechtungs- oder Verpflichtungswiderspruch vorliegt.

Die Behörde hat daher zum einen die Rechtmäßigkeit des VA bzw. das Bestehen eines Anspruchs auf Erlass eines VA sowie zum anderen die Rechtsverletzung des Widerspruchsführers zu prüfen.

Prüfungsumfang: grds. Recht- und Zweckmäßigkeit des VA (⇨ vollständige Ermessensausübung)

Nach § 68 I S. 1 VwGO ist aber im Widerspruchsverfahren grds. nicht nur die Recht-, sondern auch die Zweckmäßigkeit zu prüfen, 57
d.h. es werden die formellen und materiellen Voraussetzungen an den Erlass des Verwaltungsakts sowie die Ausübung eines eventuellen Ermessens geprüft. Hinsichtlich des Ermessens findet - wie oben (Rn. 47) bei der Widerspruchsbefugnis schon angesprochen – nicht nur eine Ermessensfehlerüberprüfung statt, sondern das Ermessen kann vollständig neu ausgeübt werden.

hemmer-Methode: Denken in Zusammenhängen! Die Zweckmäßigkeit des VA darf von den Gerichten nach §§ 113, 114 VwGO schon allein deshalb nicht überprüft werden, weil dies mit dem Grundsatz der Gewaltenteilung nicht zu vereinbaren wäre. Anders aber beim Widerspruch, da sich die Verwaltung hier selbst kontrolliert. Beachten Sie aber, dass auch hier Grenzen bestehen (dazu nachfolgend u. Rn. 33).

Allerdings ist bei der Ermessensprüfung Folgendes zu beachten: Zumindest im ersten Examen wird der Sachverhalt i.d.R. zu wenig Hinweise für eine (vom Studenten auch kaum zu bewältigende) eigene Ermessensausübung enthalten, sodass man sich bei Zweckmäßigkeit des Verwaltungsakts auf den Hinweis beschränken kann, dass für eine vom Ermessen der Ausgangsbehörde abweichende Beurteilung keine Anhaltspunkte ersichtlich sind.

Es empfiehlt sich aber, zumindest in dem Obersatz einen entsprechenden Hinweis aufzunehmen, dass der Widerspruch auch dann begründet ist, wenn der Verwaltungsakt unzweckmäßig ist. Allerdings sollte dann auch klar gemacht werden, dass dies nur der Fall ist, wenn die Ermessensnorm auch dem Interesse des Widerspruchsführers dient, genau wie auch nur eine subjektive Rechtsverletzung zur Begründetheit führen kann. Damit ist also der Widerspruch begründet, wenn:

87 Ob i.R.d. Klage in der Zulässigkeit der Klagegegner oder in der Begründetheit der richtige Beklagte = passiv Legitimierte geprüft wird, wird in den Bundesländern unterschiedlich gehandhabt, vgl. dazu **Hemmer/Wüst, Verwaltungsrecht I, Rn. 230**.

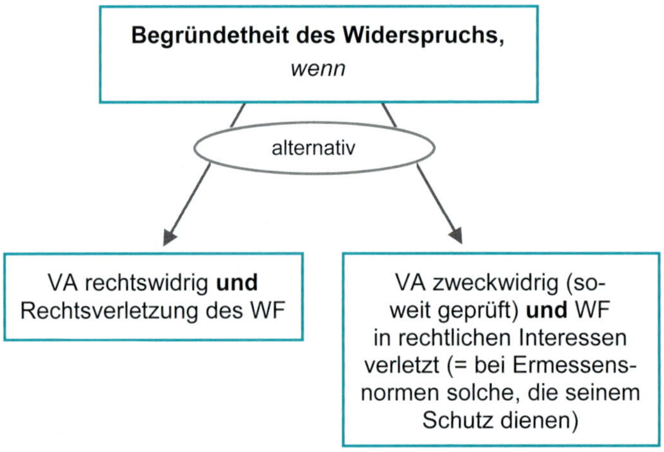

Obersatz

Für die Klausur wäre somit folgender Obersatz (am Beispiel des Anfechtungswiderspruchs) denkbar:

⇨ Der Widerspruch wäre begründet, soweit der angefochtene Verwaltungsakt rechtswidrig und der Widerspruchsführer dadurch in seinen Rechten verletzt, bzw. soweit der Verwaltungsakt unzweckmäßig und der Widerspruchsführer dadurch in seinen rechtlich geschützten Interessen beeinträchtigt ist (§§ 113 I S. 1 analog, 68 ff. VwGO).[88]

hemmer-Methode: Beachten Sie aber auch die Ausnahmen zum Normalfall der Zweckmäßigkeitsprüfung. So ist z.B. die Widerspruchsbehörde bei Überprüfung eines VA einer Gemeinde aus dem eigenen Wirkungskreis i.d.R. auf eine Rechtmäßigkeitskontrolle beschränkt.[89]

III. Prüfungsmäßiges Vorgehen

Prüfungsreihenfolge:
(1) (a) objektive Rechtmäßigkeit
(b) subjektive Rechtsverletzung

Nach dem soeben zum Prüfungsumfang Dargestellten ergibt sich 58
folgender Vorschlag für das prüfungsmäßige Vorgehen: Zunächst ist die Rechtmäßigkeit des Verwaltungsakts (bzw. beim Verpflichtungswiderspruch der Anspruch des Widerspruchsführers auf den Erlass des begehrten Verwaltungsakts) zu prüfen, wobei hier grds. auf die Ausführungen zur Begründetheit in den Skripten **Hemmer/Wüst, Verwaltungsrecht I, Rn. 263 ff.** sowie **Hemmer/Wüst, Verwaltungsrecht II, Rn. 55 ff.** verwiesen werden kann. Kommt man zum Ergebnis, dass der angefochtene Verwaltungsakt objektiv rechtswidrig ist, muss noch festgestellt werden, ob der Widerspruchsführer dadurch in seinen Rechten verletzt ist, vgl. **Hemmer/Wüst, Verwaltungsrecht I, Rn. 399 ff.**

(2) (a) Zweckmäßigkeit
(b) Verletzung rechtlich geschützter Interessen des WF

Während die Rechtmäßigkeitsprüfung den Schwerpunkt bildet, ist die Zweckmäßigkeit i.d.R. nur ganz kurz anzusprechen (vgl. oben), wobei sich auch hier die Zweiteilung in „objektive Unzweckmäßigkeit" und „Verletzung der rechtlich geschützten Interessen des Widerspruchsführers" im Grunde anbietet, falls der Sachverhalt längere Ausführungen rechtfertigt.

88 So bzw. ähnlich auch Formulierungsvorschlag bei Jahn, JuS 1990, 220 (insgesamt lehrreich zum Widerspruch); weiterer Formulierungsvorschlag auch bei Schoch, Übungen im Öffentlichen Recht II, S. 278 (= Fall 6).

89 Vgl. z.B. Art. 119 Nr. 1 BayGO bzw. vergleichbare Vorschriften anderer Gemeindeordnungen; zu den Ausnahmen vgl. zudem o. Rn. 33; zu Einschränkungen der Kontrollbefugnis in Sonderfällen vgl. außerdem Pietzner/Ronellenfitsch, § 39, Rn. 1215 ff..

IV. Maßgebliche Sach- und Rechtslage

Für die Frage nach der zu prüfenden Rechtmäßigkeit (vgl. oben) kann es eine Rolle spielen, welche Sach- und Rechtslage Anwendung findet, wenn sich diese zwischen Ausgangsbescheid und Entscheidung der Widerspruchsbehörde ändern sollte. 59

hemmer-Methode: Denken Sie noch einmal über die parallele Problematik bei der Anfechtungs- bzw. Verpflichtungsklage nach und lesen Sie dazu Hemmer/Wüst, Verwaltungsrecht I, Rn. 389 ff. und Hemmer/Wüst, Verwaltungsrecht II, Rn. 83 f.

maßgebliche Sach- und Rechtslage: grds. Entscheidung der Widerspruchsbehörde

Während im verwaltungsgerichtlichen Verfahren stets betont wird, dass es für diese Frage wesentlich auf das materielle Recht ankäme und nur als Faustregel bei der Anfechtungsklage auf den Zeitpunkt der letzten Behördenentscheidung, bei der Verpflichtungsklage auf den der letzten mündlichen Verhandlung abzustellen sei, ist bei der Entscheidung über den Widerspruch wegen des Prinzips der Einheit der Verwaltung grds. auf die Entscheidung der Widerspruchsbehörde abzustellen, vgl. § 79 I Nr. 1 VwGO.[90]

Ausnahme: baurechtliche Nachbarwidersprüche (Art. 14 GG!)

Eine Ausnahme von diesem Grundsatz bildet nach der Rechtsprechung des BVerwG[91] die Konstellation baurechtlicher Nachbarwidersprüche, in denen eine, dem Begünstigten zum Zeitpunkt des Erlasses des Verwaltungsakts zustehende, Rechtsposition nicht dadurch entzogen werden dürfe, dass sich während des Nachbarwiderspruchs die Lage zu seinen Ungunsten ändere. Begründet wird diese Ausnahme mit Art. 14 GG sowie dem Rechtsgedanken des § 14 III BauGB.

> ***Bsp.:** Landwirt L wird für sein Grundstück im Außenbereich der Gemeinde G eine (zunächst) rechtmäßige Baugenehmigung für einen Schweinestall erteilt, die von Nachbar N mit Widerspruch angefochten wird. Vor Erlass des Widerspruchsbescheides wird ein Bebauungsplan erlassen, nachdem das Vorhaben des L nicht mehr zulässig wäre.*
>
> Im Zeitpunkt der Entscheidung über den Widerspruch erweist sich die Baugenehmigung zwar als rechtswidrig. Maßgeblich ist aber nach Ansicht des BVerwG ausnahmsweise der Zeitpunkt der Erteilung der Baugenehmigung. Da diese damals rechtmäßig war, ist der Widerspruch des N erfolglos.

hemmer-Methode: Verwechseln Sie die Frage der maßgeblichen Sach- und Rechtslage nicht mit dem Problem des „Nachschiebens von Gründen“. Eine größere Rolle als im Widerspruchsverfahren, in dem die Widerspruchsbehörde ja eine erneute, umfassende Prüfung vornehmen darf, also sogar neu entstandene Gründe berücksichtigen darf, spielt dieses aber im verwaltungsgerichtlichen Verfahren. Lesen Sie dazu nochmals Hemmer/Wüst, Verwaltungsrecht I, Rn. 393 ff.!

---

90 Grundlegend bereits BVerwGE 2, 55 (62).

91 Vgl. BVerwGE 130, 113 = **Life&Law 08/2008, 553** = **juris**byhemmer; in der Literatur ist dieser Standpunkt freilich nicht unumstritten.

§ 3 INSBESONDERE FÜR REFERENDARE: DER WIDERSPRUCHSBESCHEID

Erlass eines Widerspruchsbescheids

Während bis zum ersten Examen die Entscheidung der Widerspruchsbehörde allenfalls gutachtlich vorzubereiten sein wird, kann an den Rechtsreferendar in der Ausbildungsstation oder im Assessorexamen ebenso gut die Aufgabe herangetragen werden, einen Vorschlag für den Erlass eines Widerspruchsbescheids zu machen. Dabei sei hier noch einmal betont, dass auf viele formale Einzel- und Besonderheiten in einem solchen Exkurs nicht näher eingegangen werden kann, sodass sich die folgenden Ausführungen v.a. an den Referendar vor oder zu Beginn der Verwaltungsstation richten, damit dieser einen ersten Überblick erhält. Nach der Verwaltungsstation sollten die technischen und formalen Fragen so in Fleisch und Blut übergegangen sein, dass Sie sich in der Prüfungssituation v.a. auf die formell- und materiell-rechtlichen Probleme des speziellen Falles konzentrieren können! 60

Elemente des Bescheids

Ist ein vollständiger Bescheid zu erlassen, ist an folgende Elemente zu denken, die im Einzelnen näher dargestellt werden:[92] 61

Elemente eines Bescheides:

- ⇨ Bescheideingang
- ⇨ Tenor
- ⇨ Gründe
- ⇨ Rechtsbehelfsbelehrung
- ⇨ Schlussformel

A) Bescheideingang

Bescheideingang

Im sog. Bescheideingang geht es darum klarzustellen, welche Angelegenheit von wem behandelt wird und an wen sich der Bescheid richtet. Er enthält: 62

- ⇨ den **Briefkopf**, der seinerseits Bezeichnung und Anschrift der Widerspruchsbehörde und des Sachbearbeiters sowie das Aktenzeichen und das Datum enthält,
- ⇨ die **Postanschrift des Adressaten**,
- ⇨ den sog. **Zustellungsvermerk** (also einen Hinweis über die Art der gewählten Zustellung, vgl. § 73 III S. 1 VwGO); zugestellt wird im Widerspruchsverfahren von Amts wegen gem. § 73 III S. 2 VwGO nach dem BundesVwZG,
- ⇨ **Betreff, Bezug und Anlagen** (also Hinweise darüber, um welche Angelegenheiten es geht, auf welchen Ausgangsbescheid, auf welches Widerspruchsschreiben Bezug genommen wird und ob, sowie welche besonderen Anlagen beigelegt sind),
- ⇨ die **Erlassformel** (also einen Satz, in dem klar wird, dass es sich bei dem behördlichen Schreiben um den Bescheid einer Widerspruchsbehörde handelt).

92 Vgl. zum Widerspruchsbescheid auch Brühl, JuS 1994, 330 ff., 420 ff.; vgl. ferner das Schaubild zum Aufbau des Widerspruchsbescheids bei Pietzner/Ronnelenfitsch, § 41, Rn. 1251, die die Rechtsbehelfsbelehrung dem „Schluss" zuordnen und somit zur einer Grobgliederung Bescheideingang-Tenor-Gründe-Schluss kommen.; vgl. auch Kroiß/Neurauter, Formularsammlung, Nr. 50.

hemmer-Methode: In der Praxis werden dafür meist vorgedruckte Formulare bzw. entsprechende Textbausteine für die Textverarbeitung mit dem PC verwendet. Verschaffen Sie sich einen Überblick über die für Sie einschlägigen Muster, die Sie in der Prüfungsarbeit nachahmen sollten. Ebenso empfehlenswert ist es, sich rechtzeitig kundig zu machen, wie in der für Sie zuständigen Verwaltung formale Fragen gehandelt werden, wie z.B.:

- **persönliche Anrede in der Erlassformel oder nicht,**
- **Bescheidform (von der hier ausgegangen wird) oder Beschlussform,**
- **Angabe des vollzogenen Gesetzes im Betreff,**
- **Nennung der Begriffe Betreff, Bezug und Anlagen oder bloße Nennung der entsprechenden Informationen.**

Sie machen es dem Korrektor (und damit sich selbst) sicher am einfachsten, wenn Sie in Prüfungsarbeiten der jeweils in Ihrer Behörde bzw. Ihrem Bundesland gängigen Praxis folgen.

B) Tenor

Tenor

Der Tenor enthält die eigentliche Sachentscheidung und besteht aus der Entscheidung in der Hauptsache und sog. Nebenentscheidungen. Als solche Nebenentscheidungen kommen v.a. in Betracht: 63

mögliche Nebenentscheidungen

Arten von Nebenentscheidungen:

⇨ eine Entscheidung nach § 80 VwGO

⇨ eine Androhung von Zwangsmitteln

⇨ die Kostenentscheidung

I. Entscheidung in der Hauptsache

Entscheidung in der Hauptsache sowie evtl. analog § 113 I S. 2 VwGO über Beseitigung von Vollzugsfolgen

In der Hauptsache wird entschieden, ob bzw. inwieweit der Widerspruch begründet ist. Hinsichtlich der möglichen Entscheidungen bei Unzulässigkeit, Unbegründetheit und (teilweiser) Begründetheit sei auf die Ausführungen oben Rn. 12 ff. verwiesen. Gerade bei einem teilweise erfolgreichen Widerspruch ist darauf zu achten, dass genau deutlich wird, inwieweit die Ausgangsentscheidung aufgehoben bzw. abgeändert wird (Bestimmtheitsgebot, vgl. §§ 79, 37 I VwVfG). 64

Soweit ein angefochtener Verwaltungsakt bereits vollzogen wurde, hat die Widerspruchsbehörde außerdem analog § 113 I S. 2 VwGO auf Antrag darüber zu entscheiden, ob und wie die Vollzugsfolgen zu beseitigen sind.

II. Entscheidung nach § 80 VwGO

ggf. Entscheidung nach § 80 VwGO

Im Widerspruchsbescheid kann gem. § 80 II S. 1 Nr. 4 VwGO die sofortige Vollziehbarkeit des Verwaltungsakts angeordnet oder aber auch nach § 80 IV VwGO in den Fällen des Abs. II die Vollziehung ausgesetzt werden.[93] 65

hemmer-Methode: Denken Sie hier auch an andere damit zusammenhängende Probleme:
Für die Fälle des § 80 II S. 1 Nr. 4 VwGO stellt Abs. III eine relativ strenge Begründungspflicht auf, vgl. Rn. 109, 163 ff.

93 Vgl. dazu auch den Problemkomplex des vorläufigen Rechtsschutzes in Rn. 106 ff., 120 ff.

Der Antrag nach § 80 IV VwGO taucht in der Klausur häufig auch als Zulässigkeitsproblem des Antrags nach § 80 V VwGO vor dem Verwaltungsgericht mit der Frage auf, ob ein Antrag bei der Behörde diesem vorhergehen muss, damit dem Antragsteller nicht das Rechtsschutzbedürfnis fehlt; von der h.M. wird dieses Erfordernis freilich abgelehnt, vgl. Rn. 138 ff., 191.

Häufig werden solche Entscheidungen allerdings schon im Ausgangsverfahren getroffen, sodass die Anordnung nach § 80 II S. 1 Nr. 4 VwGO v.a. in Betracht kommt, wenn sie in diesem pflichtwidrig unterlassen wurde. Hinsichtlich der Aussetzung der Vollziehung wird meist nur die Ablehnung eines entsprechenden, mit der Einlegung des Widerspruchs verbundenen Antrags mitgeteilt.

III. Androhung von Zwangsmitteln

Androhung von Zwangsmitteln

Ist der Widerspruch unzulässig oder unbegründet, kann die Widerspruchsbehörde erforderlichenfalls Zwangsmittel androhen. Dies können auch weitere, d.h. über den Ausgangsbescheid hinausgehende Zwangsmittel sein, insoweit liegt ein Fall der (im Widerspruchsverfahren grds. nicht ausgeschlossenen)[94] reformatio in peius vor. 66

IV. Kostenentscheidung

Kostenentscheidung

Nach § 73 III S. 3 VwGO muss der Widerspruchsbescheid eine Kostenentscheidung enthalten, die die Kostenerstattung zwischen Widerspruchsführer und Ausgangsbehörde sowie Widerspruchsbehörde regelt. Eine nähere Darstellung würde den Rahmen dieses Exkurses sprengen, verwiesen sei allerdings auf die allgemeine Kostenregelung des § 80 VwVfG für das Verhältnis zwischen Widerspruchsführer und Ausgangsbehörde, die subsidiär immer zur Anwendung kommt, wenn spezialgesetzliche Regelungen fehlen. 67

hemmer-Methode: Wenn Sie einen Widerspruchsbescheid zu entwerfen haben, sollten Sie immer auch an die Funktion dieses Bescheids bzw. des Widerspruchsverfahrens (vgl. oben Rn. 2) denken, die für die individuellen Anforderungen an den konkreten Bescheid mitentscheidend ist: Sie müssen den Widerspruchsführer (v.a. natürlich bei Erfolglosigkeit, bei Erfolg aber u.U. einen Drittbetroffenen) von der Richtigkeit Ihrer Entscheidung überzeugen und ihn möglichst von einem aussichtslosen Prozess abhalten. Sollte es gleichwohl zu einem Gerichtsverfahren kommen, muss der Widerspruch „gerichtsfest" gemacht, also eventuelle formelle Fehler geheilt und Begründungen richtiggestellt, aber auch dem Gericht der Sachverhalt gut nachprüfbar und nachvollziehbar aufbereitet sein.

C) Gründe

Gründe

§ 73 III S. 1 VwGO schreibt eine Begründung für alle Widerspruchsbescheide vor, jedoch gilt bei vollumfänglichem Erfolg ggf. die Ausnahme nach §§ 79, 39 II Nr. 1 VwVfG. 68

Dabei wird gewöhnlich unterschieden zwischen tatsächlichen Gründen und rechtlichen Gründen.

tatsächliche Gründe (entsprechen dem Sachbericht)

I. Die tatsächlichen Gründe entsprechen im Wesentlichen dem oben (Rn. 21 ff.) dargestellten Sachbericht und haben ungefähr die Funktion des vorweg abgesetzten Tatbestands beim Urteil. 69

94 Vgl. dazu **Hemmer/Wüst, Verwaltungsrecht I, Rn. 504 ff.**

rechtliche Gründe

II. Die rechtlichen Gründe sollen die rechtliche Beurteilung der Sache rechtfertigen. Dabei ist zu beachten, dass man sich i.d.R. im Vergleich zum Gutachten erheblich kürzer fassen kann bzw. stärker gewichten und pointieren sollte. Unproblematische Selbstverständlichkeiten, die im Gutachten der Vollständigkeit halber erwähnt werden, können und sollten sogar weggelassen werden. *70*

Dabei handelt es sich nicht nur um ein Zeitproblem, sondern unter dem Gesichtspunkt der Praxistauglichkeit des Bescheids auch um eine Frage seiner Überzeugungskraft.

Für die Darstellung der rechtlichen Gründe bietet sich folgende Reihenfolge an, wobei noch einmal betont werden muss, dass einzelne Punkte nur zu erwähnen sind, wenn ein Bedürfnis danach besteht:

Darstellung der rechtlichen Gründe:

- ⇨ erforderlichenfalls kurze Auslegung oder Umdeutung des Antrags
- ⇨ kurze Darlegung der eigenen Entscheidungskompetenz
- ⇨ einleitender Ergebnissatz
- ⇨ in Problemfällen Ausführungen zur Zulässigkeit des Widerspruchs (ansonsten genügt deren Feststellung)
- ⇨ Darlegungen zu Rechtmäßigkeit und Zweckmäßigkeit des Ausgangsbescheids (wobei gerade hier auch die richtige Gewichtung zu beachten ist; auch liegt i.d.R. schon ein begründeter Ausgangsbescheid vor, auf den verwiesen werden kann)
- ⇨ Begründung der Nebenentscheidungen

D) Rechtsbehelfsbelehrung

Rechtsbehelfsbelehrung, vgl. § 73 III S. 1 VwGO

Nach § 73 III S. 1 VwGO ist der Widerspruchsbescheid mit einer Rechtsbehelfsbelehrung zu versehen, welche freilich nur bei einer Beschwer des Widerspruchsführers Sinn macht. *71*

Die eigentlich maßgeblichen Anforderungen dafür bestimmt § 58 I VwGO,[95] allerdings sind für viele Fälle amtliche Muster vorhanden, an denen man sich orientieren kann.[96] Sollte ein solches Muster allerdings seinerseits § 58 I VwGO nicht entsprechen, geht der Gesetzeswortlaut selbstverständlich vor.

Soweit eine im Anschluss mögliche Klageerhebung nach § 80 II VwGO keine aufschiebende Wirkung hätte, ist ein Hinweis auf die Möglichkeit eines Antrags nach § 80 V VwGO angebracht.

E) Schlussformel

Schlussformel

Der Widerspruchsbescheid schließt mit einer Grußformel und der Unterschrift, wobei außer beim Behördenleiter üblicherweise ein die Vertretung bzw. Beauftragung kennzeichnender Zusatz vorangestellt wird. *72*

hemmer-Methode: Zwar entscheidet sich hier i.d.R. nicht, ob Ihr Bescheid gelungen ist oder nicht, insbesondere bei Entwürfen in Ihrer Ausbildungsstation dürfte es sich aber gut machen, wenn Sie sich bei formalen Kleinigkeiten der dort üblichen Praxis anschließen, z.B. was die Grußformel („Hochachtungsvoll" oder „Mit freundlichen Grüßen") oder das Nachstellen der Amtsbezeichnung nach dem Namen angeht.

95 Vgl. dazu (unter dem Gesichtspunkt des Fristlaufs bei falscher Rechtsmittelbelehrung) **Hemmer/Wüst, Verwaltungsrecht I, Rn. 187 ff.**

96 Vgl. z.B. die entsprechende Bekanntmachung des Bayerischen Innenministeriums, Ziegler/Tremel Nr. 904.

2. ABSCHNITT: VORLÄUFIGER UND VORBEUGENDER RECHTSSCHUTZ

§ 4 EINLEITUNG

A) Verfassungsrechtliche Vorgaben

vorläufiger Rechtsschutz wegen langer Verfahrensdauer und Gefahr der Schaffung vollendeter Tatsachen erforderlich

Im Verwaltungsrecht ist der vorläufige Rechtsschutz von besonderer praktischer Bedeutung, da dem Betroffenen einerseits durch die Schaffung vollendeter Tatsachen seitens der Behörden, die einen Verwaltungsakt vollziehen, und andererseits durch die oft überlange Dauer des Hauptsacheverfahrens erhebliche, gegebenenfalls irreparable Nachteile drohen. Dies um so mehr, als die vollziehende Gewalt kraft ihrer Hoheitsfunktion dem Bürger gegenüber in einer Position der Überlegenheit ist und zudem im Verwaltungsrecht die stets zu beachtende Besonderheit existiert, dass ein rechtswidriger Verwaltungsakt gem. §§ 43 II, 44 VwVfG grundsätzlich wirksam und damit vollziehbar ist. 73

hemmer-Methode: Beachten Sie den Unterschied: Vollziehbarkeit ist nicht gleichzusetzen mit Vollstreckbarkeit, worunter der Gebrauch von Zwangsmitteln zu verstehen ist, für deren Einsatz die Wirksamkeit allein i.d.R. nicht ausreicht, vgl. § 6 VwVG.

u.U. auch nur rechtzeitiger Rechtsschutz als effektiver Rechtsschutz i.S.d. § 19 IV GG

Um diese Nachteile abwenden zu können, garantiert Art. 19 IV GG jedermann, der durch ein Verhalten der Exekutive in seinen subjektiven öffentlichen Rechten verletzt wird, gerichtlichen Rechtsschutz. Damit ist nicht nur irgendein Rechtsschutz gemeint, etwa in dem Sinne der Formel „Dulde und liquidiere“, auf die Otto Mayer den Rechtsschutz im absolutistischen Staat des 18. Jahrhunderts reduzieren zu können glaubte, weil man gegen den Staat selbst nichts habe ausrichten können.[97] Art. 19 IV GG garantiert vielmehr umfassenden und wirksamen Rechtsschutz gegen Akte der öffentlichen Gewalt. Effektivität aber heißt in besonderem Maße Rechtzeitigkeit. Um den Eintritt von irreparablen Ergebnissen zu verhindern, kennen alle Prozessordnungen Institute des vorläufigen (einstweiligen) Rechtsschutzes und auch das BVerfG hat der Ausgestaltung des vorläufigen Rechtsschutzes im Lichte des Art. 19 IV GG besonderes Augenmerk zugewandt und seinen verfassungsrechtlichen Rang mehrfach hervorgehoben.[98]

Vorläufigem Rechtsschutz kommt im Rechtsschutzsystem die Aufgabe zu, den Schutz des Bürgers gegen den Vollzug einer Entscheidung oder deren Folgen zu bewirken oder auch ein bestimmtes Recht bis zum rechtskräftigen Abschluss eines Prozesses zu sichern, mithin eine Umgestaltung der Wirklichkeit solange zu verhindern, bis in einem ordentlichen Verfahren von mit Distanz zum Verwaltungsgeschehen entscheidenden Richtern darüber befunden ist, ob die entsprechende Veränderung einem subjektiven Recht widerspricht.

---

97 Otto Mayer, Deutsches Verwaltungsrecht I, 3. Aufl. 1924, S. 53.

98 BVerfGE 35, 263 (274); 35, 382 (402); 51, 284 ff.; 67, 58: **alle Entscheidungen** = **juris**byhemmer; Kopp/*Schenke*, § 80 VwGO, Rn. 1 m.w.N.

B) Zweiteilung des vorläufigen Rechtsschutzes

zwei Arten:

Die VwGO kennt zwei Arten des vorläufigen Rechtsschutzes: 74

- die aufschiebende Wirkung von Widerspruch und (Anfechtungs-)Klage gem. § 80 I VwGO und in Ergänzung dazu die Möglichkeiten einer gerichtlichen Anordnung o. Wiederherstellung der aufschiebenden Wirkung i.S.d. § 80 V S. 1 VwGO sowie derjenigen einer gerichtlichen Anordnung, Aussetzung, Wiederherstellung oder Aufhebung der Vollziehung eines Verwaltungsakts gem. § 80a III VwGO

- die einstweilige Anordnung gem. § 123 I VwGO bzw. im verwaltungsgerichtlichen Normenkontrollverfahren gem. § 47 VI VwGO. Ein der ZPO (§ 916 ff. ZPO) nachgebildetes Arrestverfahren sieht die VwGO nicht vor, sodass Geldforderungen vorläufig nur im Verfahren nach § 123 VwGO durchgesetzt werden können, vgl. § 123 III VwGO.[99]

aufschiebende Wirkung (§ 80 VwGO)

Beim belastenden Verwaltungsakt wird vorläufiger Rechtsschutz bereits dadurch gewährt, dass Widerspruch und Anfechtungsklage gem. § 80 I VwGO aufschiebende Wirkung haben. Der Verwaltungsakt wird automatisch und kraft Gesetzes suspendiert, sodass es eines besonderen gerichtlichen Eilverfahrens i.S.d. § 80 V S. 1 VwGO nur bedarf, wenn die automatische Suspendierung ausgeschlossen ist, § 80 II VwGO. 75

hemmer-Methode: Der Verwaltungsakt ist für die Verwaltung ein sehr „scharfes Schwert", da er als Vollstreckungstitel dienen kann, den sie sich selbst, ohne Hinzuziehung eines Gerichts, verschaffen kann, vgl. § 6 VwVG. Deshalb ist die Möglichkeit für den Bürger, grds. einfach durch Einlegung eines Widerspruchs die aufschiebende Wirkung herbeizuführen, als entsprechend schlagkräftiges Gegenmittel so wichtig.

einstweilige Anordnung (§§ 123, 47 VI VwGO)

Die einstweilige Anordnung ist hingegen immer dann einschlägiges Verfahren, wenn es nicht um die Suspendierung eines belastenden Verwaltungsakts geht, § 123 V VwGO. § 123 V VwGO stellt den Vorrang des vorläufigen Rechtsschutzes nach § 80 VwGO und zugleich die Abgrenzung beider Verfahrensarten klar. Diese beruht strikt formal auf einer exakten Ausrichtung am Streitgegenstand:[100] 76

- Geht es um die Wiederherstellung oder erstmalige Herstellung der aufschiebenden Wirkung von Widerspruch und Klage, ist ein Antrag nach § 80 VwGO statthaft.

- In allen anderen Fällen richtet sich der einstweilige Rechtsschutz nach § 123 VwGO.

Als Faustformel kann eine Abgrenzung nach der Klageart in der Hauptsache herangezogen werden:[101]

Abgrenzung nach § 123 V VwGO

- Ist der Streitgegenstand ein belastender Verwaltungsakt, wäre statthafte Klageart in der Hauptsache also die Anfechtungsklage, ist vorläufiger Rechtsschutz stets nach § 80 VwGO bzw. § 80a VwGO zu gewähren.

- Bei allen anderen Klagearten außer der Anfechtungsklage kommt § 123 VwGO zur Anwendung, also bei Verpflichtungs-, Leistungs- und Feststellungsklagen.

---

99 Hufen, Verwaltungsprozessrecht, § 31 Rn. 7.

100 Stern/Blanke, Verwaltungsprozessrecht in der Klausur, § 18, Rn. 571; Hufen, § 31 Rn. 8 ff.

101 Diese Faustformel führt nicht in allen Fällen zu richtigen Ergebnissen, vgl. unten Rn. 134.

Die Abgrenzung ist in der Prüfung als eine Frage der Statthaftigkeit vorzunehmen. Gemäß § 123 V VwGO ist § 80 VwGO mithin grundsätzlich lex specialis gegenüber § 123 VwGO, wenn es um belastende Verwaltungsakte geht.

<u>Übersicht zur Abgrenzung von § 123 VwGO und § 80 V VwGO</u>

⇨ Einstiegsnorm ist § 123 V VwGO.

⇨ Wenn als Hauptsacherechtsbehelf die **Anfechtungsklage** einschlägig ist, dann Vorgehen nach **§ 80 V VwGO,**

⇨ wenn als Hauptsacherechtsbehelf **keine Anfechtungsklage** einschlägig ist, nur dann Vorgehen nach **§ 123 VwGO.**

C) Vorläufiger und vorbeugender Rechtsschutz

Unterscheide vorläufigen und vorbeugenden Rechtsschutz

Die Verfahrensarten nach § 80 VwGO und § 123 VwGO stimmen im Ergebnis und Ziel insofern überein, als sie grundsätzlich den Streit nur vorläufig klären und nicht endgültig Recht gewähren. Dieser vorläufige Charakter unterscheidet sie zunächst auch vom vorbeugenden Rechtsschutz, der der Abwehr zu erwartender Rechtsbeeinträchtigungen durch Verwaltungshandeln dient und (etwa als vorbeugende Feststellungs- oder Unterlassungsklage) durch gerichtliche Entscheidung in der Hauptsache gewährt wird. Allerdings kann auch vorbeugender Rechtsschutz vorläufig gewährt werden, statthaft ist dann ein Antrag nach § 123 VwGO. 77

hemmer-Methode: Vorläufiger und vorbeugender Rechtsschutz sind also nichts Gegensätzliches! Beide Verfahrensarten sind kombiniert möglich und aufgrund des Zeitdrucks oft auch nur kombiniert sinnvoll! Soll ein unmittelbar bevorstehendes, erstmalig stattfindendes Ereignis verhindert werden, handelt es sich um vorbeugenden Rechtsschutz, der nur vorläufig im Wege des § 123 VwGO Sinn macht!

§ 5 REGELUNGSGEHALT DES § 80 VWGO

A) § 80 I VwGO – Aufschiebende Wirkung

I. Bedeutung der aufschiebenden Wirkung

aufschiebende Wirkung, § 80 I VwGO: Ausgleich für grundsätzliche Wirksamkeit des Verwaltungsakts trotz Rechtswidrigkeit

Wenngleich der Gesetzgeber mit der möglichen Rechtswidrigkeit eines Verwaltungsakts rechnen muss, ist dieser aus Gründen der Rechtssicherheit und der Effektivität des Verwaltungshandelns auch vor Eintritt seiner Unanfechtbarkeit grundsätzlich selbst im Fall seiner Rechtswidrigkeit gem. §§ 43 II, 44 VwVfG wirksam und damit von jedermann zu beachten, solange er noch nicht mit Widerspruch oder Anfechtungsklage angegriffen worden ist. Der vorläufige Rechtsschutz in Verbindung mit Widerspruch und Anfechtungsklage schafft für diese Wirksamkeit trotz möglicher Rechtswidrigkeit dadurch einen Ausgleich, dass gem. § 80 I S. 1 VwGO Widerspruch und Anfechtungsklage generell kraft Gesetzes aufschiebende Wirkung haben. § 80 I S. 1 VwGO bildet somit den Grundstein des Wirksamkeits- und Aufschiebungsmechanismus i.S.d. §§ 43, 44 VwVfG und § 80 VwGO, da durch die aufschiebende Wirkung zumindest Vollzug und Vollstreckung des Verwaltungsakts unzulässig sind, vgl. § 6 I VwVG. 78

Folglich ist hier der Verwaltungsakt von anderen Handlungsformen abzugrenzen, denn bei privatrechtlichen Maßnahmen, schlichtem Verwaltungshandeln (Realakten), internen Verwaltungsmaßnahmen, Verwaltungsvorschriften und Rechtsnormen gibt es keine aufschiebende Wirkung. Zudem macht der Zusammenhang von Widerspruch und Anfechtungsklage deutlich, dass regelmäßig nur dem Anfechtungswiderspruch i.S.d. § 68 I S. 1 VwGO aufschiebende Wirkung zukommt. § 80 I S. 1 VwGO ist daher nicht anwendbar gegenüber Versagungsbescheiden bzw. dem Betroffenen ist in diesen Fällen mit § 80 I S. 1 VwGO nicht weitergeholfen. Allein durch die Suspendierung der Ablehnung ist er noch keinen Schritt weiter, da er einen zusprechenden Bescheid begehrt. In diesen Fällen ist ein Verpflichtungswiderspruch i.S.d. § 68 II VwGO mit anschließender Verpflichtungsklage (Versagungsgegenklage) in der Hauptsache erforderlich, sodass gem. § 123 V VwGO die einstweilige Anordnung gem. § 123 I VwGO das richtige Verfahren im vorläufigen Rechtsschutz darstellt.[102] 79

aufschiebende Wirkung auch bei gestaltenden und feststellenden Verwaltungsakten

§ 80 I S. 2 VwGO stellt klar, dass die aufschiebende Wirkung nicht nur bei befehlenden und als solche vollstreckbaren Verwaltungsakten eintritt, sondern auch bei (nicht vollstreckungsfähigen) rechtsgestaltenden und feststellenden Verwaltungsakten sowie bei Verwaltungsakten mit Drittwirkung i.S.d. § 80a VwGO.[103] 80

aufschiebende Wirkung auch bei Allgemeinverfügung, fraglich ist nur ihr Umfang

Da gem. § 35 S. 2 VwVfG auch Allgemeinverfügungen Verwaltungsakte sind, greift auch ihnen gegenüber grundsätzlich der Suspensiveffekt ein. Indes ist hinsichtlich des von der aufschiebenden Wirkung erfassten Personenkreises bei Allgemeinverfügungen zu differenzieren. 81

102 Zu Ausnahmen siehe unten Rn. 134.

103 Das Gesetz spricht hier von Doppelwirkung, worunter üblicherweise Verwaltungsakte verstanden wurden, die gegenüber ein und derselben Person teils begünstigend und teils belastend wirken. Aus § 80 I S. 2 VwGO i.V.m. § 80a VwGO ergibt sich indes, dass unter Doppelwirkung Drittwirkung zu verstehen ist, d.h. Verwaltungsakte, die gegenüber einer Person begünstigenden Inhalt haben und zugleich eine andere Person belasten.

Soweit eine Allgemeinverfügung eine im Voraus nicht feststehende Zahl von Personen betrifft und die diesen gegenüber ergangene Regelung in einem untrennbaren Zusammenhang mit derjenigen gegenüber dem Anfechtenden steht, etwa bei einem Organisationsakt in der Gestalt einer Schulschließung oder der Umwandlung einer Gesamtschule in eine andere Schulform, wird die Allgemeinverfügung auch in Bezug auf Dritte von der aufschiebenden Wirkung erfasst.[104]

Gleiches gilt beim Vorgehen gegen ein Verkehrszeichen, wobei zu beachten ist, dass hier Widerspruch und Anfechtungsklage kraft Gesetzes keine aufschiebende Wirkung haben, da § 80 II S. 1 Nr. 2 VwGO von der ganz h.M. analog angewendet wird.[105]

Soweit sich aber Allgemeinverfügungen nur als Bündel von Verwaltungsakten darstellen, ist die Frage der aufschiebenden Wirkung für jeden Betroffenen einzeln zu beurteilen.[106]

II. Rechtsfolgen der aufschiebenden Wirkung

Wesen der aufschiebenden Wirkung

Für den Betroffenen stellt sich im Rahmen seines Rechtsschutzverlangens zunächst die wesentliche Frage, welche konkrete Hilfe ihm die aufschiebende Wirkung bieten kann. 82

jedenfalls: keine Vollstreckbarkeit

Aufschiebende Wirkung bedeutet unzweifelhaft, dass ein Verwaltungsakt nach den Verwaltungsvollstreckungsgesetzen des Bundes und der Länder nicht vollstreckt, d.h. mit Zwangsmitteln durchgesetzt werden kann, vgl. z.B. § 6 I BVwVG. Diese Wirkung kann freilich nur bei vollstreckbaren Verwaltungsakten Bedeutung erlangen, während sie bei rechtsgestaltenden oder feststellenden Verwaltungsakten i.S.d. § 80 I S. 2 VwGO, die keiner Vollstreckung bedürfen bzw. keinen vollstreckungsfähigen Inhalt haben, keinen Sinn ergibt. Der durch den Suspensiveffekt herbeigeführte Schwebezustand muss folglich über eine bloße Vollstreckungshemmung hinausgehen. Hier stellt sich dann im Wesentlichen erneut die Frage nach dem Verhältnis von §§ 43 II, 44 VwVfG und § 80 I S. 1 VwGO, also danach, inwieweit die aufschiebende Wirkung die Wirksamkeit des Verwaltungsakts betrifft bzw. einschränkt. Dazu werden im Wesentlichen drei Theorien vertreten, nämlich die strenge Wirksamkeitstheorie, die eingeschränkte Wirksamkeitstheorie sowie die sog. Vollziehbarkeitstheorie.

1. Strenge Wirksamkeitstheorie

Wirksamkeitstheorie: VA wird in seiner Wirksamkeit suspendiert

Nach der strengen Wirksamkeitstheorie[107] erfasst die aufschiebende Wirkung die Wirksamkeit des Verwaltungsakts schlechthin. Die Wirksamkeit des angefochtenen Verwaltungsakts wird bis zur rechtskräftigen Entscheidung aufgeschoben, mit der Folge, dass weder die Behörde, der Adressat des Verwaltungsakts noch irgendein Dritter vom Vorliegen eines wirksamen Verwaltungsakts ausgehen dürfen. Der Verwaltungsakt wird ex nunc erst dann wirksam, wenn nach der Klärung der Rechtslage die aufschiebende Wirkung entfällt. 83

---

104 BVerwG, DVBl. 1978, 640 f. = **juris**byhemmer; Kopp/*Schenke*, § 80 VwGO, Rn. 17 - 19; Schenke, Verwaltungsprozessrecht, § 25, Rn. 942 ff.; Finkelnburg/Dombert/*Külpmann*, Vorläufiger Rechtsschutz im Verwaltungsstreitverfahren, § 62, Rn. 1408 ff.

105 OVG Münster, NJW 1998, 329 = **juris**byhemmer, vgl. auch unten Rn. 103.

106 Kopp/*Schenke*, § 80 VwGO, Rn. 18 m.w.N.; Stern/Blanke, § 19, Rn. 572.

107 Schoch, Vorläufiger Rechtsschutz, § 35, S. 1165; Erichsen/Klenke, DÖV 1976, 833 ff.; Huba, JuS 1990, 384 m.w.N.

2. Vollziehbarkeitstheorie

Vollziehbarkeitstheorie: VA bleibt wirksam, kann aber nicht vollzogen werden

Den entgegengesetzten Standpunkt nimmt die sog. Vollziehbarkeitstheorie ein.[108] Danach bedeutet aufschiebende Wirkung i.S.d. § 80 I S. 1 VwGO lediglich Vollzugshemmung:[109] Sie berührt weder die Wirksamkeit des Verwaltungsakts als solche noch dessen „Inkrafttreten", sondern stellt ein umfassendes Verwirklichungs- und Ausnutzungsverbot des Verwaltungsakts dar, das sich sowohl an die Behörde als auch an den Adressaten und an Dritte richtet. 84

hemmer-Methode: Dass das Vollzugsverbot nicht allein an die Behörde gerichtet ist, ergibt sich bereits daraus, dass § 80 I S. 2 VwGO klarstellt, dass auch der Widerspruch und die Anfechtungsklage gegen rechtsgestaltende und feststellende Verwaltungsakte aufschiebende Wirkung haben. Bei diesen Verwaltungsakten scheidet eine Vollziehung durch die Behörde aber zwingend aus.

3. Eingeschränkte Wirksamkeitstheorie

eingeschränkte Wirksamkeitstheorie: Wirksamkeit des VA nur vorläufig gehemmt

Nach der einen vermittelnden Standpunkt einnehmenden eingeschränkten Wirksamkeitstheorie[110] hemmen Widerspruch und Anfechtungsklage gem. § 80 I S. 1 VwGO die Wirksamkeit des Verwaltungsakts nur vorläufig. 85

Wird der angefochtene Verwaltungsakt bestandskräftig, so entfalle die schwebende Unwirksamkeit im Gegensatz zur strengen Wirksamkeitstheorie rückwirkend (ex tunc).[111]

4. Auswirkungen der Meinungsunterschiede

Auswirkungen der Meinungsunterschiede

Ist der angegriffene Verwaltungsakt von Anfang an rechtswidrig, so dass Widerspruch und Anfechtungsklage erfolgreich sind, erlangt der Streit zwischen den Theorien keine praktische Bedeutung, da hier der Verwaltungsakt gerichtlich ex tunc aufgehoben wird.

Wenn indessen Widerspruch und Anfechtungsklage nicht zur Aufhebung des Verwaltungsakts führen und dieser daraufhin bestandskräftig wird, dann ergeben sich für den Betroffenen wesentlich unterschiedliche Folgen, die zeigen, dass es sich hier nicht um einen rein dogmatischen Streit handelt. 86

Folgender Fall soll dies verdeutlichen:

Der Beamte B wurde zu Recht gem. § 32 Nr. 3 BBG aus dem Staatsdienst entlassen. Nachdem seine Anfechtungsklage erfolglos geblieben ist und er auf weitere Rechtsmittel verzichtet, fragt er seine Anwältin, ob er die nach Einlegung des Widerspruchs gegen die Entlassungsverfügung erhaltenen Dienstbezüge zurückzahlen muss.

1. Nach der strengen Wirksamkeitstheorie erlangt hier die mit Rechtsbehelfen erfolglos angegriffene Entlassungsverfügung erst von dem Moment an Wirksamkeit, in dem sie bestandskräftig geworden ist. Während der Dauer der aufschiebenden Wirkung war die Entlassungsverfügung mithin unwirksam, mit der Folge, dass für die Zeit zwischen Ausspruch der Entlassung und dem Eintritt der Bestandskraft sich an dem Bestehen des Beamtenverhältnisses mit allen an den Beamtenstatus geknüpften Rechten und Pflichten nichts ändert.

108 BVerwGE 13, 1 (5 ff.) = **juris**byhemmer; 66, 218 (222) = **juris**byhemmer; Hufen, § 32 Rn. 3; Pietzner/Ronellenfitsch, § 51, Rn. 1420.

109 Finkelnburg/Dombert/Külpmann, § 32, Rn. 629, 630.

110 Schenke, § 25, Rn. 950; Kopp/*Schenke*, § 80 VwGO, Rn. 22 m.w.N.

111 Vgl. insoweit auch § 80b I VwGO, der jedoch keine Entscheidung hinsichtlich einer der drei Theorien trifft, sondern die Dauer der aufschiebenden Wirkung festlegt; vgl. insoweit Rn. 116.

Ein Rückzahlungsanspruch gegen B auf der Grundlage eines öffentlich-rechtlichen Erstattungsanspruchs gem. § 12 II S. 1 BBesG i.V.m. §§ 812 ff. BGB scheitert daran, dass die Dienstbezüge an B wegen des Suspensiveffekts weiterhin mit Rechtsgrund geleistet wurden. B könnte daher seine Dienstbezüge behalten.

2. Nach der Vollziehbarkeitstheorie hingegen war und bleibt die erfolglos angefochtene Entlassungsverfügung von Anfang an rechtswirksam. Zwar war die Dienstbehörde wegen des weit verstandenen Begriffs der Vollziehung, nach dem alle nachteiligen Folgen des Verwaltungsakts vorläufig gehemmt werden, bis zur Bestandskraft der Entlassung daran gehindert, dieser behördliche Ausführungshandlungen folgen zu lassen, die den Eintritt der im Verwaltungsakt verfügten Rechtsänderung voraussetzen und sich aus diesem als weitere Folge ergeben.

Daher musste der Dienstherr bis zur Bestandskraft der Entlassung B weiterbeschäftigen und ihm die Dienstbezüge auch fortzahlen. Nach Eintritt der Bestandskraft wird die Vollzugshemmung hingegen rückwirkend beseitigt, sodass auch der Anspruch auf die Dienstbezüge mit ex-tunc-Wirkung entfällt. Mangels Rechtsgrundes kann die Dienstbehörde die geleisteten Dienstbezüge gem. § 12 II S. 1 BBesG i.V.m. §§ 812 ff. BGB zurückverlangen.

Ein Rechtsgrund ergibt sich auch nicht etwa in entsprechender Anwendung des arbeitsrechtlichen Instituts des sog. faktischen Arbeitsverhältnisses. Die Dienstbezüge erfolgen nämlich nicht als Gegenleistung, sondern sind Ausdruck des Alimentationsprinzips, sodass diese Grundsätze nicht eingreifen.

Allerdings kann B aus Billigkeitsgründen ein Teil der Dienstbezüge gem. § 12 II S. 3 BBesG belassen werden, wenn er seine Dienstpflichten faktisch weiter erfüllt hat. Insofern kann sich ein „faktisches Beamtenverhältnis" i.R.d. § 12 II S. 3 BBesG doch noch günstig auswirken.[112]

Die Vollziehbarkeitstheorie kommt also zu dem genau entgegengesetzten Ergebnis wie die strenge Wirksamkeitstheorie.

3. Zu dem gleichen Ergebnis wie die Vollziehbarkeitstheorie kommt allerdings auch die eingeschränkte Wirksamkeitstheorie: Die zunächst schwebende Unwirksamkeit der Entlassung entfällt nach Eintritt der Bestandskraft rückwirkend (Letztere ex-tunc-Wirkung ist der entscheidende Unterschied zur strengen Wirksamkeitstheorie). Die Entlassung des B wird daher als von Anfang an rechtswirksam angesehen, sodass die Bezüge ohne Rechtsgrund geleistet worden sind. Mithin hat die Dienstbehörde einen Erstattungsanspruch gem. § 12 II S. 1 BBesG i.V.m. § 812 I S. 2 Alt. 1 BGB.

4. Da im konkreten Fall nur die strenge Wirksamkeitstheorie und die beiden anderen Ansichten divergieren, müsste eine Entscheidung in der Klausur auch nur zwischen den beiden fallrelevanten Positionen getroffen werden. Aus didaktischen Gründen erfolgt indes eine kurze Darstellung aller wesentlichen Argumente des Für und Wider der drei Theorien.

5. Stellungnahme

vorzugswürdig: Vollziehbarkeitstheorie, wobei Vollziehbarkeit im weiten Sinne einer Verwirklichung des VAs (auch durch Private) zu verstehen ist

Die strenge Wirksamkeitstheorie vermag keineswegs zu überzeugen, da sie den gesetzlich vorgesehenen Wirksamkeits- und Aufhebungsmechanismus zwischen § 43 II VwVfG und § 80 I S. 1 VwGO einseitig zu Lasten des § 43 VwVfG löst. Der Suspensiveffekt soll grundsätzlich lediglich eine Schmälerung der Rechtsposition des Betroffenen vor endgültiger Klärung der Rechtslage verhindern, nicht hingegen Vorteile gewähren, die ihm nach materiellem Recht nicht zustehen.[113] Eine derart weitgehende Bedeutung des § 80 I S. 1 VwGO ist gesetzlich nicht vorgesehen und würde einen Grundpfeiler des Verwaltungsrechts, die in § 43 I, II VwVfG prinzipiell vorgesehene Wirksamkeit zu stark einschränken und letztlich aushebeln. 87

112 BVerwGE 24, 92 (98 ff.) = jurisbyhemmer; BVerwG DÖV 1983, 898 f. = jurisbyhemmer mit Ausführungen zum „faktischen Beamtenverhältnis".

113 BVerwGE 24, 92 (98 ff.) = jurisbyhemmer; Schenke, § 25, Rn. 953.

Die eingeschränkte Wirksamkeitstheorie sieht sich wegen der vorgesehenen Rückwirkung nicht dem Vorwurf ausgesetzt, dass sie zu unerträglichen, mit dem materiellen Recht nicht zu vereinbarenden Ergebnissen führt. Für diese Auffassung wird zunächst vorgetragen, dass nur mit der Wirksamkeitshemmung der Suspensiveffekt gegenüber dem begünstigten Adressaten beim Verwaltungsakt mit Drittwirkung erklärbar sei, denn unter Vollziehung könnte nur schwerlich das Gebrauchmachen eines Verwaltungsakts durch einen Dritten verstanden werden.[114] 88

Dogmatische Widersprüche entstünden durch die Vollziehbarkeitstheorie auch bei der Einordnung der Vollzugshemmung bei rechtsgestaltenden und feststellenden Verwaltungsakten. Da Vollziehung im Kern des Begriffs behördliche Verwaltungsvollstreckung bedeute, indes feststellende und rechtsgestaltende Verwaltungsakte nicht vollstreckbar seien, könne der Suspensiveffekt einheitlich nur als Wirksamkeitshemmung verstanden werden.[115]

Diese dogmatischen Argumente sind jedoch nur vordergründig überzeugend. Scheinbare Widersprüche im Zusammenhang mit der Vollziehbarkeitstheorie können vermieden werden, wenn nicht einseitig auf die Vollstreckbarkeit abgestellt wird, sondern alle negativen Folgen der Verwirklichung des Verwaltungsakts von der aufschiebenden Wirkung erfasst werden, diese also als ein umfassendes Verwirklichungsverbot zu verstehen ist. 89

Dann können auch rechtsgestaltende, feststellende sowie Verwaltungsakte mit Drittwirkung einheitlich unter den Suspensiveffekt gefasst werden, denn suspendiert werden nicht nur die Vollstreckung, sondern auch die negativen Folgen der Feststellung bzw. des Gebrauchmachens durch Dritte.[116]

für Vollziehbarkeitstheorie auch Wortlaut des § 43 VwVfG

Ferner spricht für die Vollziehbarkeitstheorie die Bedeutung und der Wortlaut von § 43 II VwVfG, der ausdrücklich die Wirksamkeit des Verwaltungsakts bis zu dessen Aufhebung bestimmt und den Suspensiveffekt nicht erwähnt. Insofern ist es sogar fraglich, ob der Bundesgesetzgeber überhaupt die Wirksamkeit oder Unwirksamkeit eines nach Landesrecht geregelten Verwaltungsakts bestimmen dürfte.[117] 90

Zur Begründung der Vollziehbarkeitstheorie kann weiterhin auf den Wortlaut und den Zusammenhang des § 80 I S. 1 VwGO und § 80 II S. 1 Nr. 4 VwGO verwiesen werden. Gemäß § 80 II S. 1 Nr. 4 VwGO kann die Behörde den Suspensiveffekt durch die Anordnung der Vollziehung beseitigen, während nicht auf ein erneutes „Inkraftsetzen“ abgestellt wird. Auch soweit die aufschiebende Wirkung bereits kraft Gesetzes entfalle (§ 80 II S. 1 Nr. 1 - 3 VwGO), kann die Behörde (§ 80 IV S. 1 VwGO) oder das Gericht (§ 80 V S. 1 VwGO) den Eintritt der aufschiebenden Wirkung wiederherstellen oder anordnen. Darin kann eine Gleichsetzung von aufschiebender Wirkung und Aussetzung der Vollziehung gesehen werden. Folglich ist der Suspensiveffekt grundsätzlich als Vollzugshemmung i.w.S. zu verstehen.

Aus diesen Gründen ist der Vollziehbarkeitstheorie zu folgen, die allein dem gesetzlichen Wirksamkeits- und Aufhebungsmechanismus zwischen § 43 VwVfG und § 80 I VwGO gerecht wird und den Sinn und Zweck des vorläufigen Rechtsschutzes nicht über die gebotene Notwendigkeit ausdehnt. In der Praxis hat sich eine pragmatische Ansicht durchgesetzt, die unabhängig von den Theorien meist zu gleichen Ergebnissen führt.

114 Huba, JuS 1990, 384; Schenke, § 25, Rn. 953.

115 Huba, JuS 1990, 384; Schenke, § 25, Rn. 953.

116 Schmitt-Glaeser, Verwaltungsprozessrecht, Rn. 250.

117 Renck, BayVBl. 1991, 743.

hemmer-Methode: Natürlich müssen Sie in der Klausur nicht so ausführlich zu Wesen und Wirkung des § 80 I VwGO Stellung nehmen, zumal sich Unterschiede ohnehin nur in Ausnahmefällen und dann nur bei selten vertretenen extremen Spielarten der jeweiligen Theorie ergeben. Es sollte hier aber eine ausführliche Darstellung erfolgen, um Ihnen auch den Hintergrund und die dogmatische Einordnung des Streites klar zu machen. Außerdem handelt es sich um eine beliebte Frage in der mündlichen Prüfung, bei der Sie mit Argumenten aus der juristischen Methodik viel mehr Punkte holen können, als wenn Ihnen nur die vertretenen Positionen im Ergebnis bekannt sind.

Es bleibt mithin festzuhalten, dass bei der aufschiebenden Wirkung die Wirksamkeit des Verwaltungsakts als solche erhalten bleibt. Mit § 80 I VwGO wird vielmehr eine Vollzugshemmung unter Einschluss des Gebrauchmachens einer Erlaubnis und negativer Feststellungen erreicht. Der angefochtene Verwaltungsakt ist zwar wirksam, darf jedoch nicht vollzogen werden. Auch dürfen keine sonstigen negativen Folgen wie Strafen, Säumniszuschläge etc. verhängt werden.[118] *91*

Ein Fall der unzulässigen Vollziehung ist es auch, wenn die Behörde mit einer Forderung aufrechnet, die aus dem angefochtenen Verwaltungsakt entstanden sein könnte.[119]

III. Abhängigkeit der aufschiebenden Wirkung von den Erfolgsaussichten des Rechtsbehelfs

Abhängigkeit der aufschiebenden Wirkung von Erfolgsaussichten?

Nach dem Wortlaut von § 80 I S. 1 VwGO hängt die aufschiebende Wirkung von Widerspruch und Anfechtungsklage nicht von deren Zulässigkeit oder Begründetheit ab. *92*

Da aber der vorläufige Rechtsschutz grundsätzlich nicht mehr gewähren soll und kann als das Hauptsacheverfahren und der Suspensiveffekt auch nach der Vollziehbarkeitstheorie eine bedeutende Tragweite besitzt, ist fraglich, ob nicht eine gewisse Abhängigkeit der aufschiebenden Wirkung von den Erfolgsaussichten des Rechtsbehelfs denkbar ist.

1. Unabhängigkeit von der Begründetheit

sicher unabhängig von Begründetheit

Ausgehend von dem Wortlaut des § 80 I S. 1 VwGO und in Anbetracht der Rechtsschutzgarantie des Art. 19 IV GG ist es jedenfalls unstreitig, dass der Suspensiveffekt nicht von der Begründetheit des Rechtsbehelfs abhängen kann. Eine derartige Prüfung widerspräche der Natur des § 80 I VwGO als Teil eines Eilverfahrens. Daher hat auch der offensichtlich unbegründete Widerspruch und die evident unbegründete Anfechtungsklage aufschiebende Wirkung.[120] *93*

hemmer-Methode: Sinn und Zweck der aufschiebenden Wirkung nach § 80 I VwGO ist es gerade Zeit zu gewinnen, um die Rechtmäßigkeit des Verwaltungsakts in der Hauptsache prüfen zu können. Diesem Sinn und Zweck widerspräche es, die aufschiebende Wirkung gerade von der Begründetheit der Hauptsache, d.h. der Rechtmäßigkeit des Verwaltungsakts abhängig zu machen!

118 Kopp/*Schenke*, § 80 VwGO, Rn. 22, 27 ff. m.w. Bsp.

119 OVG Lüneburg, NVwZ-RR 2007, 293 = **Life&Law 06/2007** = **juris**byhemmer.

120 BVerwGE 24, 92 (97 ff.) = **juris**byhemmer; Kopp/*Schenke*, § 80 VwGO, Rn. 50 m.w.N.; Schenke, NJW 1997, 81 ff. (86).

2. Teilweise Abhängigkeit von Zulässigkeit

Umstritten ist der Eintritt der aufschiebenden Wirkung beim (möglicherweise) unzulässigen Rechtsbehelf.

e.A.: abhängig von Zulässigkeit

a) Teilweise wird vertreten, dass nur zulässigen Rechtsbehelfen Suspensivwirkung zukommen könne.[121] Als zentrales Instrument des vorläufigen Rechtsschutzes diene der Suspensiveffekt der vorläufigen Sicherung subjektiver Rechte bis zu einer endgültigen gerichtlichen Klärung. Scheitert das eigentliche Rechtsschutzziel bereits daran, dass eine abschließende Klärung aus prozessualen Gründen überhaupt nicht mehr möglich sei, dann entfalle zwangsläufig auch der Sicherungszweck der aufschiebenden Wirkung. Verschiedene Unzulässigkeitsgründe könnten insofern nicht unterschiedlich behandelt werden. *94*

Das Risiko, das durch eine Falschbeurteilung durch die Behörde entstehe, insbesondere die Gefahr, dass durch die Vollziehung des Verwaltungsakts trotz Suspensivwirkung irreparable Nachteile entstehen könnten, könnte durch einen Antrag gem. § 80 V S. 1 VwGO analog auf Feststellung, dass der Rechtsbehelf aufschiebende Wirkung habe, aufgefangen werden.

Zudem könnte dann das Gericht analog § 80 V S. 3 VwGO die Aufhebung der Vollziehung anordnen.[122]

h.M.: grds. unabhängig auch von Zulässigkeit

b) Dagegen lässt die überwiegende Meinung die aufschiebende Wirkung auch bei unzulässigem Rechtsbehelf eintreten.[123] *95*

Grund: viele Mängel sind heilbar

Diese Ansicht stützt sich zum einen darauf, dass der Suspensiveffekt als zentrales Instrument des vorläufigen Rechtsschutzes in seiner Effektivität nicht durch eine eingehende, gegebenenfalls schwierige Zulässigkeitsprüfung eingeschränkt werden dürfe; dies um so mehr, als manche Mängel heilbar seien, etwa die Formerfordernisse in §§ 81, 82 VwGO, oder etwa bei Fristversäumnis (§§ 70, 74 VwGO) eine Wiedereinsetzung, § 60 I VwGO, in Betracht komme. Eine andere Betrachtung führe grundsätzlich zu einer mit dem Wortlaut des § 80 I VwGO nicht zu vereinbarenden Rechtsunsicherheit.

c) Der h.M. ist insbesondere auch wegen des in Art. 19 IV GG verbürgten Anspruchs auf effektiven und umfassenden Rechtsschutz zuzustimmen. Ein Verweis auf den Weg über § 80 V S. 3 VwGO oder Schadensersatzansprüche, wenn sich die Beurteilung der Behörde als falsch herausstellt und diese den Verwaltungsakt indessen bereits vollzogen hat, ist mit diesem Grundsatz unvereinbar. *96*

außerdem kann nicht Verwaltung (inzident) über aufschiebende Wirkung entscheiden, da sie sich gerade gegen diese richtet

Ein wesentlicher Aspekt ist ferner darin zu sehen, dass nach der Gegenansicht die Verwaltung darüber befände, ob die aufschiebende Wirkung eintritt oder nicht, gegen die sich diese vornehmlich richtet. Damit würde das Gebot des effektiven Rechtsschutzes aus § 80 I VwGO i.V.m. Art. 19 IV GG ad absurdum geführt. Zudem hat der Gesetzgeber den Ausschluss der aufschiebenden Wirkung durch die Behörde gem. § 80 II S. 1 Nr. 4, III VwGO an besondere Voraussetzungen geknüpft, die damit umgangen würden. Aus diesen Gründen kann die Suspensivwirkung grundsätzlich nicht von der Zulässigkeit des Rechtsbehelfs abhängig gemacht werden.[124]

121 Eyermann-*Hoppe* VwGO, 15. Aufl. 2019, § 80 VwGO, Rn. 20.; Lüke, NJW 1979, 81 (83); Huba, JuS 1990, 385 m.w.N.

122 Huba, JuS 1990, 385.

123 BVerwGE 24, 92 (97 f.) = **juris**byhemmer; OVG Hamburg, DVBl. 1987, 1017; Kopp/*Schenke*, § 80 VwGO, Rn. 50 ff.

124 Umfassend zu diesem Problem Schoch, Vorläufiger Rechtsschutz, § 35, S. 1150 ff.

Ausnahmen aber bei offensichtlicher Unzulässigkeit, z.B. bei evidenter Fristversäumnis oder Unmöglichkeit einer eigenen Rechtsverletzung

d) Allerdings lässt auch die h.M. Ausnahmen dann zu, wenn der Rechtsbehelf unter keinem denkbaren Gesichtspunkt zulässig sein kann.[125] Wird etwa der Rechtsbehelf ein Jahr nach Ablauf der Widerspruchsfrist eingelegt, ohne dass eine Fristverlängerung i.S.d. § 58 II VwGO oder eine Wiedereinsetzung über § 60 I VwGO irgendwie in Betracht gezogen werden kann,[126] entspräche es auch nicht dem Sinn des § 80 I VwGO, der eine Sicherung bis zur rechtskräftigen Entscheidung bewirken soll, den Suspensiveffekt eintreten zu lassen, wenn eine rechtskräftige Entscheidung zugunsten des Rechtsbehelfsführers keinesfalls mehr erfolgen kann.[127] Das Gleiche muss etwa gelten, wenn eine Rechtsverletzung unmöglich erscheint – z.B. bei der Klage eines in Norddeutschland Lebenden gegen den Planfeststellungsbeschluss über eine Autobahn im Allgäu mit der Begründung, die Alpen müssten vor weiteren Straßenbauprojekten geschützt werden – oder augenscheinlich der Verwaltungsrechtsweg nicht gegeben ist. Unter diesen Umständen wäre eine Berufung auf den Suspensiveffekt unzulässiger Rechtsmissbrauch.[128] 97

hemmer-Methode: Da § 80 I VwGO als gesetzlicher Regelfall die Vermutung für die Rechtmäßigkeit staatlicher Hoheitsakte in sein Gegenteil verkehrt und Ausfluss des Grundsatzes effektiven Rechtsschutzes ist, ist in Zweifelsfällen vom Suspensiveffekt des Rechtsbehelfs auszugehen.

IV. Ausschluss der aufschiebenden Wirkung gem. § 80 II VwGO

Ausschluss der aufschiebenden Wirkung in den Fällen des § 80 II VwGO

Vorläufiger Rechtsschutz ist stets Risikoverteilung und Kompromiss zwischen Vollzugsinteresse einerseits und Aufschiebungsinteresse andererseits. § 80 I VwGO bestimmt als Regelfall den Eintritt des Suspensiveffekts. 98

In § 80 II S. 1 VwGO wird das Regel-Ausnahme-Verhältnis umgekehrt. Für bestimmte Fälle wird der Eintritt der aufschiebenden Wirkung kraft Gesetzes gem. § 80 II S. 1 Nr. 1 - 3 VwGO ausgeschlossen, wobei der Vorrang des öffentlichen oder privaten Vollzugsinteresses im Allgemeinen unterstellt wird; zudem kann die Behörde gem. § 80 II S. 1 Nr. 4 VwGO den Wegfall der aufschiebenden Wirkung anordnen, wenn im begründungsbedürftigen Einzelfall ein solcher Vorrang besteht.

1. Anforderung von öffentlichen Abgaben und Kosten - § 80 II S. 1 Nr. 1 VwGO

Nr. 1: Anforderung von öffentlichen Abgaben und Kosten

Nach § 80 II S. 1 Nr. 1 VwGO entfällt die aufschiebende Wirkung bei der Anforderung von öffentlichen Abgaben und Kosten. Die Regelung soll vor allem sicherstellen, dass die Finanzierung notwendiger öffentlicher Aufgaben nicht gefährdet wird und die Planbarkeit öffentlicher Mittel möglich bleibt.[129] Deshalb fallen unter Nr. 1 nur regelmäßig anfallende öffentlich-rechtliche Geldforderungen zur Abgeltung eines behördlichen Aufwandes; die sofortige Vollziehbarkeit solcher Geldforderungen nach Nr. 1 dient dem Zweck der finanziellen Sicherung der öffentlichen Aufgabenerfüllung, indem die regelmäßig bereits verplanten erforderlichen Einnahmen der öffentlichen Hand zunächst einmal zur Verfügung stehen. 99

125 Hufen, § 32 Rn. 6 f.; Kopp/*Schenke*, § 80 VwGO, Rn. 50 ff.; Schmitt-Glaeser, Rn. 249 m.w.N.

126 Allerdings ist im Zwei-Personen-Verhältnis bis zum Erlass des Widerspruchsbescheides nach h.M. eine Heilung durch Sachentscheidung möglich, sodass die Verfristung nie absolut endgültig ist, vgl. **Hemmer/Wüst, Verwaltungsrecht I, Rn. 198**.

127 VGH Mannheim, NJW 2004, 2690 = **Life&Law 10/2004, 707** = **juris**byhemmer.

128 Schmitt-Glaeser, Rn. 249.

129 Kopp/*Schenke*, § 80 VwGO, Rn. 56 m.w.N.

a) Abgaben

Abgaben umfassend zu verstehen

Nach h.M. erfasst die Regelung nicht nur die sog. klassischen Abgaben, d.h. Steuern, Gebühren und Beiträge,[130] sondern darüber hinaus alle hoheitlich geltend gemachten öffentlich-rechtlichen Geldleistungen mit Finanzierungsfunktion.[131] Nach h.M. fallen unter diese Sonderabgaben etwa Fehlbelegungsabgaben, der Ausgleichsbetrag nach § 154 BauGB etc.[132] 100

b) Kosten

Auslagen oder Gebühren für Verwaltungsverfahren

Kosten i.S.d. § 80 II S. 1 Nr. 1 VwGO sind Auslagen oder Gebühren, die den Beteiligten wegen der Durchführung eines Verwaltungsverfahrens auferlegt werden.[133] Die aufschiebende Wirkung entfällt nur, wenn es sich um eine isolierte Kostenentscheidung handelt, d.h., dass Kostenanforderungen nicht unter Nr. 1 fallen, die neben oder im Zusammenhang mit einer Sachentscheidung erhoben werden, etwa Gebühren für die Erteilung einer Genehmigung oder die Kosten einer Ersatzvornahme.[134] Ansonsten würde zugleich die aufschiebende Wirkung bezüglich der Sachentscheidung eingeschränkt werden. 101

dagegen grds. nicht Zwangsgelder oder Kosten einer Ersatzvornahme (beachte aber § 80 II S. 2 VwGO!)

Da auch Kostenanforderungen, die i.R.d. Verwaltungsvollstreckung festgesetzt werden, z.B. Zwangsgelder oder Kosten der Ersatzvornahme, nicht reine Geldleistungen im Hinblick auf die Durchführung eines Verwaltungsverfahrens darstellen (denn sie haben in erster Linie Zwangs- und Sanktionscharakter), gilt § 80 II S. 1 Nr. 1 VwGO für diese nach h.M. ebenfalls nicht.[135]

hemmer-Methode: Beachten Sie, dass nach § 80 II S. 2 VwGO die Länder in Erweiterung zu § 80 II S. 1 Nr. 3 VwGO bestimmen können, dass Rechtsbehelfe keine aufschiebende Wirkung haben, soweit sie sich gegen Maßnahmen in der Zwangsvollstreckung nicht nur nach Landesrecht, dann schon § 80 II S. 1 Nr. 3 VwGO, sondern auch nach Bundesrecht richten.
Da viele Länder von dieser Ermächtigung Gebrauch gemacht haben (vgl. unten Rn. 104), hat etwa ein Widerspruch gegen ein Zwangsgeld in diesen Ländern keine aufschiebende Wirkung.
Jedoch sind anderweitige Kosten der Zwangsvollstreckung, die nicht wie das Zwangsgeld zugleich Zwangsmittel sind und erst nach deren Abschluss geltend gemacht werden, keine Maßnahmen in der Zwangsvollstreckung, so dass sie ebenfalls nicht unter § 80 II S. 2 VwGO i.V.m. der entsprechenden landesrechtlichen Bestimmung fallen.[136]
Folglich gelten für diese Kostenanforderungen die allgemeinen Bestimmungen nach § 80 I VwGO, so dass grds. aufschiebende Wirkung eintritt. Wichtig ist dies v.a. für die Kosten der Ersatzvornahme. Da diese nach h.M. weder unter § 80 II S. 1 Nr. 1 VwGO noch unter § 80 II S. 1 Nr. 3, S. 2 VwGO in Verbindung mit dem jeweiligen Landesvollstreckungsgesetz fallen, kommt ein Sofortvollzug nur unter den Voraussetzungen des § 80 II S. 1 Nr. 4 VwGO in Betracht.[137]

---

130 Zur Abgrenzung der Abgabenarten vgl. **Hemmer/Wüst, Staatsrecht II, Rn. 307 ff.**

131 OVG Lüneburg, Beschluss vom 26.03.2014, 13 ME 21/14 = **juris**byhemmer; Kopp/*Schenke*, § 80 VwGO, Rn. 57 ff. m.w.N.

132 Kopp/*Schenke*, § 80 VwGO, Rn. 57; Schmitt-Glaeser, Rn. 262 jeweils m.w.N.; a.A. Schenke, § 25, Rn. 963 bezüglich Lenkungs- und Ausgleichsabgaben wie etwa die Abwasserabgabe, da diese primär der Wirtschaftslenkung oder dem Umweltschutz dienen, also keine reine Finanzierungsfunktion hätten.

133 Kopp/*Schenke*, § 80 VwGO, Rn. 62; OVG Lüneburg, Beschluss vom 26.03.2014, 13 ME 21/14 = **juris**byhemmer.

134 Kopp/*Schenke*, § 80 VwGO, Rn. 62.; OVG Greifswald, Beschluss vom 07.07.2016, 1 M 203/16 = **juris**byhemmer.

135 VGH BW, VBl.BW 1991, 215 f; Kopp/*Schenke*, § 80 VwGO, Rn. 63 m.w.N.

136 VGH Mannheim, NVwZ-RR 1991, 512; Erdmann, VwZ 1988, 508; Kopp/*Schenke*, § 80 VwGO, Rn. 68.

137 VGH München, NVwZ-RR 2009, 787 = **Life&Law 12/2009** = **juris**byhemmer.

2. Unaufschiebbare Anordnungen und Maßnahmen von Polizeivollzugsbeamten – § 80 II S. 1 Nr. 2 VwGO

a) Voraussetzungen

Nr. 2: unaufschiebbare Anordnungen und Maßnahmen von Polizeivollzugsbeamten

Gem. § 80 II S. 1 Nr. 2 VwGO entfalten Widerspruch und Anfechtungsklage keine Suspensivwirkung bei unaufschiebbaren Anordnungen und Maßnahmen von Polizeivollzugsbeamten. 102

Vollzugspolizei im institutionellen Sinne

Die Vorschrift meint die Vollzugspolizei im institutionellen Sinne, also die Schutz-, Kriminal-, Wasserschutz-, Bereitschafts- und Grenzpolizei. Nicht hierher gehören daher die allgemeinen Sicherheits- und Ordnungsbehörden, etwa auf dem Gebiet des Bau- und Gewerbewesens, des Straßen- und Wegerechts etc.[138]

Unaufschiebbar ist eine Maßnahme oder Anordnung in besonders dringlichen Fällen, wenn sie also ohne Schaden für die öffentliche Sicherheit nicht zurückgestellt werden können, etwa Weisungen der Polizeibeamten zur Regelung des Verkehrs nach § 36 I StVO, Weisungen nach § 36 V StVO.

hemmer-Methode: Im Übrigen deckt sich der Begriff „unaufschiebbar" mit den Voraussetzungen, nach denen das Polizeirecht die Zuständigkeit der Vollzugspolizei gegenüber den Ordnungsbehörden begründet.[139] Da die Vollzugspolizei ja gerade dann an Stelle der sonstigen Sicherheitsbehörden tätig wird, wenn die Gefahrenabwehr durch diese nicht mehr rechtzeitig möglich erscheint, ist es fast selbstverständlich, dass keine aufschiebende Wirkung eintreten kann. Sehen Sie auch die weiteren Zusammenhänge: Da im Polizeirecht meist sogar eine Erledigung des Verwaltungsakts eintritt, bevor Rechtsbehelfe erhoben werden könnten, ist die häufigste Klageart hier die anfängliche Fortsetzungsfeststellungsklage analog § 113 I S. 4 VwGO. Lesen Sie zu dieser Problematik Hemmer/Wüst, Verwaltungsrecht II, Rn. 141 ff.
Die Bedeutung des § 80 II S. 1 Nr. 2 VwGO liegt vor allen Dingen darin, dass polizeiliche Verwaltungsakte aus dem Stand heraus vollstreckt werden können.

b) Weitere Anwendungsgebiete

nach h.M. analog anwendbar auf Verkehrszeichen

Auf Verkehrszeichen, die als Allgemeinverfügungen i.S.d. § 35 S. 2 VwVfG anzusehen sind, ist § 80 II S. 1 Nr. 2 VwGO nach überwiegender Ansicht analog anzuwenden, da sie funktionsgleich mit den Anordnungen eines Polizeivollzugsbeamten sind und die in ihnen verkörperten Ge- und Verbote ihrer Natur nach auch keinen Aufschub dulden (ansonsten droht wegen des Suspensiveffekts ein Verkehrschaos).[140] 103

Das Gleiche soll für Parkuhren gelten.[141]

Allerdings ist eine undifferenzierte Anwendung des § 80 II S. 1 Nr. 2 VwGO auf alle amtlichen Verkehrszeichen und Verkehrseinrichtungen wegen des (analogieunfähigen) Ausnahmecharakters der Vorschrift abzulehnen, d.h., dass die Voraussetzungen der Analogie im Einzelfall geprüft werden müssen.[142]

138 Schenke, § 25, Rn. 968; Kopp/*Schenke*, § 80 VwGO, Rn. 64.

139 Vgl. bspw. Art. 3 PAG.

140 BVerwG, NJW 1978, 656; NVwZ 1988, 623 f.; Schenke, § 25, Rn. 968; Brühl, JuS 1994, 57; Kopp/*Schenke*, § 80 VwGO, Rn. 64 m.w.N.; vgl. auch OVG Münster, NJW 1998, 329, wonach § 80 II Nr. 2 VwGO auch für die Beseitigung eines Verkehrszeichens als actus contrarius gelten soll: **alle Entscheidungen** = **juris**byhemmer.

141 Hufen, § 32 Rn. 11 m.w.N.; a.A. Kopp/*Schenke*, § 80 VwGO, Rn. 64.

142 Schoch, Vorläufiger Rechtsschutz, § 23, S. 838 ff.; Huba, JuS 1990, 385.

Die Anwendung des § 80 II S. 1 Nr. 2 VwGO auf die Aufstellung von Parkuhren gem. §§ 13 I, 45 I StVO bzw. die damit bedingten Halteverbote erscheint sehr zweifelhaft, da in diesen Fällen in der Regel mangels Verkehrsgefährdungen die Unaufschiebbarkeit entfällt und daher die ratio legis nicht eingreift.[143] Jedenfalls bei bloßen Warnzeichen gelangt man nicht zu § 80 II S. 1 Nr. 2 VwGO. Hier kann mangels Regelungsgehalt schon die Verwaltungsakteigenschaft verneint werden.

3. Andere durch Bundesgesetz (oder für Landesrecht durch Landesgesetz) vorgeschriebene Fälle, § 80 II S. 1 Nr. 3 VwGO

Nr. 3: andere durch Bundesgesetz vorgeschriebene Fälle

Für Bundesrecht kann durch Bundesgesetz das Entfallen der aufschiebenden Wirkung angeordnet werden, § 80 II S. 1 Nr. 3 VwGO. Bundesgesetze i.d.S. sind nur formelle Bundesgesetze, mit der Folge, dass Bundesrechtsverordnungen keine Ausnahmen begründen können.[144] 104

Dasselbe gilt für Landesgesetze, die für Landesrecht die Suspensivwirkung entfallen lassen, § 80 II S. 1 Nr. 3 VwGO. Etwas anderes gilt allerdings für landesrechtliche Vorschriften i.R.d. § 80 II S. 2 VwGO, wonach die Länder (auch durch Rechtsverordnungen) bestimmen können, dass Rechtsbehelfe keine aufschiebende Wirkung haben, die sich gegen Maßnahmen in der Verwaltungsvollstreckung durch die Länder nach Bundesrecht richten.[145]

Für Bundesgesetze hat § 80 II S. 1 Nr. 3 VwGO letztendlich nur deklaratorische Bedeutung, da solche Bundesgesetze ohnehin als leges speciales dem § 80 VwGO vorgingen.[146] 105

Bspe.:

Die wichtigsten bundesgesetzlichen Fälle sind:

- ⇨ § 212a BauGB, wonach Widerspruch und Anfechtungsklage eines Dritten gegen die bauaufsichtliche Zulassung eines Vorhabens keine aufschiebende Wirkung haben.
- ⇨ § 58a I S. 2 AufenthaltsG, keine Suspensivwirkung gegen aufenthaltsbeendende Maßnahmen, vgl. auch § 58 AufenthaltsG zur sofortigen Vollziehbarkeit der Ausreisepflicht.
- ⇨ § 35 I S. 1 WPflG, keine aufschiebende Wirkung der Klage gegen Einberufungs- und Musterungsbescheid.[147]
- ⇨ besondere Fälle der Gefahrenabwehr, etwa § 80 TierSG.

hemmer-Methode: Ein wichtiger Fall einer landesrechtlichen Regelung im Sinne des § 80 II S. 1 Nr. 3 VwGO findet sich für Bayern in Art. 25 BayVersG.[148] Nach dieser Vorschrift hat die Anfechtungsklage gegen versammlungsrechtliche Maßnahmen wie ein Versammlungsverbot keine aufschiebende Wirkung.

143 Kopp/*Schenke*, § 80 VwGO, Rn. 64; zustimmend, aber trotzdem anderes Ergebnis Hufen, § 32 Rn. 11.

144 Redeker/v.Oertzen, VwGO, 16. Aufl. 2015, § 80 VwGO, Rn. 18 f.

145 Vgl. § 12 bwVwVG; Art. 21a BayVwZVG; § 4 berlAGVwGO; Art. 11 bremAGVwGO; § 8 hambAGVwGO; § 12 hessAGVwGO; § 8 nwAGVwGO; § 16 V rhpflVwVG; § 18 saarl.AGVwGO; § 223 schlesw.-holst.LVwG.

146 Hufen, § 32 Rn. 12.

147 Die Wehrpflicht ist nach § 2 WPflG derzeit auf den Spannungs- und Verteidigungsfall beschränkt.

148 Das Bayerische Versammlungsgesetz hat zum 01.01.2009 das Bundesversammlungsgesetz in Bayern abgelöst, vgl. Art. 125a I GG.

4. Anordnung der sofortigen Vollziehung gem. § 80 II S. 1 Nr. 4 VwGO

Nr. 4: Anordnung der sofortigen Vollziehung

Liegt eine gesetzliche Ausnahme von der aufschiebenden Wirkung nicht vor, so können die Ausgangs- und Widerspruchsbehörde – sowie nach § 80a III S. 1 VwGO auch das Gericht – die sofortige Vollziehung im öffentlichen Interesse oder im überwiegenden Interesse eines Beteiligten besonders anordnen. 106

hemmer-Methode: § 80 II S. 1 Nr. 4 VwGO spielt eine große Rolle gerade im Versammlungsrecht![149] Allerdings ist in Bayern der schon oben angesprochene Art. 25 BayVersG i.V.m. § 80 II S. 1 Nr. 3 VwGO zu berücksichtigen.

Der Ausschluss der Suspensivwirkung tritt nur bei der Rechtmäßigkeit der Vollziehungsanordnung ein, die der Betroffene im Verfahren nach § 80 V VwGO überprüfen lassen kann. Für die Rechtmäßigkeit einer Vollziehungsanordnung müssen sowohl formelle als auch materielle Voraussetzungen erfüllt sein.

a) Formelle Voraussetzungen

aa) Zuständige Behörde

zuständig: Ausgangs- und Widerspruchsbehörde

In § 80 II S. 1 Nr. 4 VwGO ist klargestellt, dass sowohl die Ausgangsbehörde als auch die Widerspruchsbehörde für den Erlass der Vollziehungsanordnung zuständig sind. 107

Daraus ergibt sich nach h.M., dass zum einen die Ausgangsbehörde auch nach der Abgabe an die Widerspruchsbehörde bis zum Eintritt der Unanfechtbarkeit des Verwaltungsakts zuständig bleibt.

Zum anderen folgt daraus, dass die Widerspruchsbehörde selbst vor Einleitung des Widerspruchsverfahrens bis zum rechtskräftigen Abschluss des verwaltungsgerichtlichen Verfahrens zuständig ist (im Einzelnen str.).[150] Diese gesetzlich offenbar gewollte Zuständigkeitskonkurrenz führt in der Praxis zu erheblichen Schwierigkeiten.[151]

bb) Verfahren

§ 80 VwGO legt bezüglich der Vollziehungsanordnung keine besonderen Verfahrensvorschriften fest. 108

Verfahren: problematisch v.a., ob § 28 VwVfG analog anwendbar ist

Handelt es sich aber bei der Vollziehungsanordnung von der Rechtsnatur her um einen Verwaltungsakt, dann ist das VwVfG anwendbar, insbesondere gilt dann das Erfordernis der Anhörung gem. § 28 I VwVfG. Ob die Vollziehungsanordnung Verwaltungsaktcharakter hat, ist umstritten.

e.A.: (+)

⇨ Nach einer Ansicht ist die Vollziehungsanordnung ein Verwaltungsakt, so dass § 28 VwVfG anzuwenden sei.[152]

149 Vgl. hierzu Battis/Grigoleit, NJW 2001, 2051.

150 Hufen, § 32 Rn. 15; a.A. Schenke, § 25, Rn. 976; Kopp/*Schenke*, § 80 VwGO, Rn. 81 m.w.N., wonach wegen des Devolutiveffekts die Widerspruchsbehörde erst ab Einlegung des Widerspruchs zuständig ist. Teilweise wird auch angenommen, dass die Zuständigkeit der Widerspruchsbehörde mit Ende des Widerspruchsverfahrens erlischt, Hufen, § 32 Rn. 15 m.w.N.

151 Dazu Hufen, § 32 Rn. 15 f., vgl. unten Rn. 148.

152 Ganter, DÖV 1985, 398; Löwer, DÖV 1985, 830.

h.M. (-), kein VA, bloße Annex-Entscheidung; außerdem kein Verfahren i.S.d. § 9 VwVfG abgeschlossen

⇨ Nach ganz überwiegender Ansicht hingegen handelt es sich nicht um einen Verwaltungsakt, sondern um eine Annex- oder Nebenentscheidung zum Verwaltungsakt,[153] mit der Folge, dass § 28 VwVfG zumindest nicht direkt angewendet werden kann.

Zum einen schließt sie nämlich kein Verfahren ab i.S.d. § 9 VwVfG, zum anderen wäre es seltsam, wenn die Anordnung des § 80 II S. 1 Nr. 4 VwGO mit Widerspruch und Anfechtungsklage angefochten werden könnte, mit der Folge, dass sie gem. § 80 I S. 1 VwGO selbst suspendiert wäre. Schließlich enthält die Vollziehungsanordnung anders als ein Verwaltungsakt keine materielle, sondern nur eine bloß verfahrensrechtliche Regelung und ist keiner materiellen Bestandskraft fähig.

auch sub specie Art. 103 II GG keine analoge Anwendung erforderlich

Auch gegen eine analoge Anwendung des § 28 VwVfG aus rechtsstaatlichen Gründen (Art. 103 II GG),[154] die von der wohl h.M. bevorzugt wird, bestehen gewichtige Einwände: Zum einen sehen die §§ 80 III, 80a VwGO besondere Voraussetzungen in Form der Begründungspflicht vor und es kann wegen ihres abschließenden Regelungscharakters nicht von einer Gesetzeslücke ausgegangen werden, zumal der Betroffene i.R.d. Verwaltungsverfahrens angehört wurde und § 80 III VwGO ihn aus rechtsstaatlicher Sicht hinreichend schützt. Hinzu kommt der Umstand, dass angesichts der Eilbedürftigkeit der Vollziehungsanordnung das durch § 28 VwVfG begründete prinzipielle Erfordernis einer vorherigen Anhörung nicht passt.[155]

freilich im Ergebnis gleichgültig, da i.d.R. Heilung vorliegen würde

Allerdings hat dieser Meinungsstreit insofern keine praktischen Auswirkungen, als auch nach der die analoge Anwendung des § 28 VwVfG befürwortenden Meinung eine Verletzung der Anhörungspflicht nicht zur Aufhebung der Vollziehungsanordnung oder zur Aussetzung der Vollziehung nach § 80 V VwGO führt, vielmehr werde dieser Mangel i.R.d. Verfahrens nach § 80 IV VwGO oder nach § 80 V VwGO geheilt.[156]

cc) Form gem. § 80 III VwGO

Form: § 80 III S. 1 VwGO zu beachten

Dem Ausnahmecharakter der sofortigen Vollziehbarkeit entspricht nicht nur die Pflicht, sie besonders anzuordnen, sondern auch das Gebot der schriftlichen Begründung nach § 80 III S. 1 VwGO. Die Begründungspflicht entfällt nach § 80 III S. 2 VwGO, wenn Gefahr im Verzug vorliegt und die Anordnung ausdrücklich als Notstandsmaßnahme bezeichnet wird. 109

schriftliche Begründung, die sich nicht in allgemeinen Floskeln oder der Wiedergabe des Gesetzestextes erschöpfen darf

Das Erfordernis der schriftlichen Begründung soll weniger Beweiszwecken dienen als vielmehr die Behörde zwingen, sich der Besonderheit der Anordnung bewusst zu werden und von dieser nur nach sorgfältiger Prüfung im Einzelfall Gebrauch zu machen (Warnfunktion). Zudem dient sie dem Betroffenen zur Information und zur Beurteilung seiner Erfolgsaussichten eines Aussetzungsantrags nach § 80 V VwGO. Schließlich soll sie dem Gericht die Kontrolle der behördlichen Entscheidung i.R.d. Verfahrens nach § 80 V VwGO erleichtern.

Sie muss aus diesen Gründen klar erkennen lassen, warum das besondere, über das am Erlass des VA hinausgehende, öffentliche Interesse an der sofortigen Vollziehung besteht und warum es das Individualinteresse an der aufschiebenden Wirkung überwiegt. Die Begründung darf sich nicht in Formeln, der Wiedergabe des Gesetzeswortlauts oder einer Bezugnahme auf die Begründung für den Verwaltungsakt erschöpfen.[157]

153 Schenke, § 25, Rn. 972; Hufen, § 32 Rn. 16; Weides, JA 1984, 655; Emrich, DÖV 1985, 396; Kopp/*Schenke*, § 80 VwGO, Rn. 78 ff. m.w.N.

154 Vgl. Kopp/*Schenke*, § 80 VwGO, Rn. 82 m.w.N.; siehe auch Hufen, § 32 Rn. 17.

155 VGH Mannheim, DÖV 1991, 167 = **juris**byhemmer; OVG Schleswig, NVwZ-RR 1993, 587 f. = **juris**byhemmer; Schenke, § 25, Rn. 978.

156 Kopp/*Schenke*, § 80 VwGO, Rn. 82 a.E.

157 Kopp/*Schenke*, § 80 VwGO, Rn. 84.

Ausnahmen sind dann denkbar, wenn sich der Sofortvollzug zwingend aus den Gründen für den Erlass des Verwaltungsaktes ergibt, Beispiele hierfür wären der Waffenentzug wegen Unzuverlässigkeit[158] oder eine Baueinstellung.[159] Hier sind zumindest geringere Anforderungen an die Begründung zu stellen.

Fehlt die Begründung oder ist sie ungenügend, so ist die Vollziehungsanordnung formell rechtswidrig.[160]

Dies führt zumindest i.R.d. Verfahrens nach § 80 V S. 1 VwGO ohne Rücksicht auf weitere Gründe zur Wiederherstellung der aufschiebenden Wirkung.[161] Ein Nachholen der Begründung ist nach h.M. nicht möglich.[162]

hemmer-Methode: Wie häufig bei formellen Anforderungen, gilt es auch hier, besonders kritisch zu prüfen, wenn im Sachverhalt die Begründung im Wortlaut abgedruckt ist. Andererseits ist von einer ordnungsgemäßen Begründung auszugehen, wenn der Sachverhalt darüber keine näheren Angaben enthält.

b) Materielle Voraussetzungen

materielle Voraussetzungen: sofortige Vollziehung liegt im überwiegenden öffentlichen Interesse oder Interesse eines Beteiligten

Materielle Voraussetzung der sofortigen Vollziehung ist, dass sie im öffentlichen Interesse oder im überwiegenden Interesse eines Beteiligten liegt, § 80 II S. 1 Nr. 4 VwGO. Daraus folgt zunächst, dass weder das allgemeine Interesse am Vollzug des Verwaltungsakts genügt noch die Bezugnahme auf die Rechtmäßigkeit des Verwaltungsakts.[163] Denn einerseits muss die Behörde wegen der Gesetzmäßigkeit der Verwaltung (Art. 20 III GG) stets von der Rechtmäßigkeit ihres Handelns ausgehen und andererseits kommt es bei § 80 II S. 1 Nr. 4 VwGO entscheidend auf die Dringlichkeit an, die sich nicht aus der Rechtmäßigkeit des Verwaltungsakts ergibt.[164] 110

Zum anderen darf das Regel-Ausnahme-Verhältnis des § 80 VwGO nicht umgekehrt werden: Ein Widerspruch hat nach § 80 I S. 1 VwGO grundsätzlich aufschiebende Wirkung.

Die Behörde darf nur bei einem besonderen öffentlichen Interesse, das über dasjenige am Erlass des VAs hinausgeht, den Sofortvollzug anordnen.

umfassende Abwägung erforderlich

Die Tatsache, dass das Gesetz vielmehr auch das überwiegende Interesse nennt, macht deutlich, dass die Anordnung der sofortigen Vollziehung von einer umfassenden Abwägung der Interessen der Allgemeinheit sowie aller Beteiligten nach Art, Schwere und Dringlichkeit abhängen soll.[165] Besondere Bedeutung kommt der möglichen Revidierbarkeit der Folgen eines sofortigen Vollzugs zu.[166]

158 BayVGH, BayVBl. 2005, 666.

159 VGH Mannheim, NVwZ 2006, 168.

160 Kopp/*Schenke*, § 80 VwGO, Rn. 87; Huba, JuS 1990, 386; Schenke, § 25, Rn. 979; a.A. wegen der essentiellen Bedeutung d. Nichtigkeit, Schmitt-Glaeser, Rn. 268 m.w.N.

161 Hufen, § 32 Rn. 18; Stern/Blanke, § 19, Rn. 592 m.w.N.; zur Frage des Tenors bei fehlerhafter Begründung siehe unten bei § 80 V VwGO in der Begründetheit, dort auch Darstellung des Problems des Nachschiebens von Gründen, vgl. auch Rn. 163.

162 Vgl. BayVGH, BayVBl. 1999, 465 = **juris**byhemmer sowie BayVBl. 2000, 692 = **juris**byhemmer; Kopp/*Schenke*, § 80 VwGO, Rn. 87 m.w.N.; a.A. OVG Greifswald, NVwZ-RR 1999, 409 = **Life&Law 09/1999, 611**.

163 OVG Münster, NVwZ 1998, 977 = **juris**byhemmer.

164 Stern/Blanke, § 19, Rn. 587 m.w.N.; Huba, JuS 1990, 385; Schoch, Vorläufiger Rechtsschutz, § 37, S. 1254 ff.

165 Schoch, Vorläufiger Rechtsschutz, § 37, S. 1253 ff.; Kopp/*Schenke*, § 80 VwGO, Rn. 90 ff.; Hufen, § 32, Rn. 18 jeweils m.w.N.

166 Vgl. nur Stern/Blanke, § 19, Rn. 587 ff.; Hufen, § 32 Rn. 18.

auch Erfolgsaussichten zu berücksichtigen

Auch der voraussichtliche Erfolg des Rechtsbehelfs ist insoweit zu berücksichtigen, als im Falle offenbarer Unzulässigkeit oder Unbegründetheit das Vollziehungsinteresse überwiegt bzw. im umgekehrten Fall das Vollziehungsinteresse zurücktritt.[167] 111

Die Berücksichtigung der Erfolgsaussichten kann einerseits aus § 80 IV S. 3 VwGO abgeleitet werden, andererseits ergibt sie sich aus dem Sinn und Zweck des vorläufigen Rechtsschutzes, der nicht darin besteht, generell vollendete Tatsachen zu verhindern, sondern v.a. darin, die Schaffung solcher Tatsachen zu vermeiden, die sich später als rechtswidrig erweisen.[168]

Letztendlich handelt es sich um den gleichen Maßstab, den die Behörde i.R.d. § 80 IV S. 1 VwGO und das Gericht im (klausurrelevanteren) Wiederherstellungsverfahren nach § 80 V VwGO zu berücksichtigen hat.[169] 112

Wie bei allen derartigen Entscheidungen des vorläufigen Rechtsschutzes kommt es darauf an, eine Abwägung zwischen den Folgen vorzunehmen, die eintreten, wenn die aufschiebende Wirkung erhalten bleibt, der Rechtsbehelf aber erfolglos bleibt, gegenüber denjenigen Folgen, die eintreten, wenn die Entscheidung sofort vollzogen wird, der Kläger hingegen letzten Endes Recht hat.[170]

hemmer-Methode: Das besondere Vollzugsinteresse i.R.d. § 80 II S. 1 Nr. 4 VwGO stellt eine mögliche Verknüpfung von nationalem Recht und Europarecht dar. Verordnungen der Union werden grundsätzlich durch die Mitgliedstaaten nach deren Verfahrensrecht vollzogen (sog. mittelbarer mitgliedstaatlicher Vollzug).
Im Interesse der einheitlichen Durchsetzung des Europarechts, Art. 4 III EUV, sind die Mitgliedstaaten dabei gehalten, Rechtsmitteln gegen solche Vollzugakte keine aufschiebende Wirkung einzuräumen, vgl. Art. 278 AEUV. Dies bedeutet für deutsche Behörden, dass sie i.R.d. Vollzugs von Europarecht regelmäßig von § 80 II S. 1 Nr. 4 VwGO Gebrauch machen müssen. Die effektive Durchsetzung des Europarechts ist das besondere öffentliche Interesse i.S. dieser Vorschrift.[171]

c) Wirkung der Entscheidung nach § 80 II S. 1 Nr. 4 VwGO

Wirkung: VA ist vollzieh- und auch vollstreckbar

Die Anordnung der sofortigen Vollziehung hat zunächst die Wirkung, dass die aufschiebende Wirkung entfällt und sich die Behörde und die Beteiligten vorläufig so verhalten müssen, als wäre der angefochtene Verwaltungsakt bereits unanfechtbar geworden. Der Verwaltungsakt kann nach den Vollstreckungsgesetzen des Bundes, § 6 I VwVG, und der Länder zudem vollstreckt werden. 113

Was die zeitliche Wirkung anbetrifft, so geht die h.M. von der ex-nunc-Wirkung der Vollziehungsanordnung aus.[172] Bedeutsam wird die Frage allerdings allein dann, wenn die Vollziehungsanordnung nicht bereits mit dem Erlass des Verwaltungsakts verbunden worden ist. Die h.M. kann sich vor allem darauf stützen, dass § 80 II S. 1 Nr. 4 VwGO eine eng auszulegende Ausnahmebestimmung darstellt. Hätte der Gesetzgeber eine Rückwirkung gewollt, so hätte er dies eindeutig zum Ausdruck bringen müssen.[173] Außerdem ist es denkbar, dass die Voraussetzungen des § 80 II S. 1 Nr. 4 VwGO erst einige Zeit nach Erlass des Verwaltungsakts vorliegen.

167 Kopp/*Schenke*, § 80 VwGO, Rn. 100 m.w.N.; Stern/Blanke, § 19, Rn. 588; Hufen, § 32 Rn. 19; Huba, JuS 1990, 385 f.

168 Huba, JuS 1990, 386.

169 Differenzierend Kopp/*Schenke*, § 80 VwGO; Schenke, § 3, Rn. 102.

170 Hufen, § 32 Rn. 20.

171 Kopp/*Schenke*, § 80 VwGO, Rn. 95; vgl. auch **Hemmer/Wüst, Europarecht, Rn. 366 ff.**

172 Schenke, § 25, Rn. 973; Huba, JuS 1990, 385; Eyermann-*Hoppe*, § 80 VwGO, Rn. 59; zur Gegenansicht vgl. OVG Bautzen, NVwZ-RR 2007, 54 = **juris**byhemmer.

173 Kopp/*Schenke*, § 80 VwGO, Rn. 105.

V. Eintritt und Dauer der aufschiebenden Wirkung

1. Eintritt der aufschiebenden Wirkung

Eintritt der aufschiebenden Wirkung mit Einlegung des Rechtsbehelfs, aber dann mit Rückwirkung auf Erlasszeitpunkt

Die aufschiebende Wirkung tritt nach § 80 I S. 1 VwGO erst mit Einlegung von Widerspruch und Anfechtungsklage ein bzw. mit der Aussetzung der Vollziehung nach § 80 IV S. 2 VwGO oder der Anordnung oder Wiederherstellung der Suspensivwirkung nach § 80 V S. 1 VwGO. Der Verwaltungsakt wird durch die Suspensivwirkung rückwirkend, d.h. vom Zeitpunkt seines Erlasses an in seiner Verwirklichung vorläufig gehemmt.[174] 114

Der rückwirkende Eintritt des Suspensiveffekts ist dann relevant, wenn die Behörde in der Zeit zwischen Erlass des Verwaltungsakts und Einlegung des Rechtsbehelfs Vollzugshandlungen durchgeführt hat. 115

hemmer-Methode: Eine Vollziehung unmittelbar nach Bekanntgabe ist grundsätzlich zulässig, da der Verwaltungsakt unabhängig von seiner Rechtmäßigkeit mit der Bekanntgabe wirksam wird, vgl. § 43 I, II VwVfG. Diese Vollziehbarkeit i.S.d. § 80 I VwGO muss von der Vollstreckbarkeit i.S.d. Vollstreckungsgesetze unterschieden werden.[175] Die Vollstreckungsgesetze setzen Unanfechtbarkeit des Verwaltungsakts (formelle Bestandskraft) oder fehlende Suspensivwirkung eines Rechtsbehelfs voraus.[176] Der Begriff der Vollziehung in § 80 I VwGO muss schon deswegen weiter verstanden werden als der der Vollstreckung, weil § 80 VwGO auch für rechtsgestaltende und feststellende Verwaltungsakte gilt, die nicht vollstreckungsfähig sind, vgl. § 80 I S. 2 VwGO. Zudem bedeuten die Zwangsmaßnahmen einen derart starken Eingriff für den Betroffenen, dass es einer abgesicherten rechtlichen Grundlage im Sinne der Unanfechtbarkeit bedarf. Vollstreckbar ist ein Verwaltungsakt also nur in den Fällen der Bestandskraft bzw. des § 80 II S. 1 VwGO, vollziehbar ist der Verwaltungsakt hingegen mit Erlass, soweit er nicht i.S.d. § 80 I VwGO angefochten wird.

Die Behörde kann einen Verwaltungsakt ab dessen Bekanntgabe vollziehen. Allerdings handelt die Behörde auf ihr eigenes Risiko, wenn sie Vollzugsakte vor Unanfechtbarkeit vornimmt; dem Rechtsgedanken des § 80 V S. 3 VwGO entsprechend müssen diese rückgängig gemacht werden, wenn nachträglich die aufschiebende Wirkung nach § 80 I VwGO herbeigeführt wird, da mit der rückwirkenden Hemmung der Vollziehung des Verwaltungsakts Vollzugshandlungen von Anfang an unzulässig werden.[177]

2. Dauer der aufschiebenden Wirkung

Dauer der aufschiebenden Wirkung:

Die Suspensivwirkung dauert nach § 80b I S. 1 Alt. 1 VwGO grundsätzlich bis zur Unanfechtbarkeit des Verwaltungsakts an. 116

hemmer-Methode: Dies bedeutet, dass die aufschiebende Wirkung zwischen Erlass des Widerspruchsbescheides und Einreichung der Klage fortdauert, obwohl in diesem Zeitraum kein Rechtsmittel des Bürgers eingelegt ist: Der Widerspruch ist durch den Widerspruchsbescheid erledigt, die Klage noch nicht eingereicht.

174 Schenke, § 25, Rn. 961; Huba, JuS 1990, 384; Erichsen, Jura 1984, 423 f.; Kopp/*Schenke*, § 80 VwGO, Rn. 53.

175 Zum Folgenden vgl. Schmitt-Glaeser, Rn. 256.

176 Vgl. § 6 I BVwVG, Art. 19 BayVwVZG, § 2 bwVwVG, § 2 hessVwVG, § 3 I Nr. 1 ndsVwVG, § 2 rh-pflVwVG, § 11 I S. 2 bremVwVG, § 18 I hmbVwVG, § 55 I nwVwVG, §§ 194 ff. schlesw-holst.VwVG.

177 Redeker/v.Oertzen, § 80 VwGO, Rn. 7 m.w.N.

Nach § 80b I S. 1 Alt. 2, I S. 2 VwGO entfällt die aufschiebende Wirkung allerdings, wenn die Anfechtungsklage in der ersten Instanz erfolglos geblieben ist, drei Monate nach Ablauf der gesetzlichen Begründungsfrist des gegen die abweisende Entscheidung gegebenen Rechtsmittels.

Nach § 80b II VwGO kann in diesen Fällen das OVG auf Antrag die Fortdauer der aufschiebenden Wirkung anordnen.[178]

hemmer-Methode: Widerspruch und Anfechtungsklage sind im Hinblick auf den Suspensiveffekt als Einheit anzusehen. Anfechtungsklage und Widerspruch werden in § 80 I S. 1 VwGO allein deshalb nebeneinander gestellt, weil nicht jede Anfechtungsklage ein vorausgehendes Widerspruchsverfahren erfordert, § 68 I S. 2 VwGO, und in diesen Fällen der Suspensiveffekt erst mit der Klageerhebung eintritt.[179]

VI. Umfang der aufschiebenden Wirkung

Umfang: grds. VA mit Nebenbestimmung und Kostenentscheidung

117 Grundsätzlich bezieht sich die aufschiebende Wirkung jeweils auf den belastenden Verwaltungsakt im Ganzen, einschließlich aller unselbstständigen Nebenbestimmungen und der Kostenentscheidung, etwa nach § 73 III S. 3 VwGO.[180] Gegen ausschließlich begünstigende Verwaltungsakte werden regelmäßig ohnehin keine Rechtsbehelfe eingelegt. Probleme können insofern nur solche Verwaltungsakte bereiten, die teils belasten und teils begünstigen. Hinsichtlich des Adressaten müssen zwei Fälle unterschieden werden:

1. Verwaltungsakt mit Drittwirkung

bei VA mit Drittwirkung (= mit Doppelwirkung i.S.d. § 80 I S. 2 VwGO) auch zu Lasten des Begünstigten

118 Gem. § 80 I S. 2 VwGO gilt die aufschiebende Wirkung von Widerspruch und Anfechtungsklage auch beim Verwaltungsakt mit Doppelwirkung, worunter allerdings Drittwirkung gemeint ist, wie sich aus § 80a I VwGO ergibt.

Befinden sich die belastende und die begünstigende Wirkung in einem untrennbaren Zusammenhang derart, dass die Begünstigung des einen sich gleichsam reflexartig als Belastung des anderen darstellt, dann wirkt gem. § 80 I S. 2 VwGO die Anfechtung durch den Belasteten als Hemmung der begünstigenden Wirkung für den anderen aus.[181]

> ***Bsp.:** Ein Beispiel ist etwa der Widerspruch des Nachbarn gegen eine Anlagengenehmigung nach §§ 6, 10 BImSchG, der durch die geplante Anlage durch erhebliche Immissionen belastet wird.*
>
> Der Rechtsbehelf des Nachbarn führt gem. § 80 I S. 2 VwGO zur Suspendierung der Genehmigung, sodass der Investor vorläufig das Bauvorhaben weder beginnen noch fortführen darf. Bei Missachtung der aufschiebenden Wirkung handelt der Investor rechtswidrig, sodass die Immissionsschutzbehörde nach den entsprechenden immissionsschutzrechtlichen Vorschriften dagegen vorgehen kann.
>
> Wegen der wirtschaftlichen Auswirkungen für den Investor kann dieser gem. § 80a I Nr. 1 VwGO bei der Behörde die Anordnung der sofortigen Vollziehung nach § 80 II S. 1 Nr. 4 VwGO beantragen. Dagegen kann der Nachbar wiederum nach § 80a I Nr. 2 VwGO i.V.m. § 80 IV VwGO die Aussetzung der Vollziehung beantragen. In beiden Fällen ist auch ein Antrag an das Gericht nach § 80a III S. 1 VwGO möglich (ausführlich dazu unten Rn. 191 ff.).

---

178 Nach BVerwG, NVwZ 2007, 1097 ff. = **Life&Law 11/2007** = **juris**byhemmer, kann die Anordnung nach § 80b II VwGO allgemein durch das Rechtsmittelgericht und nicht nur durch das OVG angeordnet werden.

179 BVerwGE 78, 192 (210) = **juris**byhemmer.

180 Vgl. nur Kopp/*Schenke*, § 80 VwGO, Rn. 26.

181 [illegible] Rn. 11

2. Verwaltungsakt mit Mischwirkung gegenüber einem Adressaten

bei VA mit Mischwirkung gegenüber einem Beteiligten Abgrenzung ähnlich wie bei isolierter Anfechtbarkeit von Nebenbestimmungen

Im Hinblick auf den Umfang der aufschiebenden Wirkung gegenüber einem Verwaltungsakt, der gleichzeitig ein und denselben Adressaten begünstigt und belastet, stellt sich die Frage, ob auch der begünstigende Teil suspendiert wird.[182] Hier wird eine Parallele zu dem Problem der Teilanfechtung von Nebenbestimmungen deutlich, denn auch hier ist entscheidend darauf abzustellen, in welcher Beziehung der begünstigende und der belastende Teil zueinander stehen. Maßgebliches Kriterium ist hier ebenfalls die Trennbarkeit.

Bei Verwaltungsakten dieser Art erfasst die Anfechtung und damit auch die aufschiebende Wirkung grundsätzlich nur den belastenden Teil, so dass von dem begünstigenden Teil Gebrauch gemacht werden kann, es sei denn, dieser steht mit dem begünstigenden Teil in einem untrennbaren Zusammenhang.[183] 119

Dieser untrennbare Zusammenhang ist anzunehmen, wenn entweder der begünstigende Teil des Verwaltungsakts ohne den belastenden Teil rechtswidrig wäre oder der belastende Teil den Verwaltungsakt selbst inhaltlich verändert, wie etwa bei der modifizierenden Auflage.[184]

Denn dann scheidet eine isolierte Anfechtung des belastenden Teils aus und damit auch eine auf ihn beschränkte aufschiebende Wirkung des Rechtsbehelfs.

Beispiele:

⇨ *Dem Antrag der S auf Sozialhilfe gibt die zuständige Behörde unter der Auflage statt, dass sie sich unverzüglich um Arbeit zu kümmern habe. S legt gegen die Auflage Widerspruch ein.*

Solange der Streit nicht rechtskräftig entschieden ist, darf die Behörde aus der Nichterfüllung der Auflage keine für S nachteiligen Folgerungen ziehen. Da die Gewährung der Sozialhilfe ohne die Auflage rechtmäßig denkbar bleibt, liegt Trennbarkeit vor, sodass nur die Auflage als der belastende Teil suspendiert wird. Der begünstigende Teil in der Form der Sozialhilfegewährung wird durch die Einlegung des Rechtsbehelfs nicht in seiner Vollziehbarkeit gehemmt.

⇨ *Da der BAföG erhaltende Student (S) es unverschuldet versäumt hat, zu dem nach § 48 I Nr. 1 BAföG vorgesehenen Zeitpunkt ein Zwischenprüfungszeugnis als Eignungsnachweis vorzulegen, bewilligt ihm das zuständige Amt für Ausbildungsförderung die Ausbildungsförderung für ein weiteres Jahr unter der Bedingung, dass der Nachweis der bestandenen Zwischenprüfung unverzüglich nachgereicht werde. Hiergegen legt S Widerspruch ein.*

Da gem. § 48 I Nr. 1 BAföG Ausbildungsförderung ab einer gewissen Semesterzahl nur unter Beibringung eines Leistungsnachweises gewährt wird, wäre die weitere Förderung ohne die Bedingung rechtswidrig, so dass ein untrennbarer Zusammenhang zwischen der Bedingung und dem Verwaltungsakt in Form der Gewährung von Ausbildungsförderung besteht. Daher erfasst die aufschiebende Wirkung eines von S eingelegten Widerspruchs den gesamten Verwaltungsakt. Die Vollziehung, d.h. die weitere Förderung ist folglich vorläufig einzustellen. Dies bedeutet für S, dass er daneben einen Antrag nach § 123 I S. 1 VwGO stellt muss, um „vorübergehend“ weiter gefördert zu werden.[185]

---

182 Z.T. auch Doppelwirkung genannt.

183 Pietzner/Ronellenfitsch, § 50, Rn. 1402 f.; Kopp/*Schenke*, § 80 VwGO, Rn. 47 m.w.N.

184 Begründbar ist dies mit dem Rechtsgedanken des § 44 IV VwVfG.

185 BayVGH, BayVBl. 1999, 50 = **juris**byhemmer.

hemmer-Methode: Angesichts der generellen Wertung des § 80 I VwGO zugunsten der aufschiebenden Wirkung ist im Zweifel Trennbarkeit anzunehmen, zumal die Behörde auch die Möglichkeit des Ausschlusses über § 80 II S. 1 Nr. 4 VwGO besitzt und Unklarheiten daher zu ihren Lasten gehen müssen.

B) Behördliche Aussetzung der Vollziehung, § 80 IV VwGO

Aussetzung der Vollziehung durch Behörde auf Antrag möglich, § 80 IV VwGO

In den Fällen, in denen eine aufschiebende Wirkung kraft Gesetzes entfällt, § 80 II S. 1 Nr. 1 - 3 VwGO, oder durch eine Vollziehungsanordnung nach § 80 II S. 1 Nr. 4 VwGO ausgeschlossen wird, gibt § 80 IV VwGO der Behörde die Möglichkeit, auf Antrag oder von Amts wegen die Vollziehung auszusetzen, soweit nicht bundesgesetzlich etwas anderes bestimmt ist. 120

Da das gerichtliche Aussetzungsverfahren nach § 80 V VwGO examensrelevanter ist, soll hier nur kurz auf die wesentlichen Eigenarten der behördlichen Aussetzung eingegangen werden.

I. Formelle Rechtmäßigkeit – Zuständigkeit

Zuständigkeit: Ausgangs- und Widerspruchsbehörde, § 80 IV S. 1 VwGO

Gem. § 80 IV S. 1 VwGO ist für die Entscheidung sowohl die Ausgangsbehörde als auch die Widerspruchsbehörde zuständig. Die Zuständigkeit der Widerspruchsbehörde setzt nach h.M. nicht voraus, dass der Widerspruch bereits eingelegt ist; sie endet jedenfalls bei Vorliegen einer rechtskräftigen gerichtlichen Entscheidung bzw. mit Unanfechtbarkeit des Verwaltungsakts.[186] 121

Wie i.R.d. § 80 IV VwGO hingegen die Zuständigkeitskonkurrenz unter den Behörden zu lösen ist, ist umstritten. 122

Nach dem Prioritätsprinzip wird die jeweils andere Behörde durch die erfolgte Aussetzung der Vollziehung gebunden, kann also nicht mehr selbst nach § 80 IV VwGO entscheiden.[187]

dabei wohl kein Prioritätsprinizip, sondern Entscheidung der Widerspruchsbehörde bindend

Dagegen spricht indessen, dass nach allgemeinen Grundsätzen des staatlichen Organisationsrechts davon auszugehen ist, dass Entscheidungen der Widerspruchsbehörde insoweit ähnlich wie bei einer Widerspruchsentscheidung, § 73 I S. 1 VwGO, für die Ausgangsbehörde grundsätzlich bindend sind.

Daher ist dem Hierarchieprinzip zu folgen, wonach die Ausgangsbehörde nicht abweichend von der Widerspruchsbehörde entscheiden kann bzw. diese auch noch nach § 80 IV VwGO die Aussetzung der Vollziehung anordnen kann, wenn die Ausgangsbehörde schon entschieden hat.[188]

Nach h.M. darf die Behörde auch dann noch nach § 80 IV VwGO die Vollziehung aussetzen, wenn zuvor ein entsprechender Antrag an das Gericht erfolglos war. Eine negative Bindung derart, dass die Behörde bei einem erfolglosen Antrag nach § 80 V VwGO die Aussetzung der Vollziehung zugunsten des Bürgers nach § 80 IV VwGO nicht mehr anordnen dürfte, besteht nicht, da beide Verfahren grundsätzlich unabhängig voneinander sind und § 80 IV VwGO zudem verwaltungspolitische Zwecke verfolgt.[189]

186 Kopp/*Schenke*, § 80 VwGO, Rn. 110 m.w.N.

187 Pietzner/Ronellenfitsch, § 54, Rn. 1514 ff.

188 Kopp/*Schenke*, § 80 VwGO, Rn. 111 m.w.N.

189 *Finkelnburg*/Dompert/Külpmann, § 32, Rn. 630.

II. Materielle Rechtmäßigkeit

materielle Rechtmäßigkeit: wieder Abwägung zwischen Vollziehungs- und Aussetzungsinteresse

Maßstab für die Entscheidung ist die gleiche Interessenabwägung zwischen dem Aussetzungsinteresse und dem Vollziehungsinteresse, wie sie i.R.d. § 80 II S. 1 Nr. 4 VwGO dargestellt wurde, d.h. dass die zuständige Behörde bei der Abwägung vor allem die Natur, Schwere und Dringlichkeit der dem Bürger auferlegten Belastung und die Möglichkeit einer etwaigen späteren Revidierbarkeit der Maßnahmen und ihrer Folgen zu berücksichtigen hat.[190] 123

außerdem Erfolgsaussichten des Rechtsbehelfs nach Maßgabe des § 80 IV S. 3 VwGO

Zudem ergibt sich aus der für die Anforderung von öffentlichen Abgaben und Kosten (§ 80 II S. 1 Nr. 1 VwGO) bestehenden Sonderregelung nach § 80 IV S. 3 VwGO, die auch auf die Fälle des § 80 II S. 1 Nr. 2 - 4 VwGO bezogen werden kann,[191] dass die zuständige Behörde auch die Erfolgsaussichten des Rechtsbehelfs in die Abwägung einstellen kann.[192] 124

hemmer-Methode: Das Gesetz spricht zwar nur von der Begründetheit des Rechtsbehelfs. Es ist aber allgemeine Meinung, dass der Rechtsbehelf auch zulässig sein muss.

III. Wirkung der Entscheidung

Anordnung wirkt wie kraft Gesetzes eintretende aufschiebende Wirkung, nach h.M. auch mit Rückwirkung möglich

Die behördliche Aussetzung bewirkt wie der kraft Gesetzes eintretende Suspensiveffekt eine vorläufige Vollzugshemmung des Verwaltungsakts. Sie kann nach h.M. rückwirkend vorgenommen werden, da die Kompetenz der Behörde nicht hinter der des Gerichts nach § 80 V VwGO zurückbleiben kann.[193] Auch § 80 V S. 3 VwGO, der entsprechend für die Behörde im Verfahren nach § 80 IV S. 1 VwGO gilt,[194] wird durch die ex-tunc Wirkung nicht überflüssig, da die Vorschrift voraussetzt, dass vorher die Rechtsgrundlage rückwirkend beseitigt wird.[195] 125

C) Gerichtliche Anordnung oder Wiederherstellung der aufschiebenden Wirkung nach § 80 V VwGO

§ 80 V VwGO: Anordnung bzw. Wiederherstellung der aufschiebenden Wirkung durch das Gericht

Kernstück im Regelungssystem und sowohl praktisch bedeutsamstes wie auch examensrelevantestes Verfahren sind die Anordnung und Wiederherstellung der aufschiebenden Wirkung durch das Gericht nach § 80 V S. 1 VwGO. Gerade das potenzielle Übergewicht der die sofortige Vollziehung anordnenden Behörde nach § 80 II S. 1 Nr. 4 VwGO findet seinen rechtsstaatlichen Ausgleich in § 80 V VwGO. § 80 V VwGO unterscheidet grundsätzlich drei verschiedene Rechtsschutzmöglichkeiten: 126

⇨ die (erstmalige) Anordnung der aufschiebenden Wirkung gem. § 80 V S. 1 Alt. 1 VwGO in den Fällen, in denen diese kraft Gesetzes ausgeschlossen ist, § 80 II S. 1 Nr. 1 - 3 VwGO,

⇨ die Wiederherstellung des Suspensiveffekts gem. § 80 V S. 1 Alt. 2 VwGO, wenn dieser durch behördliche Anordnung nach § 80 II S. 1 Nr. 4 VwGO beseitigt wurde,

⇨ die Aufhebung der Vollziehung gem. § 80 V S. 3 VwGO in den Fällen, in denen der Verwaltungsakt bereits vollzogen ist und die Folgen rückgängig gemacht werden können.

---

190 Kopp/*Schenke*, § 80 VwGO, Rn. 114.

191 Vgl. nur Eyermann-*Hoppe*, § 80 VwGO, Rn. 25 ff.

192 Huba, JuS 1990, 386; Kopp/*Schenke*, § 80 VwGO, Rn. 114 m.w.N.

193 Kopp/*Schenke*, § 80 VwGO, Rn. 107 m.w.N.; Schenke, § 25, Rn. 987.

194 Schenke, § 25, Rn. 987.

195 So aber Schäfer, DÖV 1967, 479; dagegen zutreffend Kopp/*Schenke*, § 80 VwGO, Rn. 54 m.w.N.

hemmer-Methode: Achten Sie auf die richtige Terminologie und differenzieren Sie sauber zwischen der erstmaligen Anordnung des Suspensiveffekts in den Fällen des § 80 II Nr. 1 - 3 VwGO und der Wiederherstellung des Suspensiveffekts im Fall des § 80 II Nr. 4 VwGO! Diese Unterscheidung ist nicht nur begrifflich von Bedeutung. In der Begründetheit des Eilantrags ist nur in den Fällen des § 80 II Nr. 4 VwGO, also bei Anträgen auf Wiederherstellung der aufschiebenden Wirkung, die formelle Rechtmäßigkeit der Sofortvollzugsanordnung zu prüfen.

Das Verfahren nach § 80 V VwGO ist ein eigenständiges Rechtsschutzverfahren mit Zulässigkeits- und Begründetheitsprüfung, die sich an dem bekannten Aufbau einer verwaltungsgerichtlichen Klage orientieren kann. Der Antrag nach § 80 V VwGO hat Aussicht auf Erfolg, wenn er zulässig und begründet ist. 127

I. Zulässigkeit eines Antrags nach § 80 V VwGO

Zulässigkeitsschema zu § 80 V VwGO

Zulässigkeitsschema zum Antrag nach § 80 V S. 1 VwGO

1. **Eröffnung des Verwaltungsrechtswegs, § 40 I VwGO**
2. **Statthaftigkeit, § 80 V S. 1 VwGO** (vgl. § 123 V VwGO zur Abgrenzung von § 123 VwGO und § 80 V S. 1 VwGO)
3. **Antragsbefugnis** 128
4. **Allgemeines Rechtsschutzbedürfnis**
   a) Kein vorheriger Antrag nach § 80 IV VwGO nötig, str.
   b) Kein vorheriger Rechtsbehelf in der Hauptsache nötig, str.
5. **Keine Frist; aber evidente Unzulässigkeit bei Fristversäumnis in Hauptsache**
6. **Beteiligten- und Prozessfähigkeit, §§ 61, 62 VwGO**
7. **Weitere Voraussetzungen: z.B. Gerichtszuständigkeit, § 80 V S. 1 VwGO**; Antragsform, §§ 81, 82 VwGO

1. Verwaltungsrechtsweg, § 40 I VwGO

Eröffnung des Verwaltungsrechtswegs

Daraus, dass gem. § 80 V S. 1 VwGO das Gericht der Hauptsache zuständig ist, ergibt sich zwingend, dass der Verwaltungsrechtsweg eröffnet sein muss. 129

Dies richtet sich nach § 40 I VwGO, wobei auf die Rechtswegeröffnung in der Hauptsache abzustellen ist.

hemmer-Methode: Da nach h.M. § 17a II GVG auch im Verfahren des einstweiligen Rechtsschutzes anwendbar ist, können Sie die Eröffnung des Rechtsweges selbstverständlich auch „vor der Klammer" der Zulässigkeit prüfen.[196]

2. Statthaftigkeit

Statthaftigkeit: Abgrenzung über § 123 V VwGO grds. nach Klageart in der Hauptsache

Wie bereits in der Einleitung[197] dargestellt, ist Ausgangspunkt der Statthaftigkeit zunächst § 123 V VwGO, der den Vorrang des Verfahrens nach § 80 V VwGO festlegt. Die Abgrenzung erfolgt strikt formal nach dem Streitgegenstand: 130

196 VGH Kassel, NVwZ 2003, 238 = jurisbyhemmer; BayVGH, BayVBl. 2003, 246 = jurisbyhemmer, vgl. ausführlich unten Rn. 264.

197 Vgl. oben Rn. 74 ff.

⇨ § 80 V S. 1 VwGO, soweit es um die Wiederherstellung oder erstmalige Anordnung der aufschiebenden Wirkung geht

⇨ § 123 I VwGO in allen anderen Fällen.[198]

Allerdings braucht der Antragsteller nicht anzugeben, welches vorläufige Rechtsschutzverfahren eingreifen soll; das Gericht bestimmt gem. § 88 VwGO die statthafte Verfahrensart nach dem Inhalt des Klagebegehrens von Amts wegen.[199]

Das Gericht ist nur an das Begehren, nicht hingegen an die Anträge gebunden. Daher kann es auch einen Antrag nach § 123 I VwGO als Antrag nach § 80 V VwGO und umgekehrt behandeln, wenn der Sache nach nur ein solcher statthaft ist.[200]

hemmer-Methode: Die Faustformel lautet: § 80 V S. 1VwGO ist statthaft, wenn in der Hauptsache die Anfechtungsklage einschlägig ist! Beachten Sie aber, dass im Normalfall der Anfechtungsklage die Suspensivwirkung nach § 80 I S. 1 VwGO kraft Gesetzes eintritt. Ein gesonderter Eilantrag ist daneben unnötig und unstatthaft.

a) Grundfälle

Grundfälle

§ 80 V S. 1 VwGO regelt zunächst zwei unproblematische Grundfälle: 131

Anordnung der aufschiebenden Wirkung

⇨ Nach § 80 V S. 1 Alt. 1 VwGO ist die Anordnung der aufschiebenden Wirkung des Rechtsbehelfs in den Fällen des Wegfalls der aufschiebenden Wirkung nach § 80 II S. 1 Nr. 1 - 3 zu beantragen.

Wiederherstellung der aufschiebenden Wirkung

⇨ Nach § 80 V S. 1 Alt. 2 VwGO ist die Wiederherstellung der aufschiebenden Wirkung für den Fall des Ausschlusses durch Vollziehungsanordnung nach § 80 II S. 1 Nr. 4 VwGO zu beantragen.

§ 80 V S. 3 VwGO

⇨ Hinzu kommt die Möglichkeit nach § 80 V S. 3 VwGO:

Ist der Verwaltungsakt im Zeitpunkt der Entscheidung schon vollzogen, kann das Gericht auf Antrag nach § 80 V S. 3 VwGO die Aufhebung der Vollziehung anordnen. Dabei geht § 80 V S. 3 VwGO von der Fallkonstellation aus, dass die Vollziehungsmaßnahmen zunächst aufgrund § 80 II S. 1 Nr. 1 - 3 oder Nr. 4 VwGO rechtmäßig waren und erst durch die verwaltungsgerichtliche Entscheidung nach § 80 V VwGO unzulässig wurden. Dann erweist sich die Entscheidung nach § 80 V S. 3 VwGO als Annexentscheidung (vgl. § 113 I S. 2 VwGO) zur vorangegangenen rechtsgestaltenden richterlichen Entscheidung nach § 80 V S. 1 VwGO.

hemmer-Methode: Beide Eilentscheidungen ergänzen sich bezüglich des zu erreichenden Rechtsschutzzieles, der Schaffung der § 80 I VwGO entsprechenden Lage: § 80 V S. 1 VwGO stellt den status quo ante rechtlich, § 80 V S. 3 VwGO stellt ihn tatsächlich wieder her.[201]

198 Vgl. ausführlicher oben Rn. 76.

199 Kopp/*Schenke*, § 80 VwGO, Rn. 128; Huba, JuS 1990, 807.

200 Erichsen, Jura 1984, 482; Huba, JuS 1990, 807; Kopp/*Schenke*, § 80 VwGO, Rn. 128.

201 Huba, JuS 1990, 806.

Problemfälle

b) Besonderheiten

aa) Faktische Vollziehung

faktischer Vollzug (Behörde beachtet rechtsirrig oder bewusst aufschiebende Wirkung nicht):

Beachtet die Behörde das Bestehen der aufschiebenden Wirkung rechtsirrig oder bewusst nicht, indem sie den Verwaltungsakt ohne Erlass einer Vollziehungsanordnung nach § 80 II S. 1 Nr. 4 VwGO trotz eines Widerspruchs oder einer Klage faktisch vollzieht,[202] bietet § 80 VwGO seinem unmittelbaren Wortlaut nach keinen Schutz mehr. Durch welches Verfahren des vorläufigen Rechtsschutzes diese Rechtsschutzlücke zu schließen ist, ist umstritten. 132

e.A.: nur § 123 I VwGO

Teilweise wird vertreten, dass allein eine einstweilige Anordnung nach § 123 I S. 1 VwGO diesem Rechtsschutzbegehren gerecht werden könne.[203] Ein Vorgehen nach § 80 V VwGO helfe dem Betroffenen nicht weiter, da der Beschluss nach § 80 V VwGO nicht vollstreckbar sei, § 168 I Nr. 2 VwGO.

h.M.: § 80 V VwGO

Feststellung der aufschiebenden Wirkung durch Gericht statt ihrer Anordnung erst recht möglich

Die h.M. entnimmt die Lösung hingegen § 80 V VwGO.[204] Das Gericht könne dem Rechtsschutzziel und damit der aufschiebenden Wirkung nach § 80 I S. 1 VwGO dadurch Anerkennung verschaffen, dass es für den Fall, dass die faktische Vollziehung droht, analog § 80 V S. 1 VwGO feststellt, dem eingelegten Rechtsbehelf komme aufschiebende Wirkung zu und der Verwaltungsakt dürfe daher nicht vollzogen werden; die Möglichkeit eines Feststellungsantrags ergebe sich argumentum a maiore ad minus vom Aussetzungsantrag.

Wenn die faktische Vollziehung bereits wirklich geworden ist, könne es analog § 80 V S. 3 VwGO anordnen, die ergriffenen Vollziehungsmaßnahmen aufzuheben. Denn aus der Sicht des Betroffenen mache es sachlich keinen Unterschied, ob einer der Fälle tatsächlich vorliege oder von der Behörde lediglich angenommen werde.[205]

für h.M. spricht: in Hauptsache Anfechtungsklage

Die Lösung der h.M. ist sowohl dogmatisch als auch unter dem Gesichtspunkt des effektiven Rechtsschutzes i.S.d. Art. 19 IV GG überzeugender. Dogmatisch insofern, als der Lösung über § 123 I VwGO die Vorrangklausel des § 123 V VwGO entgegensteht, da es vom Streitgegenstand um die Vollziehung eines belastenden Verwaltungsakts, also die typische Konstellation des § 80 V VwGO geht. Zudem spricht § 80a I Nr. 2 VwGO a.E. für die h.M., der im Drei-Personen-Verhältnis ausdrücklich die Zulässigkeit von Sicherungsmaßnahmen gegen eine faktische Vollziehung regelt.

außerdem droht Umgehung des § 80 VwGO durch die Behörde

Ferner könnte sonst die Behörde § 80 VwGO dadurch umgehen, dass sie ohne vorherige Vollziehungsanordnung vollzieht und den Bürger damit der im Vergleich zum Rechtsschutz nach § 123 I VwGO gerade im Hinblick auf die Beweislast günstigeren Rechtsschutzmöglichkeiten nach § 80 VwGO beraubt.[206] Daher ist bei der faktischen Vollziehung ein Antrag nach § 80 V S. 1 VwGO bzw. § 80 V S. 3 VwGO statthaft.

---

202 Hierunter fällt nicht nur eine Vollstreckung, sondern bspw. auch die Androhung eines Bußgeldes aufgrund Zuwiderhandlung gegen den angefochtenen Verwaltungsakt, vgl. VGH München, NJW 2006, 2282 f. = **Life&Law 10/2006** = **juris**byhemmer; bestreitet die Behörde lediglich den Eintritt der aufschiebenden Wirkung, dann kann analog § 80 VwGO ausnahmsweise der Antrag auf Feststellung der aufschiebenden Wirkung gestellt werden, vgl. VGH München, NVwZ-RR 2009, 787 = **Life&Law 12/2009** = **juris**byhemmer.

203 BayVGH, BayVBl. 1977, 566; Czermak, NJW 1974, 1722; Tiedemann, MDR 1979, 717 f.

204 Finkelnburg/Dombert/*Külpmann*, § 41, Rn. 841; Huba, JuS 1990, 806; Kopp/*Schenke*, § 80 VwGO, Rn. 70, 181 m.w.N.

205 Huba, JuS 1990, 806.

206 Kopp/*Schenke*, § 80 VwGO, Rn. 20, 181.

hemmer-Methode: Die gleiche Abgrenzungsproblematik (mit den im Wesentlichen ebenfalls gleichen Ansichten und Argumenten) stellt sich auch beim einem „faktischen Vollzug“ durch Dritte und nicht durch die Behörde. So z.B., wenn der Bauherr einem aufschiebend wirkenden Widerspruch des Nachbarn zum Trotz mit dem Bau beginnt. Jedenfalls nach § 123 I VwGO muss der Nachbar allerdings vorgehen, wenn der Bauherr ganz ohne Baugenehmigung baut und eine Einstellungs- oder Abrissverfügung hinsichtlich dieses Schwarzbaus erreicht werden soll. Vgl. dazu unten Rn. 193.

Beachtet die Behörde allerdings auch diesen Beschluss nicht, dann kommt auch nach h.M. aus Rechtsschutzgesichtspunkten nur noch ein Antrag nach § 123 I VwGO in Betracht, der gem. § 168 I Nr. 2 VwGO vollstreckt werden kann.[207]

hemmer-Methode: Dies ist allerdings auch bei Anfechtungsklagen nicht anders. Baut der Nachbar trotz erfolgreicher Anfechtungsklage, hilft, wenn die Behörde nicht von sich aus einschreitet, nur eine Verpflichtungsklage auf Baubeseitigung.

bb) Leistungseinstellungsbescheide[208]

Leistungseinstellungsbescheide: Abgrenzung danach, ob ein VA mit Dauerwirkung oder immer erneute VAe

Der vorläufige Rechtsschutz gegen die Einstellung laufender Hilfe zum Lebensunterhalt taucht immer wieder als Problem auf, weist indessen bei genauer Bestimmung des Streitgegenstandes keine Besonderheit auf. 133

Bsp.: *Im Januar 2020 erhält S, die seit Juni 2013 gem. §§ 27 ff. SGB XII Sozialhilfe erhält, vom Sozialamt den Bescheid, dass die Leistungen ab Februar 2020 eingestellt werden, weil S wegen der Heirat mit D und der daraus folgenden Unterhaltspflicht des D nicht mehr bedürftig i.S.d. § 27 I SGB XII sei. S sieht sich in ihrer Eigenständigkeit bedroht und fragt nach dem statthaften Verfahren im vorläufigen Rechtsschutz.*

Die statthafte Verfahrensart richtet sich danach, ob die Leistung aufgrund eines Verwaltungsakts mit Dauerwirkung gewährt wird oder ob es sich um stetige Neubewilligungen handelt:

Wird die Leistung einmalig auf Dauer festgelegt, erfolgt sie also aufgrund eines Verwaltungsakts mit Dauerwirkung, dann ist in der Einstellung der Leistung regelmäßig der Widerruf des Bewilligungsbescheides zu sehen.

Wird dieser Widerruf angefochten, lebt der Verwaltungsakt mit Dauerwirkung wieder auf. Statthafte Klageart in der Hauptsache wäre die Anfechtungsklage, mit der Folge, dass im vorläufigen Rechtsschutz das Verfahren nach § 80 V VwGO eingriffe.

Wird die Leistung hingegen durch Verwaltungsakt abschnittsweise für einen bestimmten Zeitraum bewilligt und wird die Leistung dann eingestellt, dann genügt die Anfechtung des Einstellungsbescheids nicht, um die Neubewilligung für den nächsten Zeitraum zu erreichen. Folglich ist in der Hauptsache Verpflichtungsklage auf erneute Bewilligung zu erheben, § 123 I VwGO ist demnach statthafte Verfahrensart im vorläufigen Rechtsschutz.

Sozialhilfe wird in der Praxis regelmäßig ohne Aussage zur zeitlichen Begrenzung gewährt und bei laufenden Leistungen grundsätzlich für den jeweiligen Kalendermonat neu bewilligt, da das Bundessozialhilfegesetz als öffentliche Nothilfe in einer konkreten gegenwärtigen Notlage und nicht etwa als rentengleiche Dauerleistung mit Versorgungsleistung ausgestaltet ist.[209] Daher kann die monatliche Fortzahlung nur als stillschweigende Neubewilligung bewertet werden, mit der Folge, dass sich der Einstellungsbescheid nicht als Widerruf eines begünstigenden Dauerverwaltungsakts darstellt.

207 Kopp/*Schenke*, § 80 VwGO, Rn. 20, 181 m.w.N.

208 Ausführlich Schoch, Vorläufiger Rechtsschutz, § 22, S. 812 ff.

209 BVerwGE 57, 237 (239) = **juris**byhemmer; Huba, JuS 1990, 984; Kopp/*Schenke*, § 80 VwGO, Rn. 5.

Vielmehr handelt es sich um die Nichterneuerung der Bewilligung, gegen die in der Hauptsache im Wege der Verpflichtungsklage (Versagungsgegenklage) vorgegangen werden muss. Folgerichtig hat S einen Antrag nach § 123 I VwGO auf Erlass einer einstweiligen Anordnung zu stellen.

cc) Ausländerrecht

Ausländerrecht: Fiktion des § 81 III AufenthaltsG

Im Ausländerrecht ergibt sich eine Besonderheit wegen der Duldungs– bzw. Erlaubnisfiktion gem. § 81 III AufenthaltsG. 134

Bsp.: *Der türkische Student A will zu Studienzwecken zwei Semester in Deutschland verweilen und beantragt nach seiner Einreise eine Aufenthaltsbewilligung nach § 16 I AufenthaltsG bei der zuständigen Ausländerbehörde. Diese lehnt den Antrag zu Unrecht unter Berufung auf § 5 I Nr. 1 AufenthaltsG wegen Vermögenslosigkeit des S ab. Trotz des Widerspruchs des S droht ihm die Ausländerbehörde die Abschiebung an, §§ 58, 58a AufenhaltsG. S will auf sein Auslandsstudium nicht verzichten und fragt nach gerichtlichem Rechtsschutz.*

S fragt zu Recht allein nach gerichtlichem Rechtsschutz, da sein Widerspruch gem. § 58a I S. 2 AufenhaltsG i.V.m. § 80 II S. 1 Nr. 3 VwGO keine aufschiebende Wirkung entfaltet.

Auf den ersten Blick müsste S einen Antrag nach § 123 I VwGO stellen, da er eine Aufenthaltsgenehmigung in der Form der Aufenthaltsbewilligung erstrebt und daher in der Hauptsache eigentlich eine Verpflichtungsklage die statthafte Klageart wäre. Im Ausländerrecht ergibt sich eine Besonderheit aus der Duldungsfiktion des § 81 III AufenthaltsG, der die Duldung des Ausländers solange fingiert, bis die Ausländerbehörde über seinen Antrag entschieden hat. § 81 III AufenthaltsG räumt dem Ausländer folglich bereits eine vorläufige Rechtsposition ein. Dadurch, dass die Ausländerbehörde seinen Antrag ablehnt, bewirkt sie damit zugleich einen Rechtsverlust bei S in der Gestalt der Duldungsfiktion. S ist gem. § 50 AufenthaltsG mangels Aufenthaltsbewilligung zur Ausreise verpflichtet. Sein Rechtsschutzbegehren konzentriert sich mithin primär auf die Wiederherstellung dieser Duldungsfiktion, da dieses Ziel schneller zu erreichen ist als die Erteilung einer Aufenthaltsbewilligung.

In der Hauptsache wäre daher auch im Hinblick auf sein Rechtsschutzinteresse eine isolierte Anfechtungsklage zulässig, mit der er die mit dem Rechtsverlust verbundene Belastung abwehren kann.

Im vorläufigen Rechtsschutz ist folgerichtig wegen des einfacher zu erreichenden Begehrens allein ein Antrag nach § 80 V S. 1 VwGO möglich.

Die Anordnung der aufschiebenden Wirkung hat dann zur Folge, dass der Antrag auf Erteilung einer Aufenthaltsbewilligung als noch nicht beschieden gilt, so dass die Duldungs- bzw. Erlaubnisfiktion gem. § 80 III AufenthaltsG wieder auflebt und er vorläufig nicht gem. § 50 I AufenthaltsG zur Ausreise verpflichtet ist. Dann hat er Zeit gewonnen, um mit der Verpflichtungsklage eine Aufenthaltsbewilligung zu erstreiten.[210]

hemmer-Methode: Zumindest für das Erste Staatsexamen kann man diesen Fall kaum zum erforderlichen Standardwissen zählen. Sie sehen daran aber auch noch einmal sehr schön das Verhältnis von Vollziehbarkeit und aufschiebender Wirkung und die Abgrenzung von § 123 VwGO und § 80 V VwGO in ihrer dogmatischen Bewältigung.

210 Vgl. Huba, JuS 1990, 984 (allerdings zur früheren, inhaltlich aber entsprechenden Rechtslage).

dd) Weitere Statthaftigkeitsbesonderheiten

ausnahmsweise auch vorbeugende Feststellung möglich

§ 80 V VwGO ist nach h.M. ausnahmsweise gewissermaßen vorbeugend statthaft, um die Feststellung zu erreichen, dass die Anordnung des bisher nur angedrohten Sofortvollzuges rechtswidrig ist, wenn der Verdacht besteht, dass die Behörde die Anordnung der sofortigen Vollziehung nur zurückgehalten hat, um dem Antragsteller den Rechtsschutz zu entziehen.[211] 135

Bsp.: *Eine von der „rechten“ R-Partei geplante Demonstration ist von der Polizei wegen zu befürchtender Gegendemonstrationen der linken Szene verboten worden. Als die R-Partei Widerspruch einlegt, teilt ihr die Widerspruchsbehörde mit, dass sie es sich vorbehalte, das Demonstrationsverbot unmittelbar vor Beginn der Versammlung nach § 80 II S. 1 Nr. 4 VwGO für sofort vollziehbar zu erklären.[212] Der Antrag der R-Partei nach § 80 V VwGO auf Feststellung, dass die Vollziehungsanordnung die aufschiebende Wirkung nicht beseitigt, ist statthaft. Ansonsten droht durch eine zeitlich unmittelbar vor der Demonstration erfolgende Anordnung des Sofortvollzuges eine faktische Vereitelung des Rechtschutzes nach § 80 V VwGO, da eine derart schnelle Entscheidung nicht erreichbar ist.*

Ein Antrag nach § 80 V VwGO ist dagegen nicht statthaft, wenn ein Verwaltungsakt nicht lediglich vollzogen, sondern bereits erledigt ist.[213] Tritt die Erledigung während des Aussetzungsverfahrens ein, besteht nach h.M. nicht die Möglichkeit, analog § 113 I S. 4 VwGO auf einen Fortsetzungsfeststellungsantrag überzugehen.[214] Eine Analogie zu § 113 I S. 4 VwGO verbietet sich deswegen, weil die im Eilverfahren erwirkte Feststellung den Rechtsstreit, anders als im Klageverfahren nicht rechtskräftig entscheiden könnte.[215] Zudem fehlt für eine Entscheidung im Eilverfahren regelmäßig das Rechtsschutzbedürfnis.

3. Antragsbefugnis, § 42 II VwGO analog

Antragsbefugnis, § 42 II VwGO analog

Da vorläufiger Rechtsschutz die Möglichkeit des Rechtsschutzes in der Hauptsache sichern soll, ist antragsbefugt bei § 80 V VwGO nur, wer gem. § 42 II VwGO in der Hauptsache klagebefugt wäre.[216] 136

Eine Antragsbefugnis i.S.d. § 42 II VwGO analog ist nur dann gegeben, wenn durch den Vollzug des Verwaltungsakts eine Rechtsverletzung des Antragstellers möglich ist.

Probleme können insbesondere beim Antrag eines Dritten gem. §§ 80a I Nr. 2, 80a III S. 2 VwGO i.V.m. § 80 V VwGO entstehen; insofern muss die Möglichkeit einer drittschützenden Norm bestehen.[217]

4. Allgemeines Rechtsschutzbedürfnis

spezielle Probleme des allgemeinen Rechtsschutzbedürfnisses i.R.d. § 80 V VwGO:

Grundsätzlich entfällt das Rechtsschutzbedürfnis, wenn der Antragsteller sein Rechtsschutzziel in der Gestalt der Erlangung des Suspensiveffekts mit der begehrten Entscheidung nicht oder aber auf andere, schnellere und effektivere Weise erreichen kann.[218] 137

211 BezG Erfurt, DVBl. 1992, 778 f.; Kopp/*Schenke*, § 80 VwGO, Rn. 121.

212 Für Bayern vgl. Art. 25 BayVersG, wonach die Anfechtungsklage gegen ein Versammlungsverbot kraft Gesetzes keine aufschiebende Wirkung hat.

213 Schoch, Vorläufiger Rechtsschutz, § 45, S. 1545; Huba, JuS 1990, 808.

214 Kopp/*Schenke*,§ 80 VwGO, Rn. 131; Erichsen, Jura 1984, 484; Huba, JuS 1990, 808 m.w.N.

215 Huba, JuS 1990, 808.

216 Hufen, § 32 Rn. 34; Kopp/*Schenke*, § 80 VwGO, Rn. 134; Huba, JuS 1990, 807.

217 S. auch unten Rn. 196; zu den drittschützenden Normen in der Klagebefugnis vgl. noch einmal **Hemmer/Wüst, Verwaltungsrecht I, Rn. 117 ff.**

218 Huba, JuS 1990, 807; Erichsen, Jura 1984, 483 f.

a) Antrag nach § 80 IV VwGO

vorheriger Antrag nach § 80 IV VwGO erforderlich?

Als einfacherer Weg käme ein Antrag auf behördliche Aussetzung der Vollziehung nach § 80 IV S. 1 VwGO in Betracht. Zumindest in den Fällen des § 80 II S. 1 Nr. 1 VwGO sieht § 80 VI VwGO expressis verbis vor, dass vor dem Antrag nach § 80 V VwGO der Weg über § 80 IV VwGO versucht worden sein muss. Umstritten ist, ob sich daraus ein allgemeiner Rechtsgedanke für alle Fälle des § 80 II S. 1 VwGO ergibt. 138

e.A.: (+), da einfacherer Weg

aa) Nach einer Ansicht entfällt das Rechtsschutzbedürfnis für einen Antrag nach § 80 V VwGO, wenn die rechtzeitige Beantragung der Aussetzung bei der Ausgangs- oder Widerspruchsbehörde möglich ist.[219] 139

h.M. (-), da voneinander unabhängige Verfahren

bb) Nach h.M. indessen kann das Rechtsschutzinteresse aus diesem Grunde nicht entfallen, da die Verfahren nach § 80 IV VwGO und § 80 V VwGO im Verhältnis reiner Alternativität stünden.[220] 140

cc) Die h.M. verdient aus mehreren Gesichtspunkten Zustimmung. 141

Bei § 80 VI S. 1 VwGO handelt es sich um eine Ausnahmebestimmung, die aus fiskalischen Gründen die Effektivität des gerichtlichen Rechtsschutzes einschränkt. Das Gebot des effektiven Rechtsschutzes aus Art. 19 IV GG verbietet die Ausdehnung dieser analogieunfähigen Ausnahmeregelung zu Lasten des Bürgers.

Ferner spricht gegen den Wegfall des Rechtsschutzbedürfnisses in diesem Fall, dass das gerichtliche Aussetzungsverfahren kein Rechtsmittel gegenüber einer behördlichen Aussetzungsentscheidung darstellt, beide Verfahren mithin klar nebeneinander stehen. Daher entfällt das Rechtsschutzbedürfnis für einen Antrag nach § 80 V VwGO nicht bereits dann, wenn der Antragsteller vorher nicht erfolglos einen behördlichen Antrag nach § 80 IV VwGO gestellt hat. Letztlich lässt sich die h.M. mit einem Umkehrschluss zu § 80 VI S. 1 VwGO begründen, der (nur) für den Fall des § 80 II S. 1 Nr. 1 VwGO die vorherige Antragstellung bei der Behörde fordert.

hemmer-Methode: Liegt ein Fall des § 80 II S. 1 Nr. 1 VwGO vor, ist zu beachten, dass es sich bei § 80 VI VwGO nach h.M. um eine echte Zulässigkeitsvoraussetzung und nicht nur um eine nachholbare Sachentscheidungsvoraussetzung handelt. Wird zunächst der Antrag bei Gericht gestellt, bleibt dieser auch dann unzulässig, wenn vor der gerichtlichen Entscheidung das behördliche Verfahren nach § 80 IV VwGO erfolglos nachgeholt wurde.[221]

b) Vorherige Rechtsbehelfseinlegung in der Hauptsache

vorheriger Widerspruch in Hauptsache erforderlich?

Der Antrag nach § 80 V S. 1 VwGO kann bereits vor Erhebung der Anfechtungsklage in der Hauptsache eingelegt werden, vgl. § 80 V S. 2 VwGO. Da in dieser Vorschrift aber nur die vorherige Klageerhebung, nicht aber auch die Einlegung eines Widerspruchs für obsolet erklärt wird, ist umstritten, ob das Rechtsschutzinteresse nur zu bejahen ist, wenn der Antragsteller bereits Widerspruch erhoben hat. 142

219 Hufen, § 32 Rn. 16; Nds OVG, DVBl. 1993, 123 f.

220 Schoch, NVwZ 1991, 1125 f.; Erichsen, Jura 1984, 483; Huba, JuS 1990, 807; Kopp/*Schenke*, § 80 VwGO, Rn. 138 m.w.N.

221 OVG Lüneburg, NVwZ-RR 2010, 865 = **Life&Law 01/2011, 56** = **juris**byhemmer.

e.A.: (+), da sonst nichts da ist, was aufschiebende Wirkung entfalten könnte

aa) Nach einer Ansicht scheidet die Anordnung oder Wiederherstellung der aufschiebenden Wirkung nach § 80 V VwGO eines noch nicht eingelegten Rechtsbehelfs schon begriffsnotwendig aus, mit der Folge, dass das Rechtsschutzinteresse für einen Antrag nach § 80 V VwGO entfalle, wenn noch kein Widerspruch eingelegt worden ist.[222] Es fehle am Anordnungsgegenstand. 143

h.M.: zwar vorherige Rechtsbehelfseinlegung der Regelfall, aber nicht zwingend erforderlich

bb) Obwohl § 80 V VwGO offensichtlich den Regelfall voraussetzt, dass in der Hauptsache bereits ein Rechtsbehelf eingelegt ist, geht die Gegenansicht davon aus, dass das Rechtsschutzinteresse aus Gründen der Rechtsschutzeffektivität in Anlehnung an § 123 I VwGO nicht allein deshalb entfallen könne, weil noch kein Rechtsbehelf eingelegt worden ist.[223] 144

anderenfalls droht faktische Verkürzung der Rechtsmittelfristen

Anderenfalls trete eine mit Art. 19 IV GG und dem Zweck der Rechtsbehelfsfristen (Überlegungs- und Vorbereitungszeit) unvereinbare faktische Verkürzung der für die Hauptsache geltenden Rechtsbehelfsfristen ein.

cc) Für die letztgenannte Ansicht spricht ferner, dass sich aus dem systematischen Zusammenhang von § 80 V S. 2 VwGO, der den Antrag nach § 80 V S. 1 VwGO auch vor Erhebung der Anfechtungsklage als zulässig erachtet, und § 80 IV VwGO, der für das behördliche Aussetzungsverfahren nicht mehr wie § 80 IV VwGO a.F. die Einlegung eines Widerspruchs voraussetzt, ableiten lässt, dass grundsätzlich eine Vorverlagerung des gerichtlichen Rechtsschutzes i.R.d. § 80 VwGO erfolgen sollte.[224] Zudem muss dem Betroffenen zu Recht die Möglichkeit eingeräumt werden, die Widerspruchsfrist in der Hauptsache ohne Nachteile für das vorläufige Rechtsschutzverfahren voll auszuschöpfen. Bestätigt wird diese Auffassung auch durch das BVerfG, nach dem das Gebot effektiven Rechtsschutzes gem. Art. 19 IV GG gebiete, dass vorläufiger Rechtsschutz nicht erst dann einsetze, wenn auch ein Rechtsbehelf in der Sache eingelegt ist.[225] 145

hemmer-Methode: Soweit im konkreten Fall ein Vorverfahren unstatthaft ist, § 68 I S. 2 VwGO (was in manchen Bundesländern wie Bayern, vgl. Art. 15 II AGVwGO, mittlerweile der Normalfall ist, vgl. oben), stellt sich die Frage nach einem vorherigen Widerspruch selbstverständlich nicht. Es geht dann allein um die Frage, ob zuvor eine Klage in der Hauptsache einzulegen ist, was nach § 80 V S. 2 VwGO eindeutig zu verneinen ist.

5. Frist

grds. keine Frist einzuhalten, aber wohl kein Rechtsschutzbedürfnis mehr nach Verfristung in Hauptsache

Eine Frist ist für den Antrag nach § 80 V S. 1 VwGO nicht einzuhalten.[226] Allerdings fehlt regelmäßig das Rechtsschutzbedürfnis für einen Antrag nach § 80 V VwGO, wenn der Antragsteller die Widerspruchs- und Klagefrist, §§ 70, 74 VwGO, hat verstreichen lassen und der Verwaltungsakt damit unanfechtbar geworden ist.[227] 146

---

222 Huba, JuS 1990, 807; Vonficht, NJW 1968, 1079; Finkelnburg/Dombert/*Külpmann,* § 43, Rn. 892 ff. m.w.N.; BayVGH, BayVBl. 1997, 22 = **juris**byhemmer.

223 Schenke, § 25, Rn. 992; Streinz/Hemmerl, JuS 1993, 667; Kopp/*Schenke*, § 80 VwGO, Rn. 139 m.w.N.

224 Schenke, § 25, Rn. 991 f.

225 BVerfG, NJW 1993, 3190 = **juris**byhemmer.

226 Vgl. nur Hufen, § 32 Rn. 35, beachte allerdings die Pflicht zu einer fristgemäßen Begründung nach § 17a VI FStrG, vgl. BVerwG, NVwZ 2005, 943 = **juris**byhemmer.

227 Erichsen, Jura 1984, 483; Huba, JuS 1990, 807; vgl. auch VGH Mannheim, NJW 2004, 2690 = **Life&Law 10/2004, 707** = **juris**byhemmer: Hier wird bereits die Statthaftigkeit des Eilantrags verneint, da einem verfristeten Widerspruch unabhängig von § 80 II VwGO schon nach § 80 I VwGO keine aufschiebende Wirkung zukommt!

hemmer-Methode: Der einstweilige Rechtsschutz kann niemals weiter gehen als der in der Hauptsache. Wäre die Anfechtungsklage oder der Widerspruch wegen Verfristung unzulässig, muss auch der Antrag nach § 80 V VwGO in der Zulässigkeit scheitern.

6. Beteiligtenfähigkeit

Antragsteller und Antragsgegner: §§ 61 ff. VwGO

Die beteiligtenbezogenen Zulässigkeitsvoraussetzungen richten sich nach §§ 61 ff. VwGO. Im Verfahren nach § 80 V VwGO spricht man dabei von Antragsteller und Antragsgegner. 147

7. Antragsgegner

hemmer-Methode: Je nach Bundesland ist dieser Prüfungspunkt an den Beginn der Begründetheitsprüfung zu stellen!

richtiger Antragsgegner analog § 78 VwGO

Nach h.M. ergibt sich der richtige Antragsgegner, wie bei der Anfechtungsklage analog § 78 I Nr. 1 bzw. Nr. 2 VwGO i.V.m. der entsprechenden landesrechtlichen Bestimmung.[228] 148

Eine analoge Anwendung des § 78 II VwGO für den Fall, dass erst die Widerspruchsbehörde die Vollziehung angeordnet hat, in der Art, dass diese bzw. deren Rechtsträgerkörperschaft Antragsgegner wäre, verbietet sich nach wohl h.M. angesichts des engen Zusammenhangs zwischen Hauptsacheverfahren und dem Verfahren des vorläufigen Rechtsschutzes.[229] Die Sofortvollzugsanordnung wird insoweit als bloßer Annex zum Ausgangsverwaltungsakt angesehen. Folglich ist Antragsgegner im Verfahren nach § 80 V S. 1 VwGO stets die Ausgangsbehörde bzw. deren Rechtsträger (§ 78 I Nr. 1 VwGO).

8. Antrag

Antrag: grds. §§ 81, 82 VwGO analog, aber wegen Eilbedürftigkeit u.U. telefonische Antragstellung ausreichend

§§ 81, 82 VwGO gelten grds. entsprechend auch im Verfahren nach § 80 V VwGO,[230] d.h. dass der Betroffene einen hinreichend bestimmten ordnungsgemäßen Antrag stellen muss. Hinsichtlich der Schriftform des § 81 VwGO sind aber in extremen Eilfällen aus Gründen des effektiven Rechtsschutzes Abstriche zu machen, so genügt z.B. eine telefonische Antragstellung, wenn alleine sie zeitlich möglich ist. 149

9. Zuständiges Gericht

zuständig: Gericht der Hauptsache

Zuständig ist nach § 80 V S. 1 VwGO ausdrücklich das Gericht der Hauptsache, also dasjenige Gericht, bei dem die Sache schon anhängig ist bzw. anhängig zu machen wäre. Im Berufungsverfahren ist dies gem. § 124 VwGO das OVG/der VGH, in Revisionssachen kann es gem. § 132 VwGO auch das BVerwG sein, das dann insofern echte Tatsachenentscheidungen zu treffen hat.[231] 150

Auf diese Weise wird die Verfahrenseinheit zwischen Aussetzungs- und Hauptsacheverfahren sichergestellt und eine Gerichtskonkurrenz vermieden.

---

228 OVG Lüneburg, NJW 1989, 2147 = **juris**byhemmer; VGH München, BayVBl. 1984, 598; Finkelnburg/Dombert/*Külpmann,* § 44, Rn. 902 f.

229 OVG Lüneburg, NJW 1989, 2147 = **juris**byhemmer; Finkelnburg/Dombert/*Külpmann,* § 44, Rn. 902 f.; Schenke, § 25, Rn. 995; a.A. Hufen, § 32 Rn. 37; Kopp/*Schenke*, § 80 VwGO, Rn. 140; vgl. auch VGH Kassel, NVwZ-RR 2005, 519 = **juris**byhemmer.

230 Kopp/*Schenke*, § 80 VwGO, Rn. 128.

231 BVerwG, NVwZ 1988, 1023 = **juris**byhemmer; Kopp/*Schenke*, § 80 VwGO, Rn. 142.

II. Begründetheit des Antrags

hemmer-Methode: Je nach Bundesland wäre nun zunächst die Frage nach dem richtigen Antragsgegner zu beantworten. Hierbei ist § 78 VwGO analog heranzuziehen.[232]

Begründetheit: Abwägung wie bei § 80 II S. 1 Nr. 4, IV VwGO

Für die Entscheidung nach § 80 V VwGO gibt das Gesetz dem Gericht keinen ausdrücklichen Prüfungs- und Entscheidungsmaßstab an die Hand.

Aus Sinn und Zweck der Gesamtregelung des § 80 VwGO ergibt sich indes, dass die Begründetheit des Antrags allgemein von der gleichen Abwägung wie bei §§ 80 II S. 1 Nr. 4, 80 IV VwGO zwischen dem Vollzugsinteresse, d.h. dem öffentlichen Interesse am sofortigen Vollzug des Verwaltungsakts, und dem Aussetzungsinteresse des Antragstellers abhängig ist, das gem. § 80 I VwGO i.V.m. Art. 19 IV GG durch den Anspruch auf effektiven Rechtsschutz abgesichert ist.[233] 151

Bei der gebotenen Interessenabwägung sind also allgemein die Nachteile, die dem Betroffenen durch den Vollzug des möglicherweise rechtswidrigen Verwaltungsakts entstehen können, jenen Nachteilen gegenüberzustellen, die sich aus einem verspäteten Vollzug des angegriffenen Verwaltungsakts ergeben.

dabei im Ausgangspunkt eigene, originäre Ermessensentscheidung des Gerichts

Dabei trifft das Gericht eine eigene, originäre und von einer etwaigen behördlichen Entscheidung unabhängige Abwägungs- und Ermessensentscheidung.[234] 152

Allerdings kann diese Aussage nicht derart undifferenziert zutreffen, da es sich im Hinblick auf die systematische Einordnung bei § 80 V S. 1 VwGO eher um eine Abwägungs- als um eine echte Ermessensentscheidung handelt.[235] Außerdem hat die Entscheidung nach § 80 V S. 1 Alt. 2 VwGO, die Wiederherstellung der aufschiebenden Wirkung, auch formelle Rechtmäßigkeitsaspekte der behördlichen Entscheidung nach § 80 II S. 1 Nr. 4 VwGO zu überprüfen, sodass nicht einheitlich von einer völlig losgelösten Interessenabwägung gesprochen werden kann. Vielmehr empfiehlt sich bei der Prüfung der Begründetheit eine Unterscheidung danach, ob sich die Vollziehbarkeit des Verwaltungsakts gem. § 80 II S. 1 Nr. 1 - 3 VwGO kraft Gesetzes, § 80 V S. 1 Alt. 1 VwGO, oder aus einer behördlichen Vollziehungsanordnung nach §§ 80 II S. 1 Nr. 4, 80 V S. 1 Alt. 2 VwGO ergibt.[236]

in Praxis oft nur (zumindest im Tatsächlichen) summarische Prüfung möglich

Bei der Entscheidung nach § 80 V S. 1 VwGO ist ferner zu beachten, dass, dem Schutzzweck des Eilverfahrens entsprechend, das Gericht in der Praxis auf eine summarische Prüfung der Sach- und Rechtslage beschränkt ist.[237] Unstreitig bezieht sich das Summarische auf die Sachverhaltsaufklärung: Aufwendige Beweisaufnahmen sind zur Aufklärung streitiger Sachverhalte grundsätzlich ausgeschlossen, die Eilentscheidung kann sich im Gegensatz zum Hauptsacheverfahren auf eine lediglich glaubhaft gemachte (= Wahrscheinlichmachen), nicht voll bewiesene (zur Gewissheit des Richters gemachte) Tatsachenbasis stützen (vgl. § 294 I ZPO).[238] 153

232 Vgl. oben Rn. 148.

233 Hufen, § 32 Rn. 37; Schenke, § 25, Rn. 1001; Kopp/*Schenke*, § 80 VwGO, Rn. 146 m.w.N.

234 Kopp/*Schenke*, § 80 VwGO, Rn. 146.; Stern/Blanke, § 19, Rn. 591.

235 Hufen, § 32 Rn. 41.

236 Huba, JuS 1990, 808 ; Schenke, § 25, Rn. 999.

237 Stern/Blanke, § 18, Rn. 570; Kopp/*Schenke*, § 80 VwGO, Rn. 125, 152 m.w.N.

238 Huba, JuS 1990, 808; Kopp/*Schenke*, § 80 VwGO, Rn. 125, 152 m.w.N.

Umstritten ist indessen, ob auch die Prüfung der Rechtslage summarisch[239] oder vollständig und abschließend vorgenommen werden muss.[240] In neuerer Zeit ist jedenfalls bei den Gerichten ein Trend zur rechtlichen Voll-Prüfung zu erkennen.[241]

hemmer-Methode: Der Begriff „summarische Prüfung" sollte zwar in keiner Klausur fehlen, indessen muss in der Examensarbeit die Prüfung der Rechtslage ebenso gründlich vorgenommen werden wie in einem „normalen" Hauptsacheverfahren, sodass es auf diesen Streit praktisch nicht ankommt.

1. Begründetheit eines Antrags nach § 80 V S. 1 Alt. 1 VwGO für die Fälle des § 80 II S. 1 Nr. 1 - 3 VwGO

a) Maßstab

Maßstab in Fällen des § 80 II S. 1 Nr. 1 - 3 VwGO: unbillige Härten durch Vollziehung, Interessenabwägung

In den Fällen des § 80 II S. 1 Nr. 1 - 3 VwGO, in denen wegen der kraft Gesetzes ausgeschlossenen Suspensivwirkung die gesetzliche Wertung zugunsten des Vollzugsinteresses spricht, richtet sich die Interessenabwägung nach folgenden Maßstäben: 154

Im Fall des § 80 II S. 1 Nr. 1 VwGO lässt sich ein Maßstab für die Prüfung aus § 80 IV S. 3 VwGO entnehmen, der bestimmt, dass die Aussetzung der Vollziehung in der Regel erfolgen soll, wenn ernstliche Zweifel an der Rechtmäßigkeit des angefochtenen Verwaltungsakts bestehen oder wenn die Vollziehung eine unbillige, nicht durch überwiegende öffentliche Interessen gebotene Härte zur Folge hätte. Dieser für die behördliche Aussetzungsentscheidung geltende Maßstab ist nach überwiegender Ansicht auch entsprechend im gerichtlichen Verfahren anzuwenden.[242] 155

Indiz in Interessenabwägung: Erfolgsaussichten in der Hauptsache

Ernstliche Zweifel bestehen nach h.M., wenn ein Erfolg des Rechtsmittels ebenso wahrscheinlich ist wie ein Misserfolg.[243] Dies hat zur Folge, dass in der Klausur an dieser Stelle die Zulässigkeit und Begründetheit des Hauptsacheverfahrens zu überprüfen sind.[244] Soweit die Hauptsache wahrscheinlich erfolgreich sein wird, besteht kein berechtigtes Vollzugsinteresse der Allgemeinheit, da durch diesen rechtswidrigen Vollzug Amtshaftungsansprüche nach § 839 BGB, Art. 34 GG entstehen würden. 156

hemmer-Methode: Im Prinzip stellt die „80-V-Klausur" wegen dieses verschachtelten Aufbaus i.R.d. Begründetheit vielfach die gleichen Anforderungen wie die gewöhnliche Klausur, in der nach Zulässigkeit und Begründetheit der Hauptsache gefragt ist. Zulässigkeit und Begründetheit des „80-V-Verfahrens" dienen deshalb vor allem der Erschwerung der Klausur und der damit ermöglichten Notendifferenzierung. Grob gegliedert stellt sich damit die „80-V-Klausur" folgendermaßen dar:

- **Zulässigkeit des Antrags nach § 80 V VwGO (vgl. oben Rn. 128 ff.)**
- **Begründetheit des Antrags nach § 80 V VwGO: Interessenabwägung, dabei Prüfung der Erfolgsaussichten in der Hauptsache:**
  ⇨ Zulässigkeit des Rechtsbehelfs in der Hauptsache
  ⇨ Begründetheit des Rechtsbehelfs in der Hauptsache

239 Kopp/*Schenke*, § 80 VwGO, Rn. 125, 152 m.w.N.; Stern/Blanke, § 18, Rn. 570.

240 Huba, JuS 1990, 808 m.w.N.

241 Stern/Blanke, § 18, Rn. 570.

242 Huba, JuS 1990, 808; Schoch, Vorläufiger Rechtsschutz, § 45, S. 1589; vgl. auch Kopp/*Schenke*, § 80 VwGO, Rn. 116, 158, der dies aber keinesfalls als Analogie zu IV S. 3 verstanden haben will.

243 BVerwG, BayVBl. 1982, 442; Huba, JuS 1990, 808 m.w.N.; Kopp/*Schenke*, § 80 VwGO, Rn. 116 m.w.N.; nach a.A. muss der Erfolg wahrscheinlicher sein als der Misserfolg, OVG Koblenz, NJW 1986, 1004; OVG Hamburg, NVwZ-RR 1992, 318 = **juris**byhemmer.

244 Ausführlich auch Rn. 172 ff.

Von einer unbilligen Härte i.S.d. § 80 IV S. 3 VwGO ist zu sprechen, wenn durch die sofortige Vollziehung für den Betroffenen Nachteile entstehen, die nicht oder nur schwer rückgängig zu machen sind.[245]

Wegen der funktionalen und normativen Strukturgleichheit gilt der Maßstab des § 80 IV S. 3 VwGO ebenfalls in den Fällen des § 80 II S. 1 Nr. 2 u. 3 VwGO.[246] Es kommt daher wesentlich auf die Wahrscheinlichkeit der Erfolgsaussichten des Rechtsbehelfs an. Allerdings können gerade i.R.d. § 80 II S. 1 Nr. 3 VwGO die Besonderheiten des jeweiligen Rechtsgebietes zu berücksichtigen sein. *157*

hemmer-Methode: Wichtig ist, dass Sie die Erfolgsaussichten in der Hauptsache immer in die Interessenabwägung einbetten und keine isolierte Prüfung vornehmen!

b) Rechtsnatur der Entscheidung

Im Fall des § 80 V S. 1 Alt. 1 VwGO i.V.m. § 80 II S. 1 Nr. 1 - 3 VwGO handelt es sich unstreitig um eine eigene originäre Entscheidung des Gerichts.[247] *158*

hemmer-Methode: Anders als bei § 80 V S. 1 Alt. 2 VwGO i.V.m. § 80 II Nr. 4 VwGO existiert hier überhaupt keine behördliche Entscheidung zur Frage der Suspensivwirkung, die vom Gericht überprüft werden könnte.

Fraglich erscheint nur, ob das Gericht dem Antrag im Falle der Begründetheit stattgeben muss, oder ob ihm ein Entschließungsermessen zukommt, wie es der Wortlaut „kann ... anordnen" nahe legt. Indes ist § 80 V VwGO wie bei § 113 I S. 2 VwGO dahingehend zu verstehen, dass dem Gericht damit lediglich die Zuständigkeit und Befugnis zur Entscheidung eingeräumt ist.[248] Aus dem verfassungsgerichtlichen Gebot der Effektivität des Rechtsschutzes folgt, dass hinsichtlich des „Ob" kein gerichtliches Ermessen besteht.[249]

2. Begründetheit des Antrags zur Wiederherstellung der aufschiebenden Wirkung gem. § 80 V S. 1 Alt. 2 VwGO i.V.m. § 80 II S. 1 Nr. 4 VwGO

Fälle des § 80 II S. 1 Nr. 4 VwGO

Bei einem Antrag nach § 80 V S. 1 Alt. 2 VwGO auf Wiederherstellung der durch die Behörde gem. § 80 II S. 1 Nr. 4 VwGO beseitigten Suspensivwirkung, kann sich die Begründetheit aus formellen Fehlern und materiellen Aspekten der Vollziehungsanordnung ergeben. *159*

a) Formelle Rechtmäßigkeit

formelle Voraussetzungen

Formelle Fehler der Vollziehungsanordnung können sich grundsätzlich im Hinblick auf Zuständigkeit, Verfahren und Form ergeben (vgl. oben Rn. 107 ff.). Hier soll nur noch auf die noch nicht dargestellten Besonderheiten eingegangen werden. *160*

245 Kopp/*Schenke*, § 80 VwGO, Rn. 116 a.E.

246 Pietzner/Ronellenfitsch, § 55, Rn. 1551; Schoch, Vorläufiger Rechtsschutz, § 45, S. 1590; Finkelnburg/Dombert/*Külpmann,* § 45, Rn. 970 ff.; Huba, JuS 1990, 808.

247 Vgl. nur Schenke, § 25, Rn. 1000.

248 Erichsen, Jura 1984, 485; Huba, JuS 1990, 808.

249 Hufen, § 32 Rn. 38; Schenke, § 25, Rn. 1003; Huba, JuS 1990, 809 m.w.N.

aa) Verfahren

§ 28 VwVfG nicht anwendbar, vgl. oben

161 Da die Vollziehungsanordnung kein Verwaltungsakt ist, muss diesbezüglich keine Anhörung nach § 28 VwVfG erfolgen. Eine fehlende Anhörung ist somit kein formeller Fehler. Jedenfalls würde eine fehlende Anhörung durch die Einlegung des Antrags nach § 80 V VwGO nachgeholt und der Fehler damit in analoger Anwendung des § 45 I Nr. 3 VwVfG geheilt werden (vgl. oben Rn. 108).

bb) Form

Begründung nach § 80 III S. 1 VwGO zu überprüfen: jedenfalls rechtswidrig bei bloßer formelhafter Begründung

162 Wenn die ordnungsgemäße Begründung fehlt oder unzureichend ist, etwa, weil die Behörde nur formelhafte Aussagen benutzt oder einzig auf die Rechtmäßigkeit des Verwaltungsakts verweist (zu Anforderungen des § 80 III VwGO vgl. oben Rn. 109), ist die Vollziehungsanordnung nach überwiegender Ansicht jedenfalls rechtswidrig.[250]

I.R.d. Verfahrens nach § 80 V VwGO stellt sich dann zum einen das Problem, ob eine Heilung durch das Nachschieben von Gründen möglich ist, und zum anderen ist i.R.d. Tenorierung die Frage aufzuwerfen, ob die Rechtswidrigkeit der Vollziehungsanordnung zur Wiederherstellung der aufschiebenden Wirkung führt oder nur zur Aufhebung der Vollziehungsanordnung.

(1) Heilung der fehlerhaften Begründung nach § 80 II S. 1 Nr. 4 VwGO

Heilung der fehlerhaften Begründung durch Nachschieben von Gründen nach h.M. generell ausgeschlossen

163 Über die Möglichkeit der Heilung der fehlerhaften Begründung im Verfahren nach § 80 V S. 1 VwGO durch das Nachschieben einer ordnungsgemäßen Begründung bestehen Meinungsverschiedenheiten.

a.A.: bis zum Erlass des Widerspruchsbescheids möglich

164-165 Eine Ansicht lässt aus prozessökonomischen Gründen eine Heilung auch noch im Aussetzungsverfahren nach § 80 V S. 1 VwGO zu.[251]

Nach dieser Ansicht bedeutete es puren Formalismus, wenn die nachgeschobene Begründung im Aussetzungsverfahren unberücksichtigt bleiben müsse, die Behörde indes jederzeit eine neue Vollziehungsanordnung erlassen könne.

166 Nach überwiegender Ansicht wird angesichts des Schutzzweckes des Begründungszwanges nach § 80 III S. 1 VwGO, der der Behörde den Ausnahmecharakter des § 80 II S. 1 Nr. 4 VwGO vergegenwärtigen soll, eine Heilung durch das Nachschieben von Gründen im Aussetzungsverfahren generell ausgeschlossen.[252]

167 Die besseren Gründe sprechen für die letztgenannte Auffassung. Eine Heilung durch das Nachschieben von Gründen trüge dem Ausnahmecharakter des § 80 II S. 1 Nr. 4 VwGO nicht in ausreichendem Maße Rechnung und degradierte das Begründungserfordernis samt seiner Schutz- und Warnfunktion zur Bedeutungslosigkeit.

Damit scheidet ein Nachschieben einer ordnungsgemäßen Begründung im Aussetzungsverfahren nach § 80 V S. 1 VwGO aus.

---

250 Kopp/*Schenke*, § 80 VwGO, Rn. 80 ff., 148; Redeker/v.Oertzen, § 80 VwGO, Rn. 27a; Finkelnburg/Dombert/*Külpmann*, § 39, Rn. 749 f.; Schenke, § 25, Rn. 979; a.A. wegen der essentiellen Bedeutung der Vorschrift Nichtigkeit der Anordnung Schmitt-Glaeser, Rn. 268 m.w.N.

251 OVG Münster, NJW 1986, 1894; OVG Kassel, NJW 1983, 2403; OVG Greifswald, NVwZ-RR 1999, 409 = **Life&Law 09/1999, 611**.

252 BayVGH, BayVBl. 1999, 465 = **juris**byhemmer; m.w.N. Kopp/*Schenke*, § 80 VwGO, Rn. 149; Hufen, § 32 Rn. 17; Schenke, § 25, Rn. 981 f.; Schoch, Vorläufiger Rechtsschutz, § 37, S. 1284 ff. m.w.N.

(2) Entscheidung bei fehlerhafter Begründung

bei fehlerhafter Begründung Antrag ohne weiteres stattzugeben

Ist die Vollziehungsanordnung wegen Verstoßes gegen § 80 III S. 1 VwGO rechtswidrig, dann ist dem Eilantrag nach § 80 V S. 1 VwGO nach allgemeiner Auffassung ohne weitere Sachprüfung stattzugeben.[253] 168

fraglich ist aber Wirkung dieser Entscheidung

Umstritten ist indes, ob die Tenorierung des Beschlusses lediglich auf Aufhebung der Vollziehungsanordnung zu lauten hat, oder aber auf Wiederherstellung der aufschiebenden Wirkung.

e.A.: nur Aufhebung der Vollziehungsanordnung

Nach einer Ansicht kommt nur die Aufhebung der Vollziehungsanordnung als Tenor in Betracht, da bei vollständiger Wiederherstellung der aufschiebenden Wirkung die Behörde wegen der mit dem Beschluss verbundenen Bindungswirkung nach herrschender Rspr.[254] keine neue Vollziehungsanordnung erlassen könnte.[255] 169

a.A.: Wiederherstellung der aufschiebenden Wirkung, aber ohne Bindungswirkung bei neuer Begründung

Dagegen wird vorgebracht, dass die Bindungswirkung des Beschlusses nach § 80 V S. 1 Alt. 2 VwGO in Form der Wiederherstellung der aufschiebenden Wirkung darauf beschränkt sei, der Behörde den Vollzug des Verwaltungsakts zu untersagen, solange die Vollziehungsanordnung nicht rechtmäßig begründet sei, da das Gericht nicht in der Sache entscheide.[256] Die Rechtskraftwirkung des Beschlusses sei allein auf den tragenden Entscheidungsgrund des Begründungsmangels beschränkt. Daher bestehe kein Anlass, auf einen gesetzlich nicht vorgesehenen Entscheidungsausspruch zurückzugreifen.[257] 170

Da beide Ansichten zu dem Ergebnis kommen, dass die Behörde jedenfalls eine neue, ordnungsgemäß begründete Vollziehungsanordnung erlassen kann, wirkt sich der Streit um die Bindungswirkung praktisch nicht aus. Dem Antrag nach § 80 V VwGO ist nach jeder Ansicht in diesem Fall stets stattzugeben.

hemmer-Methode: Hier handelt es sich um ein für Studenten sehr schwieriges und wohl für die Klausur bis zum Ersten Staatsexamen nicht allzu relevantes Problem. Zumindest als Referendar sollte man aber einmal davon gehört haben.

b) Materielle Aspekte – eigene Interessenabwägung des Gerichts

materieller Maßstab: originäre, umfassende Interessenabwägung zwischen Vollziehungs- und Aufschiebungsinteresse

aa) In materieller Hinsicht ist auch bei der Entscheidung nach § 80 V S. 1 Alt. 2 VwGO (bezüglich § 80 II S. 1 Nr. 4 VwGO) eine umfassende Interessenabwägung vorzunehmen. Der Antrag ist mithin begründet, wenn unter Berücksichtigung aller tragenden Interessen und Umstände das öffentliche Interesse an der sofortigen Vollziehung gegenüber dem Interesse des Betroffenen an dem vorläufigen Nichtvollzug nichtvorrangig ist. 171

hemmer-Methode: Das Gericht hat nach h.M. nicht die Interessenabwägung der Behörde nachzuprüfen, sondern eine eigene originäre Interessenabwägung vorzunehmen.[258] Aus diesem Grund ist die Überschrift „Materielle Rechtmäßigkeit" missverständlich und sollte nach Möglichkeit vermieden werden.

253 Huba, JuS 1990, 809.

254 Nachweise bei Kopp/*Schenke*, § 80 VwGO, Rn. 148.

255 Kopp/*Schenke*, § 80 VwGO, Rn. 64, 74; Pietzner/Ronellenfitsch, § 56, Rn. 1568 ff. m.w.N.

256 Huba, JuS 1990, 809; Schoch, Vorläufiger Rechtsschutz, § 45, S. 1663 ff.; Erichsen, Jura 1984, 488 f.

257 OVG Sachs.Anh., DÖV 1994, 352.

258 Eyermann-*Hoppe*, § 80 VwGO, Rn. 86.

wichtiger Abwägungspunkt: Erfolgsaussichten in der Hauptsache

bb) Nach ganz h.M. ist die Rechtmäßigkeit des Verwaltungsakts und damit die Erfolgsaussicht des eingelegten Rechtsbehelfs in der Hauptsache in die Interessenabwägung einzustellen.[259] 172

hemmer-Methode: Das Gericht hat eine summarische Prüfung vorzunehmen, was in der Klausur zu erwähnen ist, indes aber auch hier keinerlei Auswirkungen auf die Gründlichkeit der Prüfung in der Examensarbeit hat.

⇨ Wenn der angefochtene Verwaltungsakt offensichtlich rechtmäßig ist und sich daher die Rechtsbehelfe des Antragstellers als offensichtlich aussichtslos erweisen, dann überwiegt regelmäßig das öffentliche Interesse an der sofortigen Vollziehung. Der Antrag ist in diesem Fall unbegründet. 173

⇨ Im umgekehrten Fall, wenn also der Verwaltungsakt offensichtlich rechtswidrig ist und sich dadurch die Erfolgsaussichten als begründet erweisen, dann überwiegt das Suspensivinteresse des Betroffenen. 174

⇨ Liegt die Prognose hingegen zwischen offensichtlicher Rechtmäßigkeit und Rechtswidrigkeit des Verwaltungsakts („non liquet"), dann ist eine von den Erfolgsaussichten des Hauptsacheverfahrens unabhängige Interessenabwägung vorzunehmen. 175

Dieser Abwägung ist folgende sog. Doppelhypothese zugrunde zu legen:[260]

⇨ Welche Nachteile entstünden für den Antragsteller, wenn das Gericht die aufschiebende Wirkung nicht wiederherstellte, die Klage sich indessen als erfolgreich herausstellte (etwa Schaffung irreparabler, vollendeter Tatsachen durch den Vollzug)?

⇨ Welche Nachteile entstünden der Allgemeinheit bzw. dem beteiligten Dritten (§ 80a VwGO), wenn die Suspensivwirkung wiederhergestellt wird, die Klage hingegen später abgewiesen wird (etwa finanzielle und wirtschaftliche Einbußen)?

Die ermittelten Folgen sind in Form einer Gesamtsaldierung miteinander zu vergleichen.

cc) Besondere Maßstäbe gelten, wenn die angegriffene Sofortvollzugsanordnung den mittelbaren Vollzug von Europarecht betrifft.[261] Hier ist die Behörde aufgrund von Art. 4 III EUV, Art. 278 AEUV gehalten, den Sofortvollzug als Regelfall anzuordnen.[262] Das Gericht darf von diesem Sofortvollzug eine Ausnahme nur unter folgenden, vom EuGH im Interesse der Einheitlichkeit der Rechtsordnung im gesamten Binnenmarkt festgelegten Voraussetzungen, anordnen: 175a

⇨ Es bestehen erhebliche Zweifel an der Gültigkeit der Handlung der Union (Notwendigkeit der Anordnung),

⇨ die Entscheidung ist dringlich (Dringlichkeit der Anordnung), insbesondere weil irreparable Beeinträchtigungen drohen **und**

⇨ die Unionsinteressen werden angemessen berücksichtigt (Gebotenheit der Anordnung), Art. 4 III EUV, insbesondere darf das Europarecht nicht jede Wirksamkeit verlieren.[263]

259 Kopp/*Schenke*, § 80 VwGO, Rn. 90 ff. m.w.N.; Schenke, § 25, Rn. 1001 ff.; Hufen, § 32 Rn. 39.

260 Vgl. nur Hufen, § 32 Rn. 39.

261 Nach OVG Münster, NVwZ 2002, 612 gelten diese Grundsätze auch dann, wenn es um die Umsetzung einer Entscheidung der Kommission der EG geht.

262 Vgl. oben Rn. 112.

263 Vgl. ausführlich zu diesem (sehr schweren) Problemkreis **Hemmer/Wüst, Europarecht, Rn. 366 ff.**

hemmer-Methode: Diese Grundsätze gelten aber nur, wenn die Rechtswidrigkeit des Verwaltungsaktes gerade in der Rechtswidrigkeit der zugrundeliegenden EU-Verordnung begründet ist, diese also inzident von einem nationalen Gericht verworfen werden soll. Diese Grundsätze gelten nicht, wenn ein nationaler Verwaltungsakt gegen vorrangiges Europarecht verstößt.[264]

3. Begründetheit des Antrags auf Anordnung der Aufhebung der Vollziehung nach § 80 V S. 3 VwGO

wenn § 80 V VwGO - Antrag stattgegeben wird, nach § 80 V S. 3 VwGO Anordnung der Vollzugsfolgenbeseitigung möglich

Ein Antrag auf Anordnung der Aufhebung der Vollziehung ist zunächst begründet, wenn das Gericht gem. § 80 V VwGO die aufschiebende Wirkung anordnet, wiederherstellt oder feststellt. 176

Unabhängig davon, weshalb der Verwaltungsakt bereits vollzogen ist, etwa zunächst rechtmäßig wegen § 80 II S. 1 Nr. 1- 4 VwGO oder rechtswidrig durch sog. faktische Vollziehung.[265]

allerdings § 80 V S. 3 VwGO keine eigene Anspruchsgrundlage

Allerdings ist nach h.M. § 80 V S. 3 VwGO wie § 113 I S. 2 VwGO eine rein verfahrensrechtliche Vorschrift, während die materielle Grundlage der (allgemeine) Folgenbeseitigungsanspruch ist.[266] Dies hat für die Begründetheit des Antrags nach § 80 V S. 3 VwGO zur Folge, dass zusätzlich die Voraussetzungen des Folgenbeseitigungsanspruchs zu prüfen sind.[267] Nach der Gegenansicht stellt § 80 V VwGO eine abschließende Regelung da, sodass in § 80 V S. 3 VwGO zugleich auch die materielle Grundlage einer entsprechenden Anordnung zu sehen ist.

Wenn jedoch das Gericht die aufschiebende Wirkung nach § 80 V VwGO herstellt, dann waren die Vollzugsmaßnahmen und der damit geschaffene Zustand wegen der Rückwirkung der Entscheidung rechtswidrig, sodass die Voraussetzungen des Folgenbeseitigungsanspruchs in der Regel erfüllt sind.

III. Entscheidung samt Folgen

1. Allgemeines

Entscheidung als begründungspflichtiger Beschluss (vgl. § 122 II VwGO);

Die Entscheidung nach § 80 V VwGO ergeht in Form eines Beschlusses, § 123 IV, II VwGO, der gem. § 122 II S. 2 VwGO zu begründen ist. Darin kann das Gericht zunächst die aufschiebende Wirkung mit Rückwirkung anordnen, wiederherstellen oder feststellen. Es kann außerdem anstelle der Behörde gem. § 80a II, III VwGO i.V.m. § 80 V VwGO auch die Vollziehbarkeit des Verwaltungsakts anordnen. Daneben gibt das Gesetz dem Gericht eine Fülle von weiteren Möglichkeiten zum Interessenausgleich: es kann die aufschiebende Wirkung beschränken (§ 80 V S. 1 VwGO), sie befristen (§ 80 V S. 5 VwGO) oder aber von einer Sicherheitsleistung oder Auflage abhängig machen (§ 80 V S. 4 VwGO). 177

außerdem z.B. Beschränkungen oder Befristungen möglich

Auflagen sind indes nicht Nebenbestimmungen i.S.d. § 36 VwVfG, sondern gerichtlich angeordnete Sicherungsmaßnahmen, deren Nichtbefolgung nur die Änderung des Beschlusses nach § 80 VII S. 1 VwGO auslöst.[268]

---

264 EuGH, EuZW 2007, 247 = **Life&Law 11/2007, 757** = **juris**byhemmer.

265 Vgl. nur Schmitt-Glaeser, Rn. 245; Huba, JuS 1990, 810.

266 Kopp/*Schenke*, § 80 Rn. 176 f.

267 Erichsen, Jura 1984, 498 f.; a.A. Huba, JuS 1990, 810 m.w.N.: Auf das materielle Recht komme es zusätzlich nicht an, weil auch § 80 I VwGO die aufschiebende Wirkung unbesehen der materiellen Rechtslage eintreten lasse.

268 Hufen, § 32 Rn. 41 m.w.N.

Im Beschluss nach § 80 V VwGO ist auch über die Kosten des Verfahrens nach §§ 154 ff. VwGO zu entscheiden.[269]

2. Entscheidungsinhalt bei § 80 V S. 3 VwGO

§ 80 V S. 3 VwGO: Beseitigung der mittelbaren Entscheidungsfolgen

Nach § 80 V S. 3 VwGO hat das Gericht auf Antrag die zusätzliche Befugnis, Vollziehungsmaßnahmen aufzuheben und ihre Folgen rückgängig machen zu lassen. Entsprechend dem Zweck des vorläufigen Rechtsschutzes, der über § 80 V S. 3 VwGO die Entscheidung in der Hauptsache nach § 113 I S. 2 VwGO vorläufig sichern soll, kann es sich dabei nur um vorläufige Maßnahmen handeln.[270] 178

Nur in Ausnahmefällen kommt eine Vorwegnahme der Hauptsache in Betracht, wenn dies zur Gewährung effektiven Rechtsschutzes nach Art. 19 IV GG notwendig ist und zudem ein hoher Grad von Wahrscheinlichkeit für einen Erfolg auch in der Hauptsache spricht.[271]

> ***Bsp.:*** *Daher kommt etwa die Anordnung, dass eine aufgrund einer bauordnungsbehördlichen Abrissverfügung abgerissene Mauer wieder aufzubauen ist, grundsätzlich nicht in Betracht.*[272]

Aufhebung der Vollziehung bedeutet zudem allein Aufhebung oder Rückgängigmachung der unmittelbaren, nicht aber nur mittelbaren Vollzugsfolgen.[273] So kann etwa bei einer vorläufigen gerichtlichen Aussetzung eines Leistungsbescheids nur der geleistete Geldbetrag zurückgefordert werden, nicht hingegen der Ersatz weiterer Schäden, die sich für den Betroffenen aus der Zahlung ergeben haben.[274]

3. Bindungswirkung und Abänderungsverfahren nach § 80 VII VwGO[275]

Der Aussetzungsbeschluss bindet die Beteiligten analog § 121 Nr. 1 Alt. 1 VwGO.[276] 179

§ 80 VII S. 1 VwGO: Abänderung auf Antrag möglich

Das Gericht kann von Amts wegen oder auf Antrag der Beteiligten jedoch gem. § 80 VII S. 1 VwGO seine Beschlüsse jederzeit ändern oder aufheben. Der Antrag eines Beteiligten setzt gem. § 80 VII S. 2 VwGO allerdings voraus, dass sich die entscheidungserheblichen Gründe geändert haben oder der Beteiligte unverschuldet bestimmte Umstände im ursprünglichen Verfahren nicht vorbringen konnte.

Das Abänderungsverfahren ist ein neues, eigenständiges Verfahren, das voraussetzt, dass ein Verfahren nach § 80 V VwGO formell abgeschlossen ist.

4. Vollstreckung

nach h.M. Vollstreckung analog § 168 I Nr. 1 u. 2 VwGO möglich

Nach h.M. sind Beschlüsse nach § 80 V VwGO Vollstreckungstitel analog § 168 I Nr. 1 u. 2 VwGO.[277] Aus Gründen der Rechtsschutzeffektivität soll dadurch vermieden werden, dass der obsiegende Beteiligte noch einen Titel über §§ 123 I S. 1, 168 I Nr. 2 VwGO erstreiten muss. 180

269 Redeker/v.Oertzen, § 80 VwGO, Rn. 68 m.w.N.

270 Schenke, § 25, Rn. 1005 f.; Kopp/*Schenke*, § 80 VwGO, Rn. 176.

271 Kopp/*Schenke*, § 80 VwGO, Rn. 176.

272 Kopp/*Schenke*, § 80 VwGO, Rn. 176 f.

273 Kopp/*Schenke*, § 80 VwGO, Rn. 177; Schenke, § 25, Rn. 1008.

274 Weitere Beispiele bei Kopp/*Schenke*, § 80 VwGO, Rn. 177.

275 Ausführlich Kopp/*Schenke*, § 80 VwGO, Rn. 215 ff.

276 Zur Bindungswirkung vgl. Kopp/*Schenke*, § 80 VwGO, Rn. 172 ff.

277 Finkelnburg/*Dombert*/Külpmann, § 28, Rn. 520; Kopp/*Schenke*, § 80 VwGO, Rn. 205 m.w.N.

Die Vollstreckung setzt naturgemäß allerdings voraus, dass der Beschluss nach § 80 V VwGO einen vollstreckungsfähigen Inhalt hat.

Dies ist bei den rechtsgestaltenden Beschlüssen, die den Suspensiveffekt anordnen, wiederherstellen oder feststellen, indes nicht der Fall. Praktisch kommt daher eine Vollstreckung nur bei Anordnungen nach § 80 V S. 3 VwGO in Betracht.[278]

IV. Rechtsbehelfe i.w.S. gegen Beschlüsse nach § 80 V VwGO

1. Beschwerde nach §§ 146 ff. VwGO[279]

gegen Beschluss Beschwerde nach §§ 146 ff. VwGO möglich, dabei durch Beschwerdegericht neue eigene Ermessensentscheidung

Gegen einen Beschluss des Gerichts im Verfahren nach § 80 V VwGO ist das Rechtsmittel der Beschwerde nach § 146 I VwGO statthaft. Zulässigkeit und Verfahren richten sich nach § 146 IV VwGO.[280] Dies gilt indes gem. § 152 I VwGO nicht, wenn der Beschluss nach § 80 V VwGO erst durch das Oberverwaltungsgericht erlassen wurde. Die Beschwerde an das OVG darf nicht mit dem Änderungsantrag an das VG nach § 80 VII VwGO verwechselt werden, der nur bei geänderter Sach- und Rechtslage zu einer Art Wiederaufnahme, aber nicht wie die Beschwerde zu einer Überprüfung des Ausgangsbeschlusses nach § 80 V VwGO führt. 181

Das Beschwerdegericht überprüft nicht nur die Entscheidung des VG in vollem Umfang, sondern trifft selbst eine eigene, originäre Entscheidung, für die die gleichen Grundsätze gelten wie im Aussetzungsverfahren nach § 80 V VwGO.[281]

hemmer-Methode: Achtung Referendare! Die Beschwerde gegen den Beschluss nach § 80 V VwGO ist beliebtes Klausurthema im Zweiten Staatsexamen.

2. Verfassungsbeschwerde gem. Art. 93 I Nr. 4a GG, §§ 13 Nr. 8a, 90 ff. BVerfGG

bei Verfassungsbeschwerde: zwar Hauptsacheverfahren kein vorher auszuschöpfender Rechtsweg, aber i.d.R. unzulässig aus Gründen der Subsidiarität

Ob gegen Eilentscheidungen nach § 80 V VwGO bzw. gegen die danach ergangene Beschwerde eine Verfassungsbeschwerde zulässig ist, obwohl noch das Hauptverfahren läuft, ist primär ein Problem der Rechtswegerschöpfung nach § 90 II S. 1 BVerfGG oder des neben § 90 II S. 1 BVerfGG anwendbaren Grundsatzes der Subsidiarität. 182

Das BVerfG bejaht grundsätzlich eine Rechtswegerschöpfung i.S.d. § 90 II S. 1 BVerfGG bei letztinstanzlichen Entscheidungen im vorläufigen Rechtsschutz.

Gegenüber dem Hauptsacheverfahren ist das Verfahren des vorläufigen Rechtsschutzes nämlich rechtlich selbstständig.[282] Allerdings beschränkt es wiederum die Anfechtbarkeit der Entscheidungen im vorläufigen Rechtsschutz über den Grundsatz der Subsidiarität der Verfassungsbeschwerde.[283] Folglich ist grundsätzlich erst eine Durchführung des Hauptsacheverfahrens erforderlich.

278 Lüke, NJW 1978, 83; Kopp/*Schenke*, § 80 VwGO, Rn. 205. m.w.N.

279 Ausführlich dazu Kopp/*Schenke*, § 80 VwGO, Rn. 187 ff.

280 Zu den Einzelheiten vgl. VGH Mannheim, NVwZ 2002, 1388 = **juris**byhemmer; OVG Münster, NVwZ 2002, 1390 = **juris**byhemmer.

281 Kopp/*Schenke*, § 80 VwGO, Rn. 207 m.w.N.

282 BVerfGE 35, 382 ff., 397 = **juris**byhemmer; DVBl. 1995, 147; Robbers, JuS 1993, 1024.

283 BVerfG, NVwZ 1998, 156; BVerfG, NJW 1999, 2031 = **juris**byhemmer; BVerfG, DVBl. 2002, 1112 = **juris**byhemmer; vgl. auch BayVerfGH, BayVBl. 1989, 78; BayVerfGH, BayBl. 2002, 458; der bei der Verfassungsbeschwerde nach Art. 120 BV ebenfalls von dem Grundsatz der Subsidiarität ausgeht; vgl. auch Kopp/*Schenke*, § 80 VwGO, Rn. 188 ff.; vgl. dazu ferner **Hemmer/Wüst, Staatsrecht I, Rn. 59, 60**.

V. Schadensersatzansprüche

Schadensersatzansprüche nach § 945 ZPO nach Wortlaut (-); nach h.M. de lege lata auch nicht analog anwendbar

Ein Schadensersatzanspruch entsprechend § 123 III VwGO i.V.m. § 945 Var. 2 ZPO des durch die Entscheidung des Gerichts nach § 80 V VwGO oder der Verwaltung nach § 80 II S. 1 Nr. 4, IV VwGO Betroffenen bei späterem Obsiegen in der Hauptsache ist i.R.d. § 80 VwGO nicht vorgesehen. Ob eine analoge Anwendung in Betracht kommt, ist strittig. 183

Während nach einer Ansicht § 945 Var. 2 ZPO einen allgemeinen Rechtsgedanken formuliert, wonach derjenige, der durch die unbegründete einstweilige Entscheidung einen Vorteil erlange, dem Benachteiligten zum Ausgleich verpflichtet sein müsse, kann nach überwiegender Ansicht § 123 III VwGO i.V.m. § 945 Var. 2 ZPO wegen des Ausnahmecharakters der Vorschrift und mangels vergleichbarer Interessenlage nicht i.R.d. § 80 V VwGO angewendet werden.[284] 184 - 185

Allerdings kommen ggf. Folgenbeseitigungs- oder Amtshaftungsansprüche gem. § 839 BGB, Art. 34 GG gegen die Behörde in Betracht, wenn durch die rechtswidrige Anordnung des Sofortvollzugs und die nachfolgende Aussetzungsentscheidung ein Schaden entstanden ist.[285] 186

284 BVerwG, NVwZ 1991, 270 = **juris**byhemmer; weitere Nachweise auch bei Kopp/*Schenke*, § 80 VwGO, Rn. 208.

285 BVerwG, NVwZ 1991, 271 = **juris**byhemmer.

§ 6 VORLÄUFIGER RECHTSSCHUTZ NACH § 80a VWGO

A) Allgemeines

§ 80a VwGO für VAe mit Doppel- (= Dritt-) Wirkung

§ 80a VwGO ergänzt den Rechtsschutz nach § 80 VwGO und ist gegenüber dem Rechtsschutz nach § 123 I VwGO gem. § 123 V VwGO gleichermaßen vorrangig, wenn der Streitgegenstand ein Verwaltungsakt mit Doppelwirkung ist. 187

Nach der aus § 80a I, II VwGO zu entnehmenden Legaldefinintion ergibt sich, dass Verwaltungsakte mit Doppelwirkung (besser: Drittwirkung, vgl. oben Rn. 80) solche sind, die einen Betroffenen rechtlich begünstigen, zugleich damit aber einen anderen belasten, etwa eine Baugenehmigung, die den Bauherrn begünstigt und den Nachbarn, der den Bau nunmehr dulden muss, belastet. Die Belastung auf der einen Seite muss dabei unmittelbar der Begünstigung auf der anderen Seite entsprechen, d.h. nur mittelbare und faktische Belastungen genügen insofern nicht.[286]

§ 80a I VwGO für den Adressaten begünstigende, § 80a II VwGO für den Adressaten belastende VAe

§ 80a I Nr. 1 VwGO erfasst seinem Wortlaut nach unmittelbar nur Verwaltungsakte, die an den Begünstigten selbst gerichtet sind, bspw. eine (Bau-)Genehmigung. § 80a II VwGO trifft als Ergänzung eine entsprechende Regelung für Verwaltungsakte, die an sich an einen anderen gerichtet sind, aber zugleich den Dritten begünstigen, bspw. eine Baubeseitigungsanordnung. § 80a I und II VwGO unterscheiden sich also lediglich formal darin, dass in § 80a I VwGO der Adressat der Begünstigte ist, während in § 80a II VwGO der Adressat der Belastete ist. Die insoweit gesonderte Regelung hat, da nach § 80a I Nr. 1 und II VwGO die Rechtsschutzmöglichkeiten dieselben sind, allenfalls klarstellende Bedeutung.[287] 188

B) Überblick über die Systematik des § 80a VwGO

Überblick über die Systematik des § 80a VwGO: Möglichkeiten des Adressaten und des Dritten

Bevor anhand von Beispielen die auf den ersten Blick eher verwirrende Konstruktion des § 80a VwGO erläutert wird, sollte eine genaue Gesetzeslektüre erfolgen, um die Möglichkeiten des § 80a VwGO zuerst selbst herauszufinden und dann anhand des folgenden Überblicks nachzuvollziehen. 189

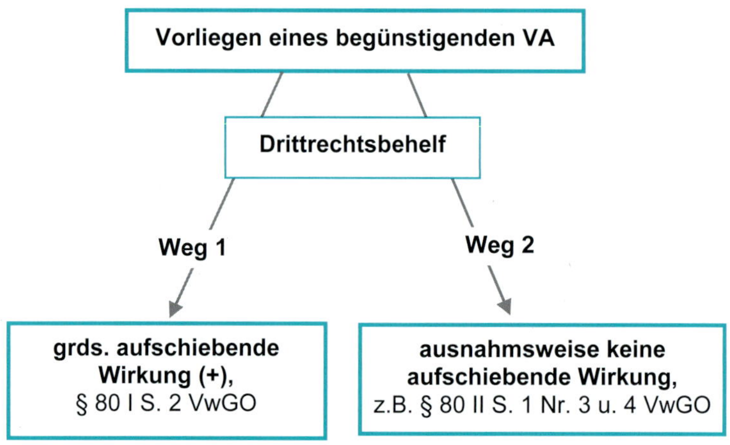

286 Kopp/*Schenke*, § 80a VwGO, Rn. 2.

287 Kopp/*Schenke*, § 80a VwGO, Rn. 6.

hemmer-Methode: Hat der Widerspruch des Dritten Suspensiveffekt, muss der Adressat reagieren und den Sofortvollzug beantragen, § 80a I Nr. 1 VwGO. Entfällt die aufschiebende Wirkung des Widerspruchs nach § 80 II S. 1 VwGO, ist der Dritte im Zugzwang und muss die Anordnung bzw. Wiederherstellung der aufschiebenden Wirkung begehren, § 80a I Nr. 2 VwGO.

C) Praktische Anwendung des § 80a VwGO

Praktische Beispiele

Die Rechtsschutzmöglichkeiten des § 80a VwGO sind die gleichen wie in § 80 VwGO, sodass das dazu Ausgeführte für den Drittrechtsbehelf nach § 80a VwGO entsprechend gilt. Die Abgrenzung zu § 123 I VwGO bestimmt sich über § 123 V VwGO ebenfalls danach, ob es dem Antragsteller um die Anordnung der aufschiebenden Wirkung bzw. deren Sicherung oder um die Anordnung des Sofortvollzuges geht. In diesen Fällen sind §§ 80, 80a VwGO einschlägig, in allen anderen § 123 VwGO. Als „Faustformel" kann auch hier wieder die statthafte Klageart in der Hauptsache dienen. 190

Anhand von Beispielsfällen soll die Systematik des § 80a VwGO erläutert werden.

I. Beispiel 1: 191

Bsp. 1: für Adressaten begünstigender VA, gegen den Widerspruch keine aufschiebende Wirkung hat

Bauherr B erhält eine Baugenehmigung zum Bau eines dreistöckigen Mehrfamilienhauses. Hiergegen legt Nachbar N, der um seine Gartensonne besorgt ist, Widerspruch ein. Welche Möglichkeiten hat N?

1. Zunächst ist festzustellen, dass der Widerspruch des N keine aufschiebende Wirkung hat: Gem. § 80 II S. 1 Nr. 3 VwGO i.V.m. § 212a I BauGB entfaltet der Drittrechtsbehelf keine aufschiebende Wirkung. B kann also zunächst mit dem Bau beginnen.

Möglichkeiten des Dritten

2. N hat nun zwei Möglichkeiten:

Aussetzungsantrag an Behörde nach §§ 80a I Nr. 2, 80 IV VwGO

a) Er kann gem. §§ 80a I Nr. 2, 80 IV S. 1 VwGO bei der Ausgangsbehörde oder der Widerspruchsbehörde die Aussetzung der Vollziehung beantragen. Ob die Aussetzung erfolgt, richtet sich nach der bereits dargestellten umfassenden Interessenabwägung, bei der insbesondere die Rechtmäßigkeit der Baugenehmigung eine Rolle spielt. Ist diese offensichtlich rechtmäßig, dann kann mangels eines überwiegenden Interesses des N die Aussetzung der Vollziehung nicht erfolgen, das grundrechtlich nach Art. 14 GG geschützte Interesse des Bauherrn überwiegt.

Ist die Erteilung hingegen offensichtlich rechtswidrig, so muss wegen der Besonderheit des Drittrechtsbehelfs nach der subjektiven Rechtsverletzung gefragt werden:

- ⇨ Verletzt die rechtswidrige Baugenehmigung N in subjektiven Rechten, dann überwiegt sein Aussetzungsinteresse. Die Behörde muss den Vollzug aussetzen.
- ⇨ Kann N keine drittschützende Norm für sich in Anspruch nehmen, die durch den rechtswidrigen Verwaltungsakt verletzt sein könnte, dann ist sein Aussetzungsinteresse nicht schutzwürdig.

oder Antrag bei Gericht, §§ 80a III, 80a V VwGO

b) Neben dem Aussetzungsantrag nach § 80a I Nr. 2, 80a IV S. 1 VwGO kann N aber auch gem. §§ 80a III S. 1 Var. 3 u. 2, 80 V S. 1 VwGO bei Gericht einen Antrag auf Anordnung der aufschiebenden Wirkung stellen. Der Erfolg dieses Antrags hängt davon ab, ob er zulässig und begründet ist.

Die Zulässigkeit ist genauso zu prüfen, wie in Rn. 128 ff. dargestellt. Auf zwei Besonderheiten ist bei der Zulässigkeit indes etwas näher einzugehen:

aa) Antragsbefugnis, § 42 II VwGO analog

Da es sich um einen Drittrechtsbehelf handelt, muss an dieser Stelle die Möglichkeit der Verletzung einer drittschützenden Norm geprüft werden.

bb) Rechtsschutzbedürfnis

dabei insbesondere sehr str., ob hier vorheriger Antrag nach §§ 80a I oder II, 80 IV VwGO an Behörde erforderlich ist

Bei dem Antrag nach §§ 80a III S. 1 u. 2, 80 V S. 1 VwGO stellt sich die Frage, ob die Zulässigkeit des Antrags zur Voraussetzung hat, dass der Antragsteller gem. § 80a I oder II VwGO sich vorher erfolglos an die Ausgangs- oder Widerspruchsbehörde gewandt hat. Gesetzlich vorgesehen ist dieser Vorrang gem. § 80a III S. 2 VwGO im Verweis auf § 80 VI VwGO jedenfalls für die Anforderung von öffentlichen Abgaben und Kosten i.S.d. § 80 II S. 1 Nr. 1 VwGO. Hier stellt sich die systematische Frage, ob § 80a III S. 2 VwGO einen Rechtsgrund- oder einen Rechtsfolgenverweis auf § 80 VI VwGO enthält. Handelt es sich nämlich um einen Rechtsfolgenverweis, so gilt der zeitliche Vorrang der behördlichen Entscheidung für alle Fälle des § 80a III VwGO.

⇨ Nach einer Ansicht handelt es sich um einen Rechtsfolgenverweis mit der Folge, dass das Rechtsschutzbedürfnis für einen Antrag nach §§ 80a III, 80 V VwGO entfällt, wenn nicht vorher erfolglos ein Antrag nach § 80 IV VwGO gestellt wurde.[288] Dies folge insbesondere daraus, dass § 80a III S. 2 VwGO nur die entsprechende Anwendung vorsehe, die als Rechtsgrundverweis keinen Sinn mache, da keine (zulässige) Drittanfechtung von Abgabenbescheiden denkbar sei.

⇨ Der BayVGH[289] vertritt zum Teil die Auffassung, dass die vorherige Antragstellung nicht als Zugangs-, sondern als nachholbare Sachentscheidungsvoraussetzung zu sehen ist. Ein Dritter habe kein Rechtsschutzbedürfnis dahingehend, dass ein Gericht an Stelle einer Behörde, die womöglich dazu bereit ist, unter Auferlegung der Kosten auf den Rechtsträger der Behörde Maßnahmen zur Sicherung seiner Rechte trifft. Daraus folgt nach dem BayVGH, dass der Dritte sein Begehren eigentlich zunächst an die Behörde herantragen muss. An die Befassung der Behörde werden jedoch nur geringe Anforderungen gestellt, sodass z.B. die rügelose Einlassung der Behörde im gerichtlichen Verfahren genügt.

⇨ Nach h.M. handelt es sich in Einklang mit der Entstehungsgeschichte[290] um einen Rechtsgrundverweis auf § 80 VI VwGO, da es sich um eine Ausnahmebestimmung handele, deren Zweck, aus fiskalischen Gründen die Effektivität des gerichtlichen Rechtsschutzes einzuschränken, nur für den Fall des § 80 II S. 1 Nr. 1 VwGO gelte.[291]

Für die Annahme einer Rechtsgrundverweisung sprechen weitere gewichtige Gründe:

Das gerichtliche Verfahren des § 80a III VwGO i.V.m. § 80 V VwGO ist kein Rechtsmittelverfahren gegenüber dem behördlichen Aussetzungsverfahren, sondern steht grundsätzlich in einem Alternativverhältnis zu diesem. Der Gesetzgeber hat einen Vorrang nur für den Fall des § 80 II S. 1 Nr. 1 VwGO in § 80 VI VwGO geregelt.

Einem Rechtsfolgenverweis steht in diesem Zusammenhang der Grundsatz der rechtsstaatlich gebotenen Rechtsmittelklarheit entgegen, der gebietet, dass der Gesetzgeber es klar und ausdrücklich anordnen muss, wenn ein gerichtlicher Rechtsbehelf von der vorherigen Durchführung eines Verwaltungsverfahrens abhängig sein soll.[292] Der Wortlaut des § 80a III S. 1 Var. 3 VwGO bestätigt diese Auslegung, da das Gericht danach die Maßnahmen nach § 80a I, II VwGO selbst anordnen kann.

288 Redeker/v.Oertzen, § 80a VwGO, Rn. 5 f.; Heberlein, BayVBl. 1993, 747 f.; Heydemann, NVwZ 1993, 419; OVG Schleswig, DVBl. 1993, 123.

289 BayVBl. 1993, 565.

290 BT-DRs. 11/7030 zu Nr.14, S. 25.

291 Schenke, § 25, Rn. 998.; Kopp/*Schenke*, § 80a VwGO, Rn. 21 m.w.N.

292 Kopp/*Schenke*, § 80a VwGO, Rn. 21; Schenke, § 25, Rn. 998.

Folglich entfällt das Rechtsschutzinteresse nicht für einen Antrag nach §§ 80a III, 80 V VwGO, wenn nicht vorher erfolglos ein Antrag nach §§ 80a I, 80 IV VwGO gestellt wurde. Einzige Ausnahme ist der Fall des § 80 VI VwGO i.V.m. § 80 II S. 1 Nr. 1 VwGO bei der Anforderung von öffentlichen Abgaben und Kosten.

hemmer-Methode: Letztlich ergibt sich das Problem hier auch daraus, dass der Verweis eine Konstellation erfasst, die sich praktisch kaum denken lässt, nämlich eine Anforderung öffentlicher Abgaben und Kosten mit Doppel- i.S.v. Drittwirkung. Indes lässt auch dieser Umstand eine ambivalente Argumentation zu: Entweder man stellt sich auf den Standpunkt, dass § 80 VI VwGO dann i.R.d. § 80a III VwGO in allen Fällen gelten müsse, um überhaupt Sinn zu ergeben, oder man versteht den Verweis als ein Redaktionsversehen ohne jede praktische Auswirkung.

I.R.d. Begründetheit hat die gleiche Interessenabwägung wie dargestellt (insbesondere Berücksichtigung der Erfolgsaussichten des Rechtsbehelfs) zu erfolgen mit der Besonderheit, dass noch die Verletzung einer drittschützenden Norm geprüft werden muss, wenn der Verwaltungsakt offensichtlich rechtswidrig ist.

II. Beispiel 2: 192

Möglichkeiten des Adressaten

Im Bsp. 1 entspricht die Baubehörde dem Antrag des N und ordnet die Aussetzung der sofortigen Vollziehung der Baugenehmigung an. Was kann B dagegen unternehmen?

Abwandlung: *Das VG entspricht dem Antrag des N. Was kann B hiergegen unternehmen?*

1. B kann einen Antrag beim LRA (Ausgangsbehörde) oder der Regierung (Widerspruchsbehörde) stellen, dass die sofortige Vollziehung der Baugenehmigung (wieder) angeordnet wird, § 80a I Nr. 1 VwGO i.V.m. § 80 II S. 1 Nr. 4 VwGO.

Behörde i.S.d. § 80a VwGO ist auch die Widerspruchsbehörde (vgl. § 80 II S. 1 Nr. 4 VwGO). Die Zuständigkeit der Ausgangsbehörde besteht bis zum Eintritt der Unanfechtbarkeit des zugrunde liegenden Verwaltungsaktes, diejenige der Widerspruchsbehörde bis zum Abschluss des Widerspruchsverfahrens (= Zustellung des Widerspruchsbescheides), da dann ihre Sachherrschaft endet.

gegen Behördenentscheidung Antrag an Gericht nach §§ 80a III S. 1, 80 V VwGO

2. B kann auch, um weiter bauen zu können, nach §§ 80a III S. 1 Var. 2, 80 V VwGO bei Gericht den Antrag stellen, die Aussetzung der Vollziehung durch die Behörde aufheben zu lassen bzw. nach § 80a I Nr. 1 VwGO einen Antrag auf Anordnung der Vollziehung der Baugenehmigung stellen.

Der Antrag ist begründet, wenn die sofortige Vollziehung der Baugenehmigung im überwiegenden Interesse eines Beteiligten oder im öffentlichen Interesse liegt. Bei der Interessenabwägung ist insbesondere dann, wenn sich nicht eindeutig feststellen lässt, ob die Hauptsacheklage begründet sein wird, die gesetzgeberische Entscheidung zu berücksichtigen, dass Widersprüche und Klagen gegen Baugenehmigungen keine aufschiebende Wirkung haben, somit ein erhebliches öffentliches Interesse an der Vollziehung der Verwaltungsakte besteht.

Abwandlung:

gegen Gerichtsbeschluss Änderungsantrag nach § 80 VII VwGO oder Beschwerde, §§ 146 ff. VwGO

Hat N mit seinem gerichtlichen Antrag nach §§ 80a III S. 1 Var. 3, 80 V VwGO Erfolg, dann bleibt B nur der Weg über den Änderungsantrag nach § 80 VII VwGO oder die Beschwerde nach §§ 146 ff. VwGO.

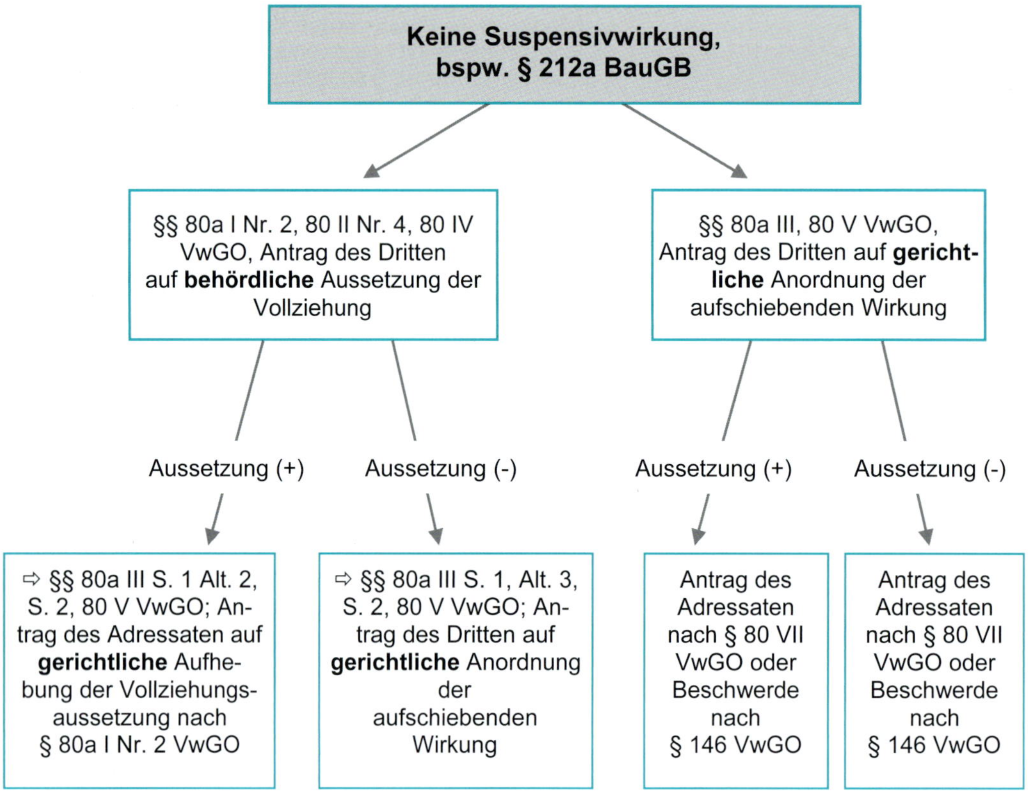

III. Beispiel 3: 193

B erhält eine immissionsschutzrechtliche Genehmigung. Nachdem sein Nachbar N Widerspruch eingelegt hat, ordnet das Verwaltungsgericht auf Antrag des B die sofortige Vollziehung der Genehmigung an. Was kann N nun dagegen tun?

Anregung an VG auf Änderung von Amts wegen

1. N könnte beim VG anregen, dass dieses seinen Beschluss von Amts wegen nach § 80 VII S. 1 VwGO ändert. Eine solche Änderung kann nur angeregt, nicht jedoch beantragt werden, d.h. ein Rechtsmittel ist nur gegen einen Änderungsbeschluss gegeben, nicht aber gegen die Ablehnung einer solchen Änderung.

Antrag auf Änderung des Beschlusses an VG bei Änderung der Umstände

2. N könnte beim VG auch die Änderung des Beschlusses, mit dem der Sofortvollzug angeordnet wurde, beantragen, wenn sich die Umstände verändert haben oder besondere Umstände im ursprünglichen Verfahren ohne Verschulden nicht geltend gemacht wurden (§ 80 VII S. 2 VwGO). Gegen die Ablehnung dieses Antrags besteht für N die Möglichkeit, Beschwerde nach § 146 I, IV VwGO einzureichen.

Beschwerde gegen Anordnung des Sofortvollzuges

3. Des Weiteren kann N gegen den Beschluss des VG, in dem der Sofortvollzug angeordnet wurde, eine Beschwerde einreichen, § 146 I, IV VwGO.

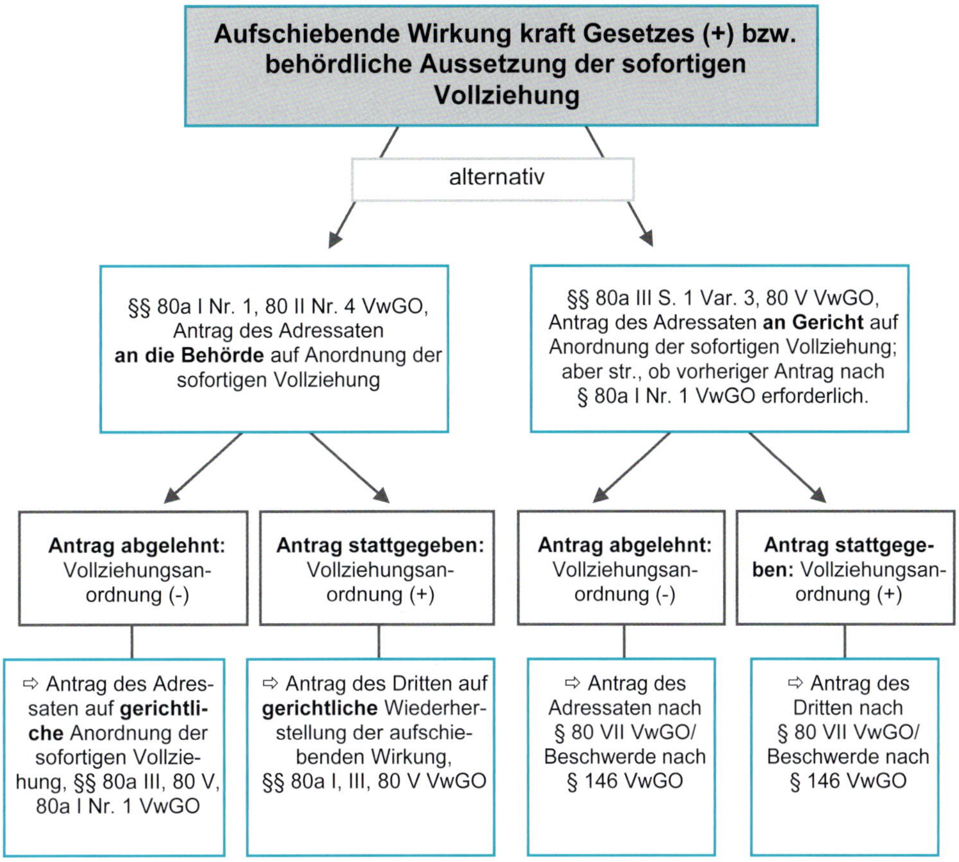

IV. Beispiel 4: 194

Bsp.: *B erhält eine Baugenehmigung. N stellt einen Antrag nach § 80a I Nr. 2, III, 80 V VwGO, dem das VG stattgibt und so die Vollziehung der Baugenehmigung aussetzt. B baut dennoch weiter. Das Landratsamt unternimmt nichts dagegen. Was kann N tun?*

Vollziehung durch den Bauherrn

Das Gebrauchmachen von der Genehmigung erfolgt in rechtswidriger Weise, denn die Aussetzung der Vollziehung verbietet B jeglichen Vollzug der Baugenehmigung. In den Fällen der sog. faktischen Vollziehung sah die früher h.M. folgende Rechtsschutzmöglichkeiten für N vor:

1. Antrag an die Baubehörde

Unstreitig kann N zunächst als verwaltungsbehördlichen Rechtsbehelf die Baubehörde ersuchen, gegen B mittels einer Baueinstellungsverfügung aufgrund Landesbauordnungsrechts vorzugehen, da hier eine dem Schwarzbau vergleichbare Lage vorliegt.

2. Rechtsschutzmöglichkeiten

str. v.a., ob gerichtlicher Rechtsschutz über § 123 VwGO oder über §§ 80, 80a VwGO

Reagiert die Baubehörde nicht oder nicht schnell genug, muss N um vorläufigen verwaltungsprozessualen Rechtsschutz ersuchen. Das Problem der Abgrenzung der Verfahren nach § 123 I VwGO und § 80a VwGO ist eine Frage der Statthaftigkeit.

e.A.: § 123 VwGO Antrag erforderlich

a) Nach einer Ansicht muss N in diesem Fall Rechtsschutz im Wege einer einstweiligen Anordnung nach § 123 I VwGO durchsetzen, mit dem Ziel, die Behörde zum Erlass einer Baueinstellungsverfügung zu verpflichten.[293] Insbesondere sollen danach durch das Gericht auch keine Anordnungen auf Rückgängigmachung der Vollzugsfolgen gegenüber dem privaten Dritten gem. § 80a III S. 2 VwGO i.V.m. § 80 V S. 3 VwGO getroffen werden, da es sich um rein verfahrensrechtliche Vorschriften handele, die eine für Eingriffe erforderliche Ermächtigungsgrundlage nicht ersetzen könnten.

293 VGH Mannheim, VwBl.BW 1991, 219 f.

Vielmehr könne das Gericht die Behörde nur i.R.d. § 123 I VwGO dazu verpflichten, gegen den Bauherrn aufgrund bauordnungsrechtlicher Vorschriften vorzugehen.

wohl h.M.: §§ 80, 80a VwGO sachnäher, ähnlich wie bei faktischer Vollziehung durch Behörde

b) Die Gegenauffassung stellt auf die Vergleichbarkeit mit der Konstellation der sog. faktischen Vollziehung ab und verweist den Bauherrn auf einen Antrag auf Erlass einstweiliger Maßnahmen zur Sicherung seiner Rechte § 80a III, I Nr. 2 VwGO i.V.m. § 80 V S. 3 VwGO.[294]

Dabei ist strittig, ob in § 80a III S. 1, I Nr. 2 VwGO eine eigenständige Ermächtigungsgrundlage zu erblicken[295] ist oder ob diese aus dem einschlägigen, materiellen Recht, hier dem Bauordnungsrecht, heranzuziehen ist.[296] In § 80a VwGO eine eigene Rechtsgrundlage zu erblicken stellt dabei keineswegs eine Systemwidrigkeit dar, da auch die aufschiebende Wirkung ohne Rücksicht auf materielles Recht eintritt.[297]

c) Für die letztgenannte Auffassung spricht insbesondere die gesetzgeberische Zielrichtung bei der Schaffung des § 80a VwGO. Der Gesetzgeber wollte den vorläufigen Rechtsschutz im Zusammenhang mit Verwaltungsakten mit Drittwirkung abschließend in §§ 80, 80a VwGO regeln, wobei die einstweilige Anordnung gem. § 123 V VwGO, der auch auf § 80a VwGO verweist, subsidiär ist.

Vollziehung durch Private gleichzustellen mit Vollziehung durch Behörde

Die Regelung in § 80a I, II VwGO belegt, dass auch das Gebrauchmachen Privater von einem Verwaltungsakt als Vollziehung i.S.d. § 80 I VwGO zu verstehen ist, sodass kein Grund ersichtlich ist, den Fall der faktischen Vollziehung durch Private von der durch die Behörde zu unterscheiden.[298] N muss einen Antrag gem. § 80a I Nr. 2, III S. 2 VwGO i.V.m. § 80 V S. 3 VwGO stellen.

Handlungsmöglichkeiten des VG

d) Umstritten ist indessen auch innerhalb der Auffassung, die den Rechtsschutz in diesem Fall über § 80a VwGO gewährt, ob das Verwaltungsgericht zur Sicherung der Rechte Dritter die Behörde nur zu einer entsprechenden Sicherungsmaßnahme verpflichten kann oder diese anstelle der Verwaltung sogar selbst vorzunehmen vermag.

Auferlegung der Sicherungsmaßnahmen an Dritten durch Gericht

aa) Teilweise wird vertreten, dass das Gericht den Dritten die Sicherungsmaßnahmen selbst auferlegen kann, da es gem. § 80a III S. 1 Var. 3 VwGO die in § 80a I Nr. 1, 2 VwGO vorgesehenen Maßnahmen selbst anordnen dürfe.[299] Diese Überlegung werde dadurch gerechtfertigt, dass etwa der Bauherr bei einem vom Nachbarn angestrengten vorläufigen Rechtsschutzverfahren analog § 65 II VwGO notwendig beizuladen sei und er daher auch unmittelbar verpflichtet werden könne.

h.M.: Behörde muss zur Vornahme entsprechender Maßnahmen verpflichtet werden

bb) Dagegen wird zu Recht eingewandt, dass sich der Folgenbeseitigungsanspruch, dessen vorläufiger Sicherung die §§ 80a III, I S. 1 Nr. 2 HS 2, 80 V S. 3 VwGO dienen, nur gegen einen Träger öffentlicher Gewalt richtet, nicht hingegen unmittelbar gegen einen privaten Dritten.[300] Dadurch, dass der Bauherr gem. § 65 II VwGO analog notwendig beizuladen ist, wird er nicht zum Antragsgegner und kann daher auch nicht unmittelbar durch das Gericht verpflichtet werden. Daher kann das Verwaltungsgericht dem Antrag nach §§ 80a III S. 2, 80 V S. 3 VwGO nur dadurch stattgeben, dass es die Behörde zur Vornahme entsprechender (Sicherungs-) Maßnahmen bzw. einen auf Rückgängigmachung der Vollziehung gerichteten Verwaltungsakt zu erlassen verpflichtet.[301]

hemmer-Methode: Versuchen Sie nicht, all diese Konstellationen auswendig zu lernen. Wenn Sie die grundsätzlichen Möglichkeiten verstanden und durchdacht, sowie am Schema in Rn. 189 noch einmal nachvollzogen haben, wird es Ihnen trotz des etwas verwirrend formulierten Wortlauts gelingen, sich in der Klausur mit Hilfe des Gesetzestexts zurechtzufinden!

294 OVG Koblenz, DVBl. 1994, 809 f. = **juris**byhemmer.; m.w.N.; Kopp/*Schenke*, § 80a VwGO, Rn. 17a.

295 Kopp/*Schenke*, § 80 VwGO, Rn. 44; BayVGH, BayVBl. 1993, 565 m.w.N.

296 M.w.N. Kopp, VwGO bis 10. Auflage, § 80 VwGO, Rn. 24.

297 Würtenberger, PdW, Fall 444 unter 2 m.w.N.

298 Schenke, § 25, Rn. 1015 f., m.w.N.

299 Schoch, NVwZ 1991, 1125; Stelkens, NVwZ 1991, 218.

300 Schenke, § 25, Rn. 1013.

301 Hörtnagl/Stratz, VBl.BW 1991, 326 (331); VGH Kassel NVwZ 1991, 592 (593) = **juris**byhemmer.

V. Beispiel 5:

Bsp. 5: § 80a II VwGO

Die Baubehörde ordnet den Abriss der Garage des B an, da sie gegen bauordnungsrechtliche Abstandsbestimmungen verstoße. Nachbar N, der wegen des möglichen Übergreifens bei Feuergefahr Angst hatte, aber auf Gott vertraute, freut sich über die Verfügung der Baubehörde zu Lasten des B. Was können B und N tun? 194a

B kann gegen den ihn belastenden, den N begünstigenden Verwaltungsakt Widerspruch einlegen, der gem. § 80 I S. 2 VwGO aufschiebende Wirkung hat. N kann daraufhin entweder gem. §§ 80a II, 80 II S. 1 Nr. 4 VwGO bei der Ausgangs- oder Widerspruchsbehörde die Anordnung der sofortigen Vollziehung oder dies gem. §§ 80a III S. 1, II, 80 V VwGO auch bei Gericht beantragen.

Wird der Antrag bei der Behörde abgelehnt, so kann N auch erst danach den Antrag bei Gericht auf Anordnung der sofortigen Vollziehung nach §§ 80a III S. 1, II, 80 II S. 1 Nr. 4, 80 V VwGO stellen.

Hat der Antrag bei der Behörde dagegen Erfolg, so kann B als Adressat nach § 80 V VwGO bei Gericht die Wiederherstellung der aufschiebenden Wirkung verlangen.

Gegen die Entscheidung des Gerichts nach §§ 80a III, 80 V VwGO ist nur ein Antrag nach §§ 80a III, 80 VII VwGO sowie die Beschwerde nach § 146 VwGO möglich.

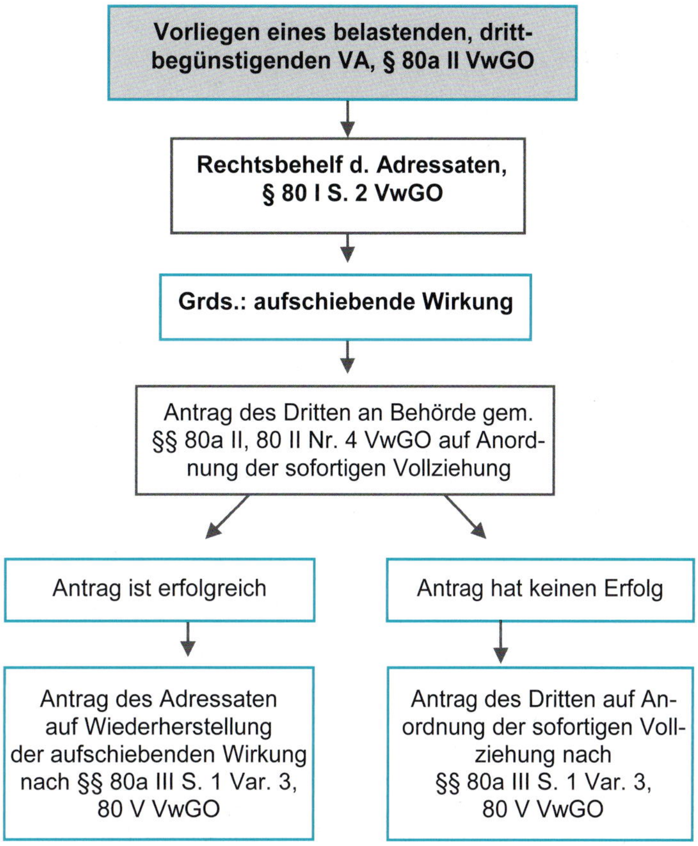

hemmer-Methode: Die vorstehende Übersicht ist nicht so zu verstehen, dass der Antrag an das Gericht erst nach einem Verfahren bei der Behörde gestellt werden kann. Die h.M. geht vielmehr davon aus, dass beide Verfahren nebeneinander stehen. Die Verweisung in § 80a III S. 2 VwGO auf § 80 VI VwGO ist nur eine Rechtsgrundverweisung.[302] Es ist deshalb möglich, sofort den Antrag an das Gericht zu stellen.

302 S. oben Rn. 191.

D) Zusammenfassung

Zusammenfassung: Antrag nach §§ 80a III, 80 V VwGO

Ein Antrag auf vorläufigen Rechtsschutz nach §§ 80a III, 80 V VwGO ist bezüglich der Zulässigkeit und Begründetheit genauso aufzubauen wie das Verfahren nach § 80 V VwGO bei Verwaltungsakten ohne unmittelbare Drittwirkung. Auf folgende Punkte sollte aber besonders Acht gegeben werden: 195

I. Zulässigkeit

1. Statthaftigkeit

Statthaftigkeit: Abgrenzung zu § 123 VwGO über § 123 V VwGO, problematisch v.a. bei „faktischem Vollzug“

Die Abgrenzung erfolgt nach § 123 V VwGO danach, ob ein Verwaltungsakt mit Drittwirkung vorliegt, der in der Hauptsache mit der Anfechtungsklage anzugreifen wäre. 196

Ein Statthaftigkeitsproblem stellt sich bei der Missachtung der aufschiebenden Wirkung des Rechtsbehelfs nach § 80 I S. 2 VwGO durch den begünstigten Adressaten. Nach richtiger Ansicht liegt ein Fall sog. faktischer Vollziehung vor, gegen die sich der Antragsteller nach §§ 80a III S. 2, 80 V S. 3 VwGO wehren kann (vgl. oben Rn. 193).

Geht die Behörde bei einem Verwaltungsakt mit Drittwirkung fälschlich davon aus, hier läge gem. § 80 I S. 2 VwGO eine aufschiebende Wirkung vor, etwa weil sie § 212a BauGB übersieht, kann das Gericht auf Antrag gem. § 80a III, I Nr. 1, II VwGO analog feststellen, dass die sofortige Vollziehbarkeit des Verwaltungsakts gegeben ist.[303]

2. Antragsbefugnis, § 42 II VwGO analog

Antragsbefugnis, § 42 II VwGO analog

Bei der Antragsbefugnis ist i.R.d. Verfahrens nach §§ 80a III, 80 V VwGO darauf zu achten, ob der Dritte sich möglicherweise auf die Verletzung einer drittschützenden Norm berufen kann. 197

3. Rechtsschutzinteresse

Rechtsschutzinteresse

Hier stellt sich insbesondere das Problem, ob § 80a III S. 2 VwGO eine Rechtsgrund- oder Rechtsfolgenverweisung auf § 80 VI VwGO darstellt. Nach richtiger Ansicht handelt es sich um eine Rechtsgrundverweisung, so dass das Rechtsschutzinteresse nicht deswegen entfällt, weil der Antragsteller keinen vorherigen Antrag nach § 80 IV S. 1 VwGO bei der Behörde gestellt hat (vgl. o. Rn. 191). 198

Weiter ist zu problematisieren, ob zumindest zeitgleich mit der Einreichung des Eilantrags der Hauptsacherechtsbehelf erhoben werden muss. Jedenfalls darf die Hauptsache nicht verfristet sein.

II. Begründetheit

Begründetheit: wieder umfassende Abwägung

Die i.R.d. Begründetheit vorzunehmende (summarische) Interessenabwägung folgt den gleichen Grundsätzen wie zu § 80 V VwGO dargestellt (vgl. oben Rn. 153 und 172 ff.). Allerdings fällt die Interessenabwägung nicht allein deshalb zugunsten des belasteten Betroffenen aus, weil der Verwaltungsakt offensichtlich rechtswidrig ist. 199

303 Schenke, § 25, Rn. 1015 f.

Es muss zudem die Verletzung eines subjektiven Rechts, d.h. einer drittschützenden Norm vorliegen, damit das Aussetzungsinteresse des Belasteten überwiegt. Wie dargestellt bedeutet „summarische Prüfung“ in der Klausur keineswegs eine Verminderung der Sorgfältigkeit in der Prüfung der Rechtslage.

wichtig: v.a. zwei private Interessen stehen sich gegenüber

200 Besonders zu beachten gilt es weiterhin, dass hier regelmäßig nicht das öffentliche Interesse am Sofortvollzug mit dem privaten Interesse an der aufschiebenden Wirkung, sondern zwei private Interessenspositionen aufeinandertreffen und miteinander abzuwägen sind.

> ***Bsp.:** Im Fall einer Baugenehmigung steht das private Interesse des Bauherrn an der Vollziehbarkeit dem ebenfalls privaten Interesse des Nachbarn an der aufschiebenden Wirkung gegenüber. Zumindest in „Patt-Situationen“ sind aber öffentliche Interessen, die durch z.B. § 212a BauGB auch geschützt werden, mit einzustellen.*[304]

III. Entscheidung

201 Auch hier gilt das zu § 80 V VwGO Ausgeführte. Die Entscheidung ergeht als Beschluss, der gem. § 101 III VwGO ohne mündliche Verhandlung ergehen kann. Statthaftes Rechtsmittel ist die Beschwerde zum OVG gem. §§ 146 ff. VwGO. Zudem besteht die Möglichkeit des Abänderungsverfahrens nach § 80 VII VwGO.

304 Sehr str., vgl. m.w.N. BayVGH, BayBl. 2003, 48.

§ 7 EINSTWEILIGE ANORDNUNG NACH § 123 VWGO

A) Einleitung

einstweilige Anordnung nach § 123 VwGO

Die einstweilige Anordnung nach § 123 I VwGO ist die Form des vorläufigen Rechtsschutzes in allen Fällen, die nicht unter §§ 80, 80a VwGO fallen, in denen es also nicht um einen belastenden Verwaltungsakt und eine Anfechtungsklage in der Hauptsache geht. 202

Das Verfahren der einstweiligen Anordnung nach § 123 I VwGO als summarisches Erkenntnisverfahren entspricht im Aufbau im Wesentlichen einer Klage in der Hauptsache, d.h. dass zwischen Zulässigkeit und Begründetheit des Antrags auf Erlass einer einstweiligen Anordnung zu unterscheiden ist.

B) Zulässigkeit des Antrags nach § 123 I VwGO

Zulässigkeitsschema zu § 123 I VwGO

Zulässigkeitsschema zur einstweiligen Anordnung nach § 123 I VwGO: 203

I. Eröffnung des Verwaltungsrechtswegs, § 40 I VwGO

II. Statthaftigkeit

1. § 123 V VwGO: Abgrenzung zu § 80 V VwGO
2. Abgrenzung Sicherungs-/Regelungsanordnung

III. Antragsbefugnis, § 42 II VwGO analog

Möglichkeit von Anordnungsgrund und -anspruch

IV. Allgemeines Rechtsschutzbedürfnis

z.B. vorheriger Antrag bei Behörde

V. Zuständigkeit des Gerichts

VI. Beteiligten- und Prozessfähigkeit, §§ 61, 62 VwGO

I. Eröffnung des Verwaltungsrechtswegs

Eröffnung des Verwaltungsrechtswegs

Wie sich aus § 123 II S. 1 VwGO unmittelbar ergibt, kann eine einstweilige Anordnung bei dem Gericht der Hauptsache nur erstritten werden, wenn für die Hauptsache der Verwaltungsrechtsweg gem. § 40 I VwGO eröffnet ist. Dessen Voraussetzungen sind daher zu prüfen. 204

II. Statthaftigkeit des Antrags nach § 123 I VwGO

1. Grundregel

Statthaftigkeit: Abgrenzung zu §§ 80, 80a über § 123 V VwGO (vgl. o.)

Der Antrag auf Erlass einer einstweiligen Anordnung nach § 123 I VwGO ist nach § 123 V VwGO in allen Fällen statthaft, in denen der vorläufige Rechtsschutz nicht nach §§ 80, 80a VwGO zu gewähren ist, also, wenn in der Hauptsache Rechtsschutz durch eine Feststellungs-, Verpflichtungs- oder allgemeine Leistungsklage zu ersuchen ist. Für das Normenkontrollverfahren nach § 47 VwGO gilt § 47 VI VwGO, der sich teils an § 32 BVerfGG, teils an § 123 VwGO orientiert (vgl. dazu unten Rn. 243 ff.). 205

Zu den Abgrenzungsproblemen zwischen § 123 VwGO und § 80 VwGO, insbesondere bei Leistungseinstellungsbescheiden, im Ausländerrecht und bei der sog. faktischen Vollziehung eines Verwaltungsakts siehe oben Rn. 132 ff. u. Rn. 193.[305]

2. Abgrenzung von Sicherungs- und Regelungsanordnung

unterscheide zwei Anordnungsformen:

Der Antrag auf Erlass einer einstweiligen Anordnung ist gem. § 123 I VwGO in zwei Formen statthaft:

Sicherungsanordnung, § 123 I S. 1 VwGO zur Sicherung des status quo

- **Sicherungsanordnung** nach § 123 I S. 1 VwGO, wonach das Gericht in Bezug auf den Streitgegenstand eine einstweilige Anordnung treffen kann, wenn die Gefahr besteht, dass durch die Veränderung des bestehenden Zustands die Verwirklichung eines Rechts des Antragstellers vereitelt oder wesentlich erschwert werden könnte. Die Sicherungsanordnung entspricht somit der einstweiligen Verfügung nach § 935 ZPO. 206

Regelungsanordnung, § 123 I S. 2 VwGO zur Regelung eines vorläufigen Zustands

- **Regelungsanordnung** nach § 123 I S. 2 VwGO, wonach eine einstweilige Anordnung auch zur Regelung eines vorläufigen Zustandes in Bezug auf ein streitiges Rechtsverhältnis zulässig ist, wenn diese Regelung, vor allem bei dauernden Rechtsverhältnissen, um wesentliche Nachteile abzuwenden oder drohende Gewalt zu verhindern oder aus anderen Gründen nötig erscheint. Die Regelungsanordnung gem. § 123 I S. 2 VwGO entspricht somit der einstweiligen Verfügung nach § 940 ZPO. 207

hemmer-Methode: Wenngleich in der Praxis wegen der Abgrenzungsschwierigkeiten oft der Antrag allgemein auf § 123 I VwGO gestützt wird, sollte trotzdem in der Examensarbeit wegen der gesetzlichen Unterscheidung eine Einordnung vorgenommen werden. Allerdings ist zu beachten, dass eine Sicherungsanordnung immer auch als Regelungsanordnung ergehen kann. Die konkrete Gefährdung der Rechtsverwirklichung i.S.d. § 123 I S. 1 VwGO begründet zugleich ein streitiges Rechtsverhältnis i.S.d. § 123 I S. 2 VwGO, eine nach S. 1 erforderliche Zustandssicherung rechtfertigt auch die Notwendigkeit einer Regelung nach S. 2.[306] Im Zweifel ist daher von dem allgemeineren Tatbestand der Regelungsanordnung auszugehen, jedoch sind die Voraussetzungen im Wesentlichen gleich, insbesondere dienen beide Arten nur zur Sicherung von Rechten, nicht zur Befriedigung, d.h. es soll nichts Endgültiges geschaffen und die Hauptsache nicht vorweggenommen werden, sodass die Abgrenzung nicht klausurentscheidend ist.
Auch hier ist wieder daran zu denken, dass das Gericht gem. § 88 VwGO nur an das Begehren, nicht aber an die Anträge gebunden ist. Ein Antrag muss daher die Antragsart nicht näher spezifizieren, vgl. oben Rn. 130.

Als Faustformel kann man sich merken, dass die Sicherungsanordnung statthaft ist, wenn es um die Erhaltung des status quo geht, also um die Sicherung eines bereits bestehenden Rechts, während die Regelungsanordnung einschlägig ist, wenn es dem Antragsteller um die vorläufige Begründung oder Erweiterung einer Rechtsposition geht.[307] Die Abgrenzung zwischen beiden Arten der einstweiligen Anordnung wird kaum einmal der Schwerpunkt einer Klausur sein. 208

305 Zum einstweiligen Rechtsschutz beim Fraktionsausschluss kommunaler Mandatsträger, der sich nach h.M. nach § 123 VwGO regelt, und dessen Problemen vgl. D. Lange, JuS 1994, 296 ff.

306 Huba, JuS 1990, 983 f. m.w.N.

307 Kopp/*Schenke*, § 123 VwGO, Rn. 7 f.; Schenke, § 25, Rn. 1025.

Leistungsanordnung: bei ausnahmsweiser Vorwegnahme der Hauptsache

Die dritte Form der Anordnung, die häufig genannt wird, die sog. Leistungsanordnung, ist weniger eine Frage der Anordnungstypen als vielmehr des möglichen Entscheidungsrahmens: in engen Grenzen wird hier nämlich eine Vorwegnahme der Hauptsache im einstweiligen Verfahren für zulässig gehalten, vgl. u. Rn. 227. 209

a) Sicherungsanordnung

Bsp. für die Sicherungsanordnung

Nach § 123 I S. 1 VwGO kann das Gericht nur bestandsschützende Maßnahmen treffen, geschützt werden subjektive öffentliche Rechte einschließlich von Leistungsansprüchen. Sicherungsanordnungen kommen etwa in Betracht 210

- ⇨ zur Sicherung der Rechte des Antragstellers auf Erlass eines Verwaltungsakts, durch die einstweilige Anordnung soll verhindert werden, dass vollendete Tatsachen geschaffen werden und der Verwaltungsakt damit überflüssig wird,
- ⇨ zur Sicherung von Unterlassungsansprüchen, wie die Unterlassung ehrverletzender Äußerungen,
- ⇨ zur Sicherung von Ansprüchen auf Herausgabe bestimmter Gegenstände.

b) Regelungsanordnung

Bsp. für die Regelungsanordnung

Der Begriff des Rechtsverhältnisses ist derselbe wie in § 43 VwGO, also rechtliche Beziehungen, die sich aus einem konkreten Sachverhalt aufgrund öffentlich-rechtlicher Normen zwischen den Verfahrensbeteiligten ergeben.[308] Eine Regelungsanordnung kommt etwa in Betracht 211

- ⇨ bei der Verpflichtung einer Behörde zum Einschreiten gegen ein genehmigungspflichtiges, aber ohne Baugenehmigung (sonst § 80a VwGO, vgl. o. Rn. 193) durchgeführtes Bauvorhaben auf Antrag des Nachbarn. Hier ist allerdings auch eine Sicherungsanordnung vertretbar, da durch eine vorläufige Baueinstellung nur der status quo erhalten werden soll,[309]
- ⇨ bei der Verpflichtung einer Behörde zum Einschreiten gegen ein genehmigungsfreies, aber materiell baurechtswidriges Vorhaben,[310]
- ⇨ bei dem Antrag auf vorläufige Zulassung zu einer Prüfung oder Versetzung in eine nächsthöhere Klasse, da es um die Erweiterung einer Rechtsposition geht,[311]
- ⇨ bei dem Antrag, Sozialleistungen wie BAföG vorläufig zu gewähren.

III. Antragsbefugnis, § 42 II VwGO analog

Auch der vorläufige Rechtsschutz eröffnet nicht die Möglichkeit einer Popularklage und geht nicht weiter als das Hauptsacheverfahren, sodass auch die Antragsbefugnis i.S.d. § 42 II VwGO vorliegen muss. 212

308 Kopp/*Schenke*, § 123 VwGO, Rn. 8; Huba, JuS 1990, 985 m.w.N.

309 VGH Mannheim, NVwZ-RR 1995, 490 = **juris**byhemmer; zur Gegenansicht vgl. Kopp/*Schenke*, § 123 VwGO, Rn. 6 a.E.

310 Vgl. Kopp/*Schenke*, § 123 VwGO, Rn. 12 a.E.

311 Weitere Beispiele bei Kopp/*Schenke*, § 123 VwGO, Rn. 8.

Antragsbefugnis, § 42 II VwGO analog: Möglichkeit von Anordnungsanspruch und -grund

Entsprechend der Terminologie der einstweiligen Verfügung i.S.d. §§ 935 ff. ZPO setzt die Begründetheit einer einstweiligen Anordnung nach § 123 I VwGO die Glaubhaftmachung eines Anordnungsanspruches (Anspruch bzw. streitiges Rechtsverhältnis der Hauptsache) und eines Anordnungsgrundes (Eilbedürtigkeit, Dringlichkeit) voraus.[312]

⇨ Folglich erstreckt sich auch die Antragsbefugnis analog § 42 II VwGO auf den Anordnungsanspruch und -grund.[313]

1. Möglichkeit des Anordnungsanspruches

Anordnungsanspruch: möglicher Anspruch in Hauptsache, diff. Sicherungs- und Regelungsanordnung

Der Anordnungsanspruch umfasst bei der Sicherungsanordnung das zu sichernde Recht, bei der Regelungsanordnung das zu regelnde Rechtsverhältnis. Die Antragsbefugnis ist gegeben, wenn der Antragsteller Tatsachen vorträgt, die das Bestehen eines ihm zustehenden Rechts oder die Veränderung eines bestehenden Zustandes möglich erscheinen lassen.[314] 213

2. Möglichkeit des Anordnungsgrundes

Anordnungsgrund: Gefährdung der Rechtsverwirklichung

Der Anordnungsgrund umfasst die Gefährdung einer Rechtsverwirklichung bei der Sicherungsanordnung oder die Notwendigkeit einer Regelung zur Abwendung wesentlicher Nachteile, zur Verhinderung drohender Gewalt oder aus anderen Gründen bei der Regelungsanordnung, kurz die Eilbedürftigkeit oder Dringlichkeit der einstweiligen Anordnung. I.R.d. Antragsbefugnis muss der Antragsteller diesbezüglich Tatsachen vortragen, aus denen sich die Gefährdung einer Rechtsverwirklichung oder der Eintritt wesentlicher Nachteile, drohender Gewalt oder anderer Gründe als möglich ergibt. Nach h.M. ist die Glaubhaftmachung des Anordnungsgrundes gem. § 123 III VwGO i.V.m. §§ 920 II, 294 I ZPO, also das Wahrscheinlichmachen, eine Frage der Begründetheit.[315] 214

IV. Allgemeines Rechtsschutzbedürfnis

allgemeines Rechtsschutzbedürfnis fehlt, wenn einfacherer oder schnellerer Weg möglich ist, z.B. wenn

Das allgemeine Rechtsschutzbedürfnis fehlt, wenn der Antragsteller sein Ziel mit der begehrten Entscheidung nicht oder auf eine andere, schnellere und effektivere Weise erreichen kann. So kann das Rechtsschutzbedürfnis für einen Antrag nach § 123 I VwGO etwa fehlen, 215

noch kein Antrag an Behörde gestellt wurde

⇨ wenn der Antragsteller die Behörde noch nicht mit der Angelegenheit befasst hat,[316]

⇨ wenn die Behörde als Antragsteller die angestrebte Regelung durch eine einseitig verbindliche Verfügung selbst herbeiführen kann,[317]

---

312 Vgl. nur Schenke, § 25, Rn. 1030; Huba, JuS 1990, 987.

313 Huba, JuS 1990, 985; Hufen, § 33 Rn. 9; nach Kopp/*Schenke*, § 123 VwGO, Rn. 20 ist der mögliche Anordnungsanspruch eine Frage der Statthaftigkeit.

314 Huba, JuS 1990, 985; Hufen, § 33 Rn. 8.

315 Kopp/*Schenke*, § 123 VwGO, Rn. 20; Huba, JuS 1990, 985 m.w.N.; a.A. Kopp, VwGO bis 10. Aufl., § 123 VwGO, Rn. 24 m.w.N., i.R.d. Antragsbefugnis ist bezüglich des Anordnungsgrundes Glaubhaftmachung zum Schutz des Antragstellers erforderlich, da anderenfalls die fehlende Glaubhaftmachung des Anordnungsgrundes von der Bindungswirkung der Entscheidung erfasst werde und der Antragsteller später nicht erneut denselben Anordnungsgrund durch weiteren Tatsachenvortrag im Verfahren nach § 123 I VwGO geltend machen könne.

316 Hufen, § 33 Rn. 10 m.w.N.

317 Schmitt-Glaeser, Rn. 319 m.w.N.

rechtskräftige Entscheidung in Hauptsache entgegensteht

⇨ wenn bereits eine in der Sache entgegenstehende rechtskräftige Entscheidung in der Hauptsache vorliegt oder wenn ein bestehender Zustand auch durch eine einstweilige Anordnung nicht mehr rückgängig gemacht werden kann,[318]

⇨ wenn sich die Hauptsache erledigt hat. Es besteht kein Rechtsschutzbedürfnis für einen Fortsetzungsfeststellungsantrag i.S.d. § 113 I S. 4 VwGO, da die einstweilige Anordnung nicht die materielle Rechtslage klarstellen soll, sondern nur der vorläufigen Sicherung oder Regelung dient.

Dagegen entfällt es nicht etwa deshalb, weil das Verfahren in der Hauptsache noch nicht anhängig ist, vgl. den Wortlaut des § 123 I VwGO „auch schon vor Klageerhebung".[319]

Vorwegnahme der Hauptsache → Frage der Begründetheit

Umstritten ist, ob das Verbot der Vorwegnahme der Hauptsache eine Frage der Zulässigkeit ist. Dieses Verbot ergibt sich grundsätzlich aus dem einstweiligen Charakter der Anordnung nach § 123 I VwGO. Allerdings muss es im Einzelfall schon wegen Art. 19 IV GG Ausnahmen geben, wenn der Rechtsschutz in der Hauptsache zu spät käme. Ob eine solche Ausnahme in Betracht kommt, hängt von der Schwere der drohenden Beeinträchtigung, deren Revisibilität und von den Erfolgsaussichten in der Hauptsache ab. Diese können aber erst im Rahmen der Begründetheit des Eilantrags bewertet werden, sodass auch die Frage der Vorwegnahme der Hauptsache eine Frage der Begründetheit ist.[320]

hemmer-Methode: Sie sollten die Problematik der Vorwegnahme der Hauptsache kurz im Rechtsschutzbedürfnis in der Zulässigkeit ansprechen, dann aber letztlich auf die Begründetheit „verweisen", da die Zulässigkeit einer solchen Vorwegnahme im Einzelfall gerade von den Erfolgsaussichten in der Hauptsache abhängt. Häufig wird der Antrag nach § 123 VwGO nicht nur auf vorläufigen, sondern zugleich auch auf vorbeugenden Rechtsschutz gerichtet sein. Dann ist ein besonderes Rechtsschutzbedürfnis erforderlich.[321]

V. Zuständigkeit des Gerichts gem. § 123 II VwGO

Zuständigkeit des Gerichts, § 123 II VwGO

Zuständig ist gem. § 123 II S. 1, 2 VwGO das Gericht der Hauptsache. Vor Klageerhebung ist dies das Gericht, bei dem nach den Vorschriften der §§ 45, 47, 48, 52 VwGO über die örtliche und sachliche Zuständigkeit die Hauptsache im ersten Rechtszug anhängig zu machen wäre. Nach Rechtshängigkeit ist es das Gericht des ersten Rechtszuges oder das Berufungsgericht. Im Gegensatz zu § 80 V VwGO bestimmt § 123 II VwGO, dass das BVerwG als Revisionsinstanz keine einstweilige Anordnung nach § 123 I VwGO treffen kann. Ist die Hauptsache in der Revisionsinstanz anhängig, ist nach h.M. wieder das Gericht des ersten Rechtszuges zuständig.[322] Ist das falsche Gericht angerufen worden, dann ist nach § 83 VwGO i.V.m. §§ 17a, b GVG von Amts wegen zu verweisen. 216

VI. Beteiligtenbezogene Voraussetzungen

Beteiligtenfähigkeit, §§ 61, 62 VwGO

Beteiligtenfähigkeit und Prozessfähigkeit richten sich nach §§ 61, 62 VwGO. Zudem richtet sich der richtige Antragsgegner entsprechend § 78 VwGO nach dem Rechtsträgerprinzip. 217

318 Kopp/*Schenke*, § 123 VwGO, Rn. 18 a.E. m.w.N.

319 Kopp/*Schenke*, § 123 VwGO, Rn. 18 a.E. m.w.N.

320 Kopp/*Schenke*, § 123 VwGO, Rn. 15 a.E. ff.; a.A. Huba, JuS 1990, 986. Wenn man das Problem in der Zulässigkeit verortet, dann erscheint auch eine Prüfung in der Statthaftigkeit vertretbar.

321 Vgl. unten Rn. 265 ff.

322 Huba, JuS 1990, 985 m.w.N.; a.A. das Berufungsgericht, Hufen, § 33 Rn. 4 m.w.N.

VII. Ordnungsgemäßer Antrag nach §§ 81, 82[323] VwGO

Antrag, §§ 81, 82 VwGO sowie § 123 III VwGO i.V.m. § 920 ZPO

218 Für die einstweilige Anordnung muss ein ordnungsgemäßer, d.h. nach § 81 VwGO schriftlicher Antrag vorliegen, aus dem sich ergibt, in Bezug auf welchen Sachverhalt der Antragsteller welche Maßnahmen des Gerichts erreichen will, vgl. § 82 VwGO. Zudem sind Antragsteller und Antragsgegner zu nennen.

Nach § 123 III VwGO i.V.m. § 920 ZPO muss der Antragsteller auch Anordnungsanspruch und Anordnungsgrund bezeichnen.

C) Begründetheit eines Antrages nach § 123 I VwGO

Begründetheit: Anordnungsanspruch und -grund glaubhaft gemacht (vgl. § 123 III VwGO i.V.m. §§ 920 II, 294 ZPO)

219 Der Antrag auf Erlass einer einstweiligen Anordnung ist begründet, soweit (je nach Bundesland: er gegen den richtigen Antragsgegner gerichtet ist) der Antragsteller gem. § 123 III VwGO i.V.m. §§ 920 II, 294 ZPO einen Anordnungsanspruch und einen Anordnungsgrund glaubhaft gemacht hat.[324]

Das ist dann der Fall, wenn eine summarische Prüfung ergibt, dass der vom Antragsteller behauptete Anordnungsanspruch und der Anordnungsgrund (Dringlichkeit) auf glaubhaft gemachter Tatsachenbasis tatsächlich vorliegen.[325]

Glaubhaftmachen bedeutet einen geringeren Erkenntnisgrad i.S.d. Wahrscheinlichmachens, wozu sich der Antragsteller gem. § 294 ZPO auch der eidesstattlichen Versicherung bedienen kann.

hemmer-Methode: In Fallbearbeitungen ist die Frage der Glaubhaftmachung bis zum ersten Examen regelmäßig ohne Bedeutung, da der Sachverhalt feststeht und stets eine gründliche Prüfung der Rechtslage erforderlich ist.
Denkbar wäre allenfalls eine Konstellation, in der der Sachverhalt im Wesentlichen vorgegeben und nur hinsichtlich einiger Punkte eine ergänzende eidesstattliche Versicherung erwähnt ist. Hier müsste bei einer gutachtlichen Vorbereitung der Gerichtsentscheidung gesehen werden, dass diese genügen kann, um den darin versicherten Sachverhalt der Entscheidung mit zugrunde zu legen.

zusätzlich Ermessen des Gerichts mit Interessenabwägung

220 Darüber hinaus fordert e.A. sowohl bei der Sicherungs- als auch bei der Regelungsanordnung zusätzlich eine Ermessensentscheidung des Gerichts.[326] Das Gericht muss dabei im Rahmen einer Interessenabwägung zu dem Ergebnis kommen, dass die für den Erlass der einstweiligen Anordnung sprechenden Gründe überwiegen.[327] Die mittlerweile h.M. nimmt hingegen eine Pflicht zum Erlass einer einstweiligen Anordnung an, wenn Anordnungsanspruch und -grund gegeben sind.[328] Für die Fallprüfung bedeutet dies im Einzelnen:

I. Begründetheit eines Antrages auf Erlass einer Sicherungsanordnung gem. § 123 I S. 1 VwGO

1. Anordnungsanspruch

bei Sicherungsanordnung: Anordnungsanspruch

221 Ein Anordnungsanspruch ist gegeben, wenn der Antrag die Sicherung eines eigenen Rechts des Antragstellers betrifft.

323 Dazu Erichsen, Jura 1984, 644 ff.; Hufen, § 33 Rn. 11.
324 Schenke, § 25, Rn. 1032 f.; Huba, JuS 1990, 987; Kopp/*Schenke*, § 123 VwGO, Rn. 23.
325 Huba, JuS 1990, 987.
326 S. unten Rn. 324.
327 Kopp, VwGO bis 10. Aufl., § 123 VwGO, Rn. 29; Schenke, § 25, Rn. 1033.
328 Schmitt-Glaeser, Rn. 322 f. m.w.N.; Kopp/*Schenke*, § 123 VwGO, Rn. 23 a.E.

Dieses Recht ist identisch mit dem im Hauptsacheverfahren geltend zu machenden materiellen Anspruch wie etwa ein Herausgabe- oder Unterlassungsanspruch.[329] Wie bei der Interessenabwägung i.R.d. § 80 V VwGO kommt es hierbei entscheidend auf die Erfolgsaussichten in der Hauptsache an.[330] Der Erlass einer Sicherungsanordnung ist regelmäßig abzulehnen, wenn das Gericht zu dem Ergebnis kommt, dass die Hauptsacheklage offensichtlich unzulässig oder unbegründet ist.

hemmer-Methode: Das heißt für Sie in der Klausur, dass Sie hier die gleiche Prüfung vorzunehmen haben, wie z.B. auch in der Begründetheit einer Verpflichtungs- oder allgemeinen Leistungsklage.

2. Anordnungsgrund

Anordnungsgrund

Ein Anordnungsgrund für eine Sicherungsanordnung ist gem. § 123 I S. 1 VwGO gegeben, wenn die Gefahr besteht, dass durch eine Veränderung des bestehenden Zustandes die Verwirklichung eines Rechts des Antragstellers vereitelt oder wesentlich erschwert werden könnte. Es muss also objektiv konkret zu besorgen sein, dass der Anordnungsanspruch im Hauptsacheverfahren überhaupt nicht mehr oder nur erheblich behindert durchgesetzt werden kann. 222

3. Glaubhafte Tatsachengrundlage

Glaubhaftmachung

Anordnungsanspruch und Anordnungsgrund müssen gem. § 123 III VwGO i.V.m. §§ 920 II, 294 ZPO glaubhaft, d.h. wahrscheinlich gemacht worden sein, z.B. durch eidesstattliche Versicherung oder parteibezogenen Zeugenbeweis. 223

4. Ermessensentscheidung

Interessenabwägung

Sind Anordnungsanspruch und Anordnungsgrund glaubhaft gemacht, dann hat das Gericht nach e.A. noch zusätzlich eine Ermessensentscheidung sowohl hinsichtlich des „Ob“ als auch hinsichtlich des „Wie“, d.h. des Inhalts der Entscheidung, zu treffen (§ 123 III VwGO, § 938 II ZPO), innerhalb derer das Gericht alle betroffenen öffentlichen und privaten Interessen des Antragstellers abzuwägen hat.[331] Maßgeblich sollen wiederum die Erfolgsaussichten in der Hauptsache sein. Diese wären demnach zweifach zu prüfen. Überzeugender ist es schon wegen Art. 19 IV GG das Ermessen auf das „Wie“ der Entscheidung zu begrenzen. Das Gericht hat bei Vorliegen von Anordnungsanspruch und -grund kein Entschließungsermessen, sondern nur ein Auswahlermessen.[332] Die Erfolgsaussichten in der Hauptsache sind demnach allein eine Frage des Anordnungsanspruchs. 224

5. Einschränkungen des Entscheidungsspielraums

a) Entscheidungsrahmen der Hauptsache

Entscheidungen nur i.R.d. Entscheidungsrahmens der Hauptsache

aa) Die einstweilige Anordnung soll den Rechtszustand bis zur Entscheidung in der Hauptsache nur sichern, sodass grundsätzlich durch die einstweilige Anordnung nicht mehr gewährt werden darf, als durch die Klage in der Hauptsache erreicht werden könnte.[333] 225

329 Kopp/*Schenke*, § 123 VwGO, Rn. 25; Schenke, § 25, Rn. 1032 f.; einen eigenständigen gesetzlichen Anordnungsanspruch gibt Art. 18a IX BayGO, vgl. Widtmann/Grasser/*Glaser*, BayGO, 29. EL Mai 2018, Art. 18a GO, Rn. 38.

330 Kopp/*Schenke*, § 123 VwGO, Rn. 30.

331 Kopp, VwGO bis 10. Aufl., § 123 VwGO, Rn. 30 m.w.N.

332 Schmitt-Glaeser, Rn. 322; Kopp/*Schenke*, § 123 VwGO, Rn. 23, 28.

333 Kopp/*Schenke*, § 123 VwGO, Rn. 11 m.w.N.; Schenke, § 25, Rn. 1038.

Problematisch wird dieser Grundsatz, wenn in der Hauptsache nur ein Bescheidungsurteil in Betracht kommt (§ 113 V S. 2 VwGO).

Teilweise wird der Erlass einer einstweiligen Anordnung[334] nur dann für zulässig gehalten, wenn eine Ermessensreduzierung auf Null gegeben ist.[335]

Die überwiegende Ansicht hingegen hält auch in diesem Fall eine einstweilige Anordnung auf Verpflichtung der Behörde zu einer bestimmten vorläufigen Regelung bzw. eine vorläufige Regelung durch das Gericht selbst für zulässig, wenn diese erforderlich ist, um den Zweck des vorläufigen Rechtsschutzes zu erreichen.[336] Eine reine Formalbescheidung würde dem Schutzgedanken des Art. 19 IV GG nicht genügen.

hemmer-Methode: Der h.M. ist hier beizupflichten. Anderenfalls entstünde eine Rechtsschutzlücke, die mit der durch Art. 19 IV GG garantierten Effektivität des Rechtsschutzes nicht zu vereinbaren ist. Zudem ist zu beachten, dass die Regelung nur vorläufig ist, sodass der Antragsteller nur zeitweise mehr erhält, für den Fall, dass er in der Hauptsache verliert. Vorläufige Maßnahmen, die später wieder rückgängig gemacht werden können, sind daher auch dann statthaft, da anderenfalls bei verwaltungsbehördlichen Entscheidungen, bei denen ein Ermessensspielraum besteht, ein vorläufiger Rechtsschutz im Widerspruch zu Art. 19 IV GG generell nicht gegeben wäre.

nicht genehmigungspflichtige Vorhaben

bb) Ein besonderes Problem tritt auf, wenn ein Nachbar einstweiligen Rechtsschutz gegen ein nicht genehmigungspflichtiges, aber materiell baurechtswidriges Vorhaben begehrt.[337] Ein Vorgehen über § 80a VwGO scheidet mangels Vorliegen einer Baugenehmigung (= Verwaltungsakt) aus, sodass ein Antrag nach § 123 VwGO gerichtet auf Baueinstellung bzw. -beseitigung statthaft ist, vgl. § 123 V VwGO.[338] Ein Anordnungsanspruch ist dabei glaubhaft gemacht, wenn die Behörde aufgrund materieller Baurechtswidrigkeit zum Einschreiten verpflichtet ist und diese Verpflichtung wegen Verletzung nachbarschützender Vorschriften gerade auch im Interesse des Antragstellers besteht. Die maßgeblichen Rechtsgrundlagen des Bauordnungsrechts sind allerdings in der Regel Ermessensvorschriften, sodass sich wiederum das obige Problem stellt. Hier lässt sich der Erlass einer einstweiligen Anordnung trotz Ermessens der Behörde mit einem weiteren Argument begründen. Durch die Genehmigungsfreistellung sollte allein das Verfahren beschleunigt werden, nicht jedoch der Nachbar in Rechten beschnitten werden. Wäre eine Genehmigung erforderlich, hätte der Nachbar mit seinem Antrag auf vorläufigen Rechtsschutz gem. § 80a VwGO bereits dann Erfolg, wenn bei summarischer Prüfung eine Klage in der Hauptsache Erfolgsaussichten aufweist. Ein Ermessen stünde dem Gericht bzw. der Behörde dann nicht mehr zu. Dieser Wertungsvergleich zum Verfahren nach § 80a VwGO erlaubt auch nach der Ansicht, die normalerweise bei Ermessen in der Hauptsache den Erlass einer einstweiligen Anordnung ablehnt, ausnahmsweise den Erlass einer einstweiligen Anordnung trotz eines solchen Ermessens der Behörde in der Hauptsache.[339] 225a

334 Dies ist v.a. ein Problem der Regelungsanordnung. Bei Sicherungsanordnungen wird i.d.R. nur der status quo ante und damit der Anspruch auf fehlerfreie Ermessensausübung erhalten, sodass auch die Gegenansicht den Erlass einstweiliger Anordnungen zulässt, vgl. Eyermann-*Happ*, § 123 VwGO, Rn. 66 m.w.N. Allerdings ist bei der einstweiligen Anordnung auf einen vorläufigen Baustopp gerade strittig, ob es sich um eine Sicherungs- oder Regelungsanordnung handelt, sodass die Problematik auch bei einer Sicherungsanordnung denkbar ist.

335 Erichsen, Jura 1984, 644 (653); Kopp/*Schenke*, § 123 VwGO, Rn. 12, 28 m.w.N., lässt zwar den Erlass einer einstweiligen Anordnung auch bei offenem Ermessen der Behörde zu, diese darf dann aber i.d.R. nicht zu einem bestimmten Verhalten gezwungen werden.

336 Huba, JuS 1990, 986; einschränkend Eyermann-*Happ*, § 123 VwGO, Rn. 66, wonach dies wegen § 114 S. 1 VwGO nur gelten soll, wenn die Hauptsache nicht vorweggenommen wird.

337 Vgl. z.B. Art. 55 II BayBO.

338 Zur Abgrenzung Sicherungs- und Regelungsanordnung in diesem Fall s. oben Rn. 211.

339 Vgl. m.w.N. Mampel, „Nachbarschutz im Freistellungsverfahren", BayVBl. 2001, 417 Martini, „Baurechtsvereinbarung und Nachbarschutz", DVBl. 2001, 1488; Kopp/*Schenke*, § 123 VwGO, Rn. 12 a.E., § 42 VwGO, Rn. 102 a.E.: Aufgrund dieses Wertungsvergleiches erscheint es logisch, ein Ermessen der Behörde auch in der Hauptsache zu verneinen, sodass sich dieses Problem hier eigentlich nicht stellt.

hemmer-Methode: Eine vergleichbare Problematik stellt sich, wenn nach dem jeweiligen Landesrecht der Prüfungsumfang für den Erlass der Baugenehmigung eingeschränkt ist, sog. vereinfachtes Genehmigungsverfahren.[340] Beruft sich der Nachbar auf die Verletzung drittschützender Vorschriften, die nach dem nur eingeschränkten Prüfungsmaßstab vor Erlass der Baugenehmigung nicht zu prüfen sind, macht eine Anfechtungsklage keinen Sinn: Was nicht zu prüfen ist, kann auch nicht verletzt sein. Der Nachbar ist auf eine Verpflichtungsklage auf baupolizeiliches Einschreiten verwiesen. Der einstweilige Rechtsschutz richtet sich nach § 123 VwGO.

b) Verbot der Vorwegnahme der Hauptsache

aa) Grundsatz

außerdem grds. keine Vorwegnahme der Hauptsache zulässig

Dem Wesen und dem Zweck der einstweiligen Anordnung als vorläufiges Sicherungsverfahren entsprechend kann das Gericht grundsätzlich nur vorläufige Regelungen treffen und dem Antragsteller nicht schon in vollem Umfang Befriedigung gewähren, d.h. das, was er nur in dem Hauptsacheprozess erreichen könnte.[341] 226

> ***Bsp.:** Daher scheidet etwa eine einstweilige Anordnung auf Erlass einer Baugenehmigung aus, da dann die Verpflichtungsklage gegenstandslos werden würde.*[342]

hemmer-Methode: Eine verfassungsrechtlich problematische Vorwegnahme der Hauptsache liegt nur dann vor, wenn die Entscheidung im Eilrechtsschutz faktisch eine endgültige Entscheidung ist.[343] Schon das obige Beispiel zeigt, dass sich das Problem der Vorwegnahme der Hauptsache in diesem Sinne vor allem bei Regelungsanordnungen stellt. Vor allem hier wird die Streitigkeit durch eine einstweilige Anordnung endgültig und nicht nur vorübergehend bis zur Entscheidung in der Hauptsache geregelt. Allerdings kann im Einzelfall auch eine Sicherungsanordnung die Hauptsache vorwegnehmen, bspw. wenn eine Unterlassung eines bestimmten Handelns nur für ein bestimmtes Datum gefordert wird. Nach diesem Tag macht eine Hauptsacheentscheidung keinen Sinn mehr, die einstweilige Anordnung ist die einzige Entscheidung die hier ergehen wird und nimmt damit die Hauptsache vorweg.

bb) Ausnahme

Ausnahmen nur sub specie Art. 19 IV GG, wenn sonst kein effektiver Rechtsschutz möglich ist (dann sog. Leistungsanordnung)

Im Hinblick auf Art. 19 IV GG gilt das grundsätzliche Verbot der Vorwegnahme der Hauptsache indessen dann nicht, wenn eine bestimmte Regelung zur Gewährung eines effektiven Rechtsschutzes schlechterdings notwendig ist, d.h., wenn die sonst zu erwartenden Nachteile für den Antragsteller unzumutbar wären und ein hoher Grad an Wahrscheinlichkeit für einen Erfolg auch in der Hauptsache spricht.[344] In diesem Rahmen kann daher wegen der existentiellen Bedeutung eine Gestattung der Teilnahme am Unterricht der nächsthöheren Klasse oder die Zahlung von Sozialhilfe in Betracht kommen.[345] 227

---

340 Vgl. bspw. Art. 59 BayBO.

341 Schenke, § 25, Rn. 1034 f.; Hufen, § 33 Rn. 17; Kopp/*Schenke*, § 123 VwGO, Rn. 13 f. m.w.N.

342 Weitere Beispiele bei Hufen, § 33 Rn. 17.

343 BverfG, NVwZ 2003, 1112 = **juris**byhemmer.

344 BVerwG, NJW 2000, 160 = **juris**byhemmer, Kopp/*Schenke*, § 123 VwGO, Rn. 13 m.w.N.; kritisch zum Verbot der Vorwegnahme der Hauptsache Huba, JuS 1990, 986 m.w.N., da dieses Gebot wegen der Vorläufigkeit der Regelungen überflüssig sei und allein maßgeblich sei, dass es nicht zu einer irreparablen Befriedigung komme.

345 Beispiele bei Kopp/*Schenke*, § 123 VwGO, Rn. 14; Würtenberger, PdW, 3. Aufl., Fall 464.

Hier liegt eine Parallele zu der in der ZPO nicht geregelten, aber anerkannten Leistungsverfügung bei existentiell wichtigen Ansprüchen wie Unterhalt vor.[346] Daher spricht man hier überwiegend von einer Leistungsanordnung, die in erster Linie im Schul-, Hochschul- und Sozialhilferecht Bedeutung erlangt.[347]

Geht es um Entscheidungen, die ihrem Wesen nach nur endgültig erlassen werden können, wie z.B. die Einbürgerung, dann dürfte eine einstweilige Anordnung praktisch stets ausgeschlossen sein.[348]

227a

c) Einstweilige Anordnung bei mitgliedstaatlichem Vollzug von Europarecht[349]

Besondere Probleme treten – wie schon beim Verfahren nach § 80 VwGO – dann auf, wenn es um Eilrechtsschutz im Zusammenhang mit dem mitgliedstaatlichen Vollzug von Europarecht (i.d.R. Verordnungen nach Art. 288 II AEUV) geht.

Bei diesem mittelbaren mitgliedsstaatlichen Vollzug sind die nationalen Stellen im Interesse des Effektivitätsgebotes nach Art. 4 III EUV und der Einheitlichkeit der Rechtsordnung an die Vorgaben des Unionsrechts und die Konkretisierungen durch den EuGH gebunden. Einstweiliger Rechtsschutz muss die Ausnahme bleiben, vgl. Art. 278 f. AEUV. Er kommt nur in Betracht, wenn das Gericht[350]

⇨ erhebliche Zweifel an der Gültigkeit der UnionsVO hat und die Frage der Gültigkeit dem EuGH vorlegt, sofern dieser noch nicht damit befasst ist,[351]

⇨ wenn die Entscheidung dringlich ist und dem Antragsteller ein schwerer und irreparabler Schaden droht

⇨ **und** wenn die Unionsinteressen ausreichend berücksichtigt werden.[352]

Eine einstweilige Anordnung nach § 123 VwGO ist aber jedenfalls dann ausgeschlossen, wenn dem Bürger die Möglichkeit offensteht, von einem Organ der Union eine bestimmte Handlung zu verlangen. Gegen die Ablehnung dieser Handlung steht ihm die Nichtigkeitsklage nach Art. 263 II AEUV offen, dabei kann das Gericht nach Art. 279 AEUV auch Eilrechtsschutz gewähren. Für die Anrufung nationaler Gerichte besteht also kein Bedürfnis.[353]

II. Begründetheit des Antrags auf Erlass einer Regelungsanordnung gem. § 123 I S. 2 VwGO

hemmer-Methode: Eine unterschiedliche Prüfung der Begründetheit von Sicherungs- und Regelungsanordnung ist nicht zwingend erforderlich. Da es aber gerade i.R.d. Anordnungsgrundes zu Unterschieden kommt, insbesondere weil die Regelungsanordnung häufig zu einer Vorwegnahme der Hauptsache führt, wird hier in der Darstellung differenziert.

346 Thomas/Putzo-*Seiler* ZPO, 39. Aufl. 2018, § 940 ZPO, Rn. 6 ff. m.w.N.

347 Huba, JuS 1990, 986.

348 Schmitt-Glaeser, Rn. 318.

349 Vgl. auch **Hemmer/Wüst, Europarecht, Rn. 375**.

350 Kopp/*Schenke*, § 123 VwGO, Rn. 16.

351 Hat der EuGH bereits entschieden, ist das nationale Gericht grundsätzlich an dessen Auffassung gebunden.

352 Kopp/*Schenke*, § 80 VwGO, Rn. 154.

353 EuGH, NJW 1997, 1225 (T.Port) = **juris**byhemmer, vgl. auch Kopp/*Schenke*, § 123 VwGO, Rn. 16 a.E.

bei Regelungsanordnung

Die Begründetheit der Regelungsanordnung unterliegt grundsätzlich den gleichen Voraussetzungen wie die der Sicherungsanordnung.

1. Anordnungsanspruch

Anordnungsanspruch

Der Anordnungsanspruch setzt ein streitiges Rechtsverhältnis i.S.d. § 43 VwGO voraus, aus dem der Antragsteller eigene Rechte ableitet.[354] Darüber hinaus fordert die mittlerweile wohl h.M. auch ein Vorliegen eines Rechts, also eines Anspruchs aus diesem Rechtsverhältnis, was wie bei der Sicherungsanordnung nach den Erfolgsaussichten in der Hauptsache zu beurteilen ist.[355] 228

2. Anordnungsgrund

Anordnungsgrund (abhängig nicht zuletzt von Erfolgsaussichten in Hauptsache)

Ein Anordnungsgrund liegt gem. § 123 I S. 2 VwGO vor, wenn eine vorläufige Regelung zur Abwendung wesentlicher Nachteile oder zur Verhinderung drohender Gewalt oder aus anderen Gründen nötig erscheint. 229

Nach überwiegender Auffassung richtet sich diese Notwendigkeit nach den Erfolgsaussichten in der Hauptsache:[356] 230

⇨ Ist die Klage in der Hauptsache offensichtlich unzulässig oder unbegründet, so ist regelmäßig der Antrag nach § 123 I S. 2 VwGO abzulehnen.

⇨ Ist die Klage hingegen offensichtlich begründet, dann ist in der Regel eine Regelungsanordnung zu erlassen.

⇨ Im Fall des „non liquet", d.h., wenn weder Erfolg noch Misserfolg offensichtlich sind, sind die unmittelbar betroffenen öffentlichen und privaten Interessen (Schwere, Revidierbarkeit der Regelung etc.) gegeneinander abzuwägen, insbesondere die Nachteile, die entstünden, wenn die einstweilige Anordnung nicht erginge, die Hauptsacheklage indes Erfolg hätte, mit den Folgen zu vergleichen, die entstünden, wenn die begehrte einstweilige Anordnung erlassen würde, die Hauptsacheklage aber erfolglos bliebe[357] (vgl. auch oben Rn. 175).

hemmer-Methode: Mittlerweile haben Sie zwei grundlegende Prüfungsstrukturen als Element der Begründetheitsprüfung beim einstweiligen Rechtsschutz kennengelernt: die Abwägung mit der sog. Doppelhypothese (vgl. oben Rn. 175) und die Prüfung der Erfolgsaussichten der Hauptsache (vgl. oben Rn. 173 f.), die zumindest maßgeblich in die Abwägung mit hineinspielt.
Für die Praxis sind diese Erfolgsaussichten – wie oben schon dargestellt – insbesondere deswegen so wichtig, weil vorläufiger Rechtsschutz v.a. vor rechtsverletzenden irreparablen Zuständen schützen soll.
Für die Klausur bietet sich der vorläufige Rechtsschutz deshalb ebenfalls besonders an, weil einerseits Ihr Verständnis für dieses praktisch wichtige Gebiet und seine Abweichungen vom „normalen" Schema, andererseits aber in wesentlichen Punkten die Erfolgsaussichten des Rechtsbehelfs und damit das „Standard-Pflichtwissen" geprüft werden können.

354 Kopp/*Schenke*, § 123 VwGO, Rn. 25.

355 Kopp/*Schenke*, § 123 VwGO, Rn. 23; Huba, JuS 1990, 989; nach anderer Ansicht sind die Erfolgsaussichten allein eine Frage des Regelungsgrundes, Schmitt-Glaeser, Rn. 321; Erichsen, Jura 1984, 644, 651.

356 Dies führt zu einer gleichsam doppelten Prüfung der Erfolgsaussichten in der Hauptsache. Die Ursache hier ist darin zu sehen, dass Regelungsgrund und Regelungsanspruch nicht scharf voneinander zu trennen sind, sondern miteinander verzahnt sind, vgl. Kopp/*Schenke*, § 123 VwGO, Rn. 26. Dies gilt insbesondere dann, wenn die einstweilige Anordnung zu einer Vorwegnahme der Hauptsache führen würde.

357 Kopp/*Schenke*, § 123 VwGO, Rn. 31.

3. Glaubhafte Tatsachengrundlage

Glaubhaftmachung

Anordnungsanspruch und Anordnungsgrund sind gem. § 123 III VwGO i.V.m. §§ 920 II, 294 ZPO glaubhaft zu machen. 231

4. Ermessensentscheidung – Interessenabwägung

Interessenabwägung

Zusätzlich zu der Berücksichtigung der Erfolgsaussichten des Hauptsacheverfahrens i.R.d. Anordnungsgrundes muss nach e.A. eine Interessenabwägung i.R.d. vom Gericht zu treffenden Ermessensentscheidung erfolgen, innerhalb derer zu prüfen ist, ob dem Antragsteller zugemutet werden kann, das Obsiegen in der Hauptsache abzuwarten.[358] Nach anderer Ansicht hat das Gericht nur noch ein Auswahlermessen.[359] 232

5. Beschränkung des Entscheidungsspielraums

Einschränkungen des Entscheidungsspielraums wie oben

Auch i.R.d. Regelungsanordnung gelten die dargestellten Einschränkungen, d.h., dass das Gericht grundsätzlich nicht über den Entscheidungsrahmen der Hauptsache hinausgehen und die Hauptsache nicht vorwegnehmen darf.[360] 233

D) Entscheidung

Entscheidung als begründungspflichtiger Beschluss (vgl. § 122 II VwGO)

Die Entscheidung über die einstweilige Anordnung ergeht nach § 123 IV VwGO als Beschluss, der gem. § 122 II S. 2 VwGO stets zu begründen ist.[361] Das Gericht hat nach § 123 III VwGO i.V.m. § 938 I ZPO einen großen Spielraum zur Regelung und zur Berücksichtigung der Interessen der Beteiligten. Eine unmittelbare gerichtliche Verpflichtung anderer Personen als der des Antragsgegners ist ausgeschlossen. 234

Da das Verfahren nach § 123 I VwGO ein gegenüber dem Hauptsacheverfahren selbstständiges Verfahren ist, hat das Gericht eine eigene Kostenentscheidung i.S.d. §§ 154 ff. VwGO zu treffen.

vollstreckbar nach § 168 I Nr. 2 VwGO

Einstweilige Anordnungen sind gem. § 168 I Nr. 2 VwGO vollstreckbar.

E) Änderungsverfahren

kein Änderungsverfahren vorgesehen, aber wohl analog § 80 VII VwGO, § 927 ZPO möglich

Ob das Gericht, das die einstweilige Anordnung nach § 123 I VwGO erlassen hat, bei einer Änderung der Sach- und Rechtslage seine Entscheidung auf Antrag oder von Amts wegen jederzeit ändern oder aufheben kann, ist mangels ausdrücklicher gesetzlicher Regelung umstritten,[362] aber wohl analog § 927 I ZPO bzw. § 80 VII VwGO zu bejahen. 235

358 Kopp, VwGO bis 10. Aufl., § 123 VwGO, Rn. 30 m.w.N.

359 M.w.N. Kopp/*Schenke*, § 123 VwGO, Rn. 23; Erichsen, Jura 1984, 652; Huba, JuS 1990, 989.

360 S.o. Rn. 225 ff.

361 Schenke, § 25, Rn. 1040.

362 Vgl. zum Streit Kopp/*Schenke*, § 123 VwGO, Rn. 35 m.w.N.

F) Rechtsbehelfe i.w.S.

I. Beschwerde nach §§ 146 ff. VwGO[363]

Rechtsbehelfe: Beschwerde, §§ 146 ff. VwGO

Statthaftes Rechtsmittel gegen den Beschluss nach § 123 I VwGO ist die Beschwerde gem. §§ 146 ff. VwGO zum OVG/VGH, § 146 IV VwGO. 236

Für die Entscheidung des Beschwerdegerichts gelten dieselben Bestimmungen und Grundsätze wie für die Entscheidung erster Instanz.[364]

II. Verfassungsbeschwerde

Verfassungsbeschwerde, aber wieder Subsidiarität zu beachten

Ob gegen letztinstanzliche einstweilige Anordnungen die Verfassungsbeschwerde gem. Art. 93 I Nr. 4a GG zulässig ist, ist eine Frage der Subsidiarität der Verfassungsbeschwerde, vgl. o. Rn. 182. 237

G) Schadensersatzansprüche bei ungerechtfertigtem Erlass einstweiliger Anordnungen

I. Voraussetzungen

nach § 123 III VwGO i.V.m. § 945 ZPO Schadensersatz möglich

Gem. § 123 III VwGO i.V.m. § 945 Var. 2 ZPO ist derjenige, der eine einstweilige Anordnung erwirkt hat, verpflichtet, dem Antragsgegner den durch die Vollziehung der Anordnung entstandenen Schaden unabhängig vom Verschulden in zwei Fällen zu ersetzen. Zum einen, wenn sich die einstweilige Anordnung als von Anfang an ungerechtfertigt erwiesen hat. Dies ist der Fall, wenn im Zeitpunkt des Erlasses kein Anordnungsanspruch gegeben war bzw. die Anordnung unbegründet war[365] oder aber die Rechtsgrundlage des Anordnungsanspruches für nichtig erklärt wurde.[366] 238

Zum anderen ist der Schadensersatzanspruch gegeben, wenn die Anordnung unabhängig von der materiellen Rechtslage aufgehoben wird, weil der Antragsteller eine nicht fristgemäße Hauptsacheklage erhoben hat, §§ 945 Var. 2, 926 II ZPO. Hierin liegt ein deutliches Risiko bei der Inanspruchnahme vorläufigen Rechtsschutzes nach § 123 I VwGO, das nach der hier vertretenen Auffassung bei § 80 V VwGO nicht besteht (vgl. oben Rn. 185). 239

Diese Zweispurigkeit rechtfertigt sich aus der Überlegung, dass es bei § 123 VwGO der Antragsteller selbst in der Hand hat, eine vorläufige Regelung zu erstreben, während sich der Antragsteller nach § 80 V VwGO gegen einen Eingriff wehrt, um den bestehenden Zustand zu erhalten. Aus der Sicht des Rechts ist Erhaltung regelmäßig unproblematischer, weil sie überschaubarer ist als Veränderung.[367] Allerdings wird diese Begründung durch die Sicherungsanordnung, die wie § 80 V VwGO den status quo erhalten will, fragwürdig, sodass der Gesetzgeber eine Vereinheitlichung herbeiführen sollte.

Art und Umfang des Schadensersatzes richten sich nach §§ 249 ff. BGB.[368]

363 Zur Beschwerde allgemein vgl. u. Rn. 345 ff.

364 Kopp/*Schenke*, § 123 VwGO, Rn. 36.

365 Huba, JuS 1990, 990.

366 Kopp/*Schenke*, § 123 VwGO, Rn. 43.

367 Huba, JuS 1990, 990.

368 Thomas/Putzo-*Seiler*, § 945 ZPO, Rn. 15.

II. Anspruchsberechtigter

Anspruchsberechtiger für Schadensersatz kann nach vorzugswürdiger Ansicht auch Dritter sein

Anspruchsberechtigt ist nach § 945 ZPO der „Gegner“. Umstritten ist, ob dies nur der formale Antragsgegner sein kann, oder auch der Dritte, gegen den die Behörde wegen der gerichtlichen Anordnung vorgeht. 240

Bsp.: Nachbar N erwirkt eine von Anfang an ungerechtfertigte einstweilige Anordnung, durch die der Behörde vorläufig untersagt wird, dem Bauherrn B eine Baugenehmigung für einen Waschsalon zu erteilen (Wenn B bereits eine Baugenehmigung hätte, richtet sich der vorläufige Rechtsschutz nach § 80a VwGO). N unterliegt im Hauptsacheverfahren. Dadurch, dass sich der Baubeginn mangels Baugenehmigung verzögert hat, erleidet B wegen erheblich gestiegener Baupreise einen Schaden in Höhe von 50.000.- €. Kann B von N den Schaden gem. § 123 III VwGO i.V.m. § 945 ZPO ersetzt verlangen?

Grundsätzlich bezieht sich der Anspruch auf den formalen Antragsgegner, hier also den Rechtsträger der Baubehörde. Diesem ist indessen kein Schaden entstanden.

Nach einer Ansicht ergibt sich aus dem Wortlaut des § 945 ZPO, dass Schadensersatzansprüche nur im Verhältnis von Antragsgegner und Antragsteller entstehen könnten.[369] Anderenfalls ergebe sich ein Wertungswiderspruch zu § 80 V VwGO: Wenn N den Erlass der Baugenehmigung abgewartet hätte und gegen die Baugenehmigung über § 80 I, V VwGO vorgegangen wäre, entstünden ihm de lege lata keine Schadensersatzpflichten. Dann sei es systemwidrig, dem B Ersatzansprüche einzuräumen, wenn N vor Erlass der Baugenehmigung nach § 123 I VwGO vorginge.

Nach anderer Ansicht hat außer dem Antragsgegner auch der von der einstweiligen Anordnung betroffene Dritte einen Anspruch aus § 945 ZPO, wenn die Voraussetzungen der notwendigen Beiladung i.S.d. § 65 II VwGO bei ihm vorgelegen haben.[370] Da seine Bauabsichten durch den Antragsteller unterbunden würden, sei er materiell Gegner im Verfahren.

Für die Anwendung des § 123 III VwGO i.V.m. § 945 ZPO auch in diesem Fall sprechen weiterhin folgende Gründe:

Aus der Sicht des Antragstellers besteht kein Grund, zwischen materiellem und formalem Verfahrensgegner zu differenzieren. Beantragt er eine einstweilige Anordnung, muss er mit der Schadensersatzpflicht grundsätzlich rechnen, so dass er nicht schutzwürdig ist.

hemmer-Methode: Hier liegt ein der Drittschadensliquidation vergleichbarer Fall vor, der durch eine weite Auslegung des § 945 ZPO systemgerecht gelöst werden kann. Denn das Argument für die Zweispurigkeit, dass bei § 123 I VwGO der Antragsteller wegen seiner aktiven Vorgehensweise weniger schutzwürdig ist als bei § 80 V VwGO, greift auch hier. Daher ist auch der betroffene Dritte anspruchsberechtigt nach § 123 III VwGO i.V.m. § 945 ZPO.

369 BGH, DVBl. 1981, 28 = **juris**byhemmer.

370 Kopp, § 123 VwGO, Rn. 44 m.w.N.; a.A. nun Kopp/*Schenke*, § 123 VwGO, Rn. 44.

III. Rechtsweg

Rechtsweg für Schadensersatz: Zivilgerichte (vgl. § 40 II VwGO)

Der Schadensersatzanspruch ist nach überwiegender Ansicht im Zivilrechtsweg geltend zu machen.[371] Denn § 945 ZPO ist ein quasideliktischer Anspruch, der darauf beruht, dass das Ersuchen um einstweiligen Rechtsschutz nach § 123 VwGO grundsätzlich dem Gefahrenbereich des Antragstellers zugerechnet wird, mit der Folge, dass § 40 II VwGO eingreift. 241

IV. Andere Ansprüche

außerdem u.U. Folgenbeseitigungsanspruch denkbar

Wenn das Hauptsacheverfahren anders ausgeht als die einstweilige Anordnung, dann kommt weiterhin ein Folgenbeseitigungsanspruch auf Wiederherstellung des status quo vor Erlass der Anordnung gegen die Behörde in Betracht.[372] Ist die Wiederherstellung tatsächlich oder rechtlich nicht möglich oder nicht zumutbar, dann bleibt nur der Anspruch aus § 945 ZPO. 242

Ein Anspruch nach § 839 I BGB, Art. 34 GG wegen des fehlerhaften Erlasses einer einstweiligen Anordnung wird meist an § 839 II BGB scheitern.[373]

371 BGHZ 78, 127 = **juris**byhemmer; Kopp/*Schenke*, § 123 VwGO, Rn. 45.

372 Dazu Kopp/*Schenke*, § 123 VwGO, Rn. 42.

373 BGH, NJW 2005, 436 = **juris**byhemmer = BayVBl. 2005, 479, bspr. v. Meyer, NJW 2005, 864; vgl. hierzu auch **Hemmer/Wüst, Staatshaftungsrecht, Rn. 107 ff.**

§ 8 VORLÄUFIGER RECHTSSCHUTZ IM NORMENKONTROLL-VERFAHREN, § 47 VI VWGO[374]

A) Allgemeines

§ 47 VI VwGO: einstweiliger Rechtsschutz im Normenkontrollverfahren

243 Gem. § 47 VI VwGO kann das Gericht auf Antrag eine einstweilige Anordnung erlassen, wenn dies zur Abwehr schwerer Nachteile oder aus anderen wichtigen Gründen dringend geboten ist.

§ 47 VI VwGO ist im Wesentlichen § 32 I BVerfGG nachgebildet, so dass zu seiner Auslegung grundsätzlich die Rechtsprechung des BVerfG zur einstweiligen Anordnung nach § 32 I BVerfGG i.V.m. Art. 93 I Nr. 2 GG herangezogen werden kann.[375] Die einstweilige Anordnung ergeht nach einem eigenständigen, in § 47 VI VwGO geregelten Verfahren. Ergänzend können die Verfahrensvorschriften nach § 123 II - IV VwGO herangezogen werden, insbesondere gilt für § 47 VI VwGO als Verfahren des vorläufigen Rechtsschutzes das Verbot der Vorwegnahme der Hauptsache.[376]

B) Zulässigkeit des Antrags

I. Verwaltungsrechtsweg

Entscheidung i.R.d. Gerichtsbarkeit des VGH/OVG

244 Nicht anders als bei der Normenkontrolle nach § 47 I VwGO entscheidet das Gericht auch bei der einstweiligen Anordnung nur im Rahmen seiner Gerichtsbarkeit. Folglich muss der Verwaltungsrechtweg eröffnet sein. Da es um einen Antrag des Bürgers gegen eine Norm der Exekutive geht, handelt es sich gerade nicht um eine verfassungsgerichtliche Streitigkeit.[377]

II. Statthaftigkeit

statthaft bei nach § 47 I VwGO überprüfbaren Normen

245 Statthaft ist der Antrag nach § 47 VI VwGO, wenn in der Hauptsache die Normenkontrolle nach § 47 I VwGO statthaft ist, d.h. bei Satzungen nach dem BauGB und, soweit das Landesrecht dies bestimmt, bei anderen unter dem Landesgesetz stehenden Rechtsvorschriften.[378]

Die Norm, gegen die sich die einstweilige Anordnung richtet, braucht zwar noch nicht in Kraft getreten zu sein, jedenfalls muss aber bereits die normative Willensbildung abgeschlossen sein.[379]

hemmer-Methode: Ist das Normsetzungsverfahren also noch nicht abgeschlossen, kommt allenfalls vorbeugender Rechtsschutz in Betracht, vgl. unten Rn. 285.

Zudem ist der Antrag nach § 47 VI VwGO wie bei § 123 VwGO schon vor einem Normenkontrollantrag in der Hauptsache statthaft.[380]

374 Umfassend zum Normenkontrollverfahren **Hemmer/Wüst, Verwaltungsrecht II, Rn. 350 ff.**

375 Kopp/*Schenke-Schenke*, § 47 VwGO, Rn. 104; Schenke, § 25, Rn. 1042; Schmitt-Glaeser, Rn. 451; allgemein zur einstweiligen Anordnung nach § 32 BVerfGG vgl. **Hemmer/Wüst, Staatsrecht II, Rn. 44 ff.**

376 Schenke, § 25, Rn. 1042; Schmitt-Glaeser, Rn. 452; Hufen, § 34 Rn. 2.

377 Näher zum Merkmal „im Rahmen seiner Gerichtsbarkeit" vgl. **Hemmer/Wüst, Verwaltungsrecht II, Rn. 365**.

378 Vgl. dazu auch **Hemmer/Wüst, Verwaltungsrecht II, Rn. 356 ff.**

379 Hufen, § 34 Rn. 6; Schenke, § 25, Rn. 1044.

380 Hufen, § 34 Rn. 6; Schenke, § 25, Rn. 1044.

III. Antragsbefugnis

Antragsbefugnis:

Die Antragsbefugnis hat wie andere Verfahren des vorläufigen Rechtsschutzes zwei Voraussetzungen:

1. Gegenwärtige oder künftige Rechtsverletzung

drohender Nachteil (wie bei § 47 II VwGO)

Die Antragsbefugnis deckt sich mit der im Hauptsacheverfahren nach § 47 II S. 1 VwGO,[381] d.h. der Antragsteller muss vergleichbar § 42 II VwGO geltend machen, durch die Rechtsvorschrift oder deren Anwendung in seinen Rechten verletzt zu sein oder in absehbarer Zeit verletzt zu werden.[382] 246

2. Anordnungsgrund

Anordnungsgrund

Zudem muss der Antragsteller geltend machen, die einstweilige Anordnung sei zur Abwehr schwerer Nachteile oder aus anderen Gründen dringend geboten, d.h. er muss die Eilbedürftigkeit darlegen (Anordnungsgrund).[383] 247

IV. Rechtsschutzbedürfnis

Rechtsschutzbedürfnis

Auch bei der einstweiligen Anordnung im Normenkontrollverfahren besteht ein Rechtsschutzinteresse nur dann, wenn der Antragsteller sein Rechtsschutzziel nicht auf einfachere und effektivere Weise erreichen kann. Es kann etwa dann entfallen, wenn er sich gegen den Vollzug der Norm in zumutbarer Weise nach § 80 VwGO oder § 123 VwGO wehren kann.[384] Dies ergibt sich für den vorläufigen Rechtsschutz nach § 47 VI VwGO daraus, dass dieser dringend geboten sein muss. Diese Dringlichkeit und damit das Rechtsschutzbedürfnis können auch dann entfallen, wenn der angegriffene Bebauungsplan durch Baugenehmigungen im Wesentlichen vollzogen ist, also keine weiteren Eingriffe in naher Zukunft drohen.[385] 248

keine Fristbindung

Der Antrag nach § 47 VI VwGO ist nicht fristgebunden. Zu beachten ist allerdings die zeitliche Beschränkung des Hauptsacheantrages nach § 47 I, II S. 1 VwGO auf ein Jahr nach Bekanntmachung der Rechtsvorschrift.[386] Nach Ablauf dieser Frist kann auch ein Eilantrag keinen Erfolg mehr haben, es fehlt zumindest das Rechtsschutzbedürfnis.

V. Beteiligtenbezogene Zulässigkeitsvoraussetzungen

Beteiligtenfähigkeit: § 47 VwGO i.V.m. §§ 61, 62 VwGO

Antragsteller kann jeder der in § 47 II S. 1 VwGO genannten sein, also auch eine mit dem Vollzug der Norm befasste Behörde. Im Übrigen gelten die §§ 61, 62 VwGO. 249

Antragsgegner ist nach § 47 II S. 2 VwGO immer der hoheitliche Rechtsträger, der die Norm erlassen hat. 250

381 BayVGH, BayVBl. 1992, 726 ff.; Schmitt-Glaeser, Rn. 451.

382 Der wesentliche Unterschied zu § 42 II VwGO besteht darin, dass i.R.d. § 47 VwGO auch künftige Rechtsverletzungen ausreichen.

383 Hufen, § 34 Rn. 7.

384 Grooterhorst, DVBl. 1989, 1180 f.; Hufen, § 34 Rn. 8; a.A. Kopp/*Schenke-Schenke*, § 47 VwGO, Rn. 104; BayVGH, BayVBl. 2007, 145 = **juris**byhemmer.

385 OVG Lüneburg, NVwZ-RR 2005, 691 = **juris**byhemmer.

386 Hierzu Schenke, NJW 1997, 81 ff. (82 f.).

VI. Zuständiges Gericht

zuständiges Gericht: OVG/VGH

Zuständig zum Erlass der einstweiligen Anordnung nach § 47 VI VwGO ist das Gericht der Hauptsache, also das örtlich zuständige OVG (VGH), § 47 I VwGO. 251

VII. Antrag

Antragserfordernis

Die einstweilige Anordnung nach § 47 VI VwGO kann nur auf Antrag, nicht von Amts wegen ergehen, der in Form und Inhalt §§ 81, 82 VwGO entsprechen muss.[387] Für den Antrag gilt nach § 67 IV VwGO Anwaltszwang. 252

C) Begründetheit des Antrags nach § 47 VI VwGO

Begründetheit: bei Gebotenheit zur Abwehr schwerer Nachteile (⇨ strenger als bei § 123 VwGO)

Der Antrag ist gem. § 47 VI VwGO begründet, wenn der Erlass der einstweiligen Anordnung zur Abwehr schwerer Nachteile oder aus anderen wichtigen Gründen dringend geboten ist. Hier gilt also ein strengerer Maßstab als bei § 123 I VwGO. 253

außerdem Interessenabwägung erforderlich

Grundsätzlich ist ähnlich wie bei anderen vorläufigen Rechtsschutzverfahren eine Interessenabwägung vorzunehmen: Es sind die Folgen abzuwägen, die eintreten würden, wenn eine einstweilige Anordnung nicht erginge, der Normenkontrollantrag aber Erfolg hätte, gegenüber den Nachteilen, die entstünden, wenn die vielleicht gültige Norm vorläufig außer Vollzug gesetzt würde.[388] 254

wichtiges Kriterium: Erfolgsaussichten in Hauptsache nach summarischer Prüfung

In der Sache bilden wieder die Erfolgsaussichten der Normenkontrolle in einer summarischen Prüfung einerseits und die Gefahr vollendeter Tatsachen andererseits die wesentlichen Elemente[389] (vgl. o. Rn. 175). 255

⇨ Ist die Norm offensichtlich rechtmäßig, dann muss der Einzelne auch den Normvollzug hinnehmen und die einstweilige Anordnung darf nicht ergehen.

⇨ Bestehen hingegen Zweifel an der Rechtmäßigkeit der Norm und droht dem Antragsteller ein schwerer Nachteil, so ist der Antrag nach § 47 VI VwGO regelmäßig begründet.

hemmer-Methode: In der Klausur sind an dieser Stelle wie beim Normenkontrollantrag die formellen (Zuständigkeit, Verfahren, Form) und materiellen Voraussetzungen (kein Verstoß gegen höherrangiges Recht) des Normerlasses zu prüfen.

Ferner gilt wiederum das aus der Vorläufigkeit abzuleitende Verbot der Vorwegnahme der Hauptsache, das insofern auch hier wegen Art. 19 IV GG einzuschränken ist, wenn effektiver Rechtsschutz schlechterdings ausgeschlossen ist und der Erfolg in der Hauptsache wahrscheinlich ist. 256

387 Schmitt-Glaeser, Rn. 451; Hufen, § 34 Rn. 9.

388 OVG Saarland, DÖV 1992, 1019 f. = **juris**byhemmer; Schmitt-Glaeser, Rn. 452 m.w.N.

389 Kopp/*Schenke-Schenke*, § 47 VwGO, Rn. 106; Schmitt-Glaeser, Rn. 452.

D) Entscheidung nach § 47 VI VwGO/Rechtsmittel

Entscheidung als begründungspflichtiger Beschluss

Die Entscheidung ergeht entsprechend § 123 IV VwGO durch Beschluss, der gem. § 122 II VwGO zu begründen ist. 257

kein Rechtsmittel, aber wohl analog § 80 VII VwGO Änderungsantrag möglich

Der Beschluss des OVG/VGH ist mit Rechtsmitteln nicht anfechtbar, vgl. § 152 I VwGO. Der Antrag kann indes bei veränderten tatsächlichen und rechtlichen Umständen analog § 80 VII VwGO neu gestellt werden.[390] 258

E) Möglicher Entscheidungsinhalt der einstweiligen Anordnung nach § 47 VI VwGO

§ 47 VI VwGO sagt nichts Näheres über den Inhalt einer einstweiligen Anordnung aus. 259

str. ist möglicher Entscheidungsinhalt

Meinungsverschiedenheiten bestehen darüber, ob eine einstweilige Anordnung nur zu einer generellen oder auch zu einer individuellen Aussetzung des Normvollzugs führen kann.

Eine generelle Aussetzung läge etwa vor, wenn die Geltung eines Bebauungsplans allgemein für jedermann und das ganze geplante Gebiet ausgesetzt würde, während eine individuelle Aussetzung bedeutet, dass der Bebauungsplan nur für ein bestimmtes Grundstück, für einen bestimmten Antragsteller oder ein konkretes Bauvorhaben ausgesetzt wird.

I. Generelle Aussetzung

e.A.: generelle Aussetzung, da Normenkontrolle abstrakt-generelles Verfahren ist

Nach einer Ansicht entspricht allein die generelle Aussetzungswirkung dem Wesen der Norm als generell-abstrakter Regelung und der Tatsache, dass es sich beim Normenkontrollverfahren nach § 47 VwGO in erster Linie um ein objektives Beanstandungs- bzw. Rechtskontrollverfahren handelt.[391] Demnach führe die einstweilige Anordnung im Normenkontrollverfahren zur vorläufigen Vollaussetzung der angegriffenen Rechtsvorschrift, und diese Aussetzung komme nicht nur dem Antragsteller zugute, sondern sie treffe belastend und begünstigend jeden, demgegenüber die Norm Geltung beanspruche. 260

II. Individuelle Aussetzung

vorzugswürdig aber: nur individuelle Aussetzung, da dem Individualinteresse dienend, außerdem dann Interessenabwägung sicherlich günstiger für Antragsteller

Die Bedeutung der Normenkontrolle nach § 47 VwGO liegt sicherlich auch in der Verwirklichung des Rechtsstaatsprinzips als objektives Rechtsbeanstandungsverfahren. Die Normenkontrolle ist indessen ebenfalls als Rechtsschutzverfahren ausgestaltet, wie sich aus der Normierung der Antragsbefugnis ergibt, und dient damit unmittelbar dem Individualinteresse.[392] Daher vermag die Argumentation für die generelle Aussetzung allein aus der Natur des Normenkontrollverfahrens nicht zu überzeugen. Gegen sie und für eine individuelle Aussetzungsmöglichkeit spricht auch das Gebot effektiven Rechtsschutzes nach Art. 19 IV GG. 261

390 Schenke, § 25, Rn. 1050; Hufen, § 34 Rn. 15.

391 Schmitt-Glaeser, Rn. 453; Kopp/*Schenke-Schenke*, § 47 VwGO, Rn. 106 m.w.N.

392 BVerwG, NVwZ 1992, 1090 = **juris**byhemmer; VGH Mannheim, VBl.BW 1992, 259 = **juris**byhemmer; Würtenberger, PdW, Fall 369.

hemmer-Methode: Bei einer individuellen Aussetzung wird die Interessenabwägung auch weit eher für den Antragsteller sprechen als dann, wenn nur eine generelle Aussetzung möglich wäre.[393] § 47 VI VwGO kann daher effektiven Rechtsschutz oftmals besser durch eine individuelle Aussetzung gewährleisten.

Das Gericht kann daher die Norm auch teilweise und individuell aussetzen oder durch andere vorläufige Maßnahmen, die die Gültigkeit der Norm im Ganzen unberührt lassen können, Nachteile verhindern. Das Gericht muss allerdings dann sicherstellen, dass es auch andere Behörden, die mit dem Vollzug der Norm befasst sind, in die Bindungswirkung der einstweiligen Anordnung einbezieht.[394]

393 Für individuelle Aussetzung auch Hufen, § 34 Rn. 13; Pestalozza, NJW 1978, 1782, 1787; beide Möglichkeiten bejahend Kopp/*Schenke-Schenke*, § 47 VwGO, Rn. 106 m.w.N.

394 Hufen, § 34 Rn. 14.

§ 9 WEITERE BESONDERHEITEN IM VORLÄUFIGEN RECHTSSCHUTZ

A) Vorlagepflicht gem. Art. 100 GG

str.: konkrete Normenkontrolle im einstweiligen Verfahren?

Ob die Vorlagepflicht nach Art. 100 I GG (konkrete Normenkontrolle[395]) auch in Verfahren des vorläufigen Rechtsschutzes gilt, wenn das Gericht die Verfassungswidrigkeit eines der Eilentscheidung zugrunde liegenden formellen nachkonstitutionellen Gesetzes bejaht, ist umstritten.[396] Ansatzpunkt dieses Problems ist der Konflikt zwischen Art. 19 IV GG und Art. 100 I GG.[397] 262

dagegen spricht Zeitverlust, außerdem ist Entscheidungserheblichkeit im vorläufigen Verfahren zweifelhaft

Eine Aussetzung gem. Art. 100 I GG würde angesichts des mit der Durchführung des verfassungsgerichtlichen Normenkontrollverfahrens verbundenen Zeitaufwands zu einer erheblichen Beeinträchtigung der Effektivität des Rechtsschutzes gegenüber der Exekutive bedeuten. Dieser Effektivitätsverlust kann auch nicht im verfassungsgerichtlichen Verfahren ausgeglichen werden, da der Antragsteller nach §§ 80 V, 123 VwGO nicht Beteiligter des Verfahrens nach Art. 100 GG ist und daher keinen wirksamen vorläufigen Rechtsschutz vor dem BVerfG nach § 32 I BVerfGG erreichen kann. Wegen Art. 19 IV GG ist deshalb grundsätzlich davon auszugehen, dass im vorläufigen Rechtsschutzverfahren keine Vorlagepflicht nach Art. 100 I GG besteht.[398] Dafür spricht auch, dass bereits schwerwiegende Zweifel an der Verfassungsmäßigkeit eines Gesetzes und damit auch des Vollzugsaktes i.R.d. § 80 V VwGO die Aussetzung rechtfertigen bzw. i.R.d. § 123 VwGO mangels Anordnungsanspruches den Erlass nicht rechtfertigen, hier jedoch Art. 100 GG tatbestandsmäßig nicht anwendbar ist. Dann kann mangels Entscheidungserheblichkeit des Gesetzes folgerichtig nichts anderes gelten, wenn sich die Zweifel des Gerichts an der Verfassungswidrigkeit des Gesetzes zur Gewissheit verdichtet haben.[399]

BVerfG z.T. aber dennoch für Anwendung des Art. 100 GG

Das BVerfG geht allerdings von einer Anwendung des Art. 100 I GG aus, wenn durch die vorläufige Nichtanwendung des Gesetzes die Hauptsache vorweggenommen wird.[400]

hemmer-Methode: Die Vorlagepflicht des Gerichts im Hauptsacheverfahren bleibt von diesem Problem selbstverständlich unberührt.[401]

B) Anwendung des § 44a VwGO im vorläufigen Rechtsschutz

auch § 44a VwGO im vorläufigen Rechtsschutz grds. anwendbar

Wenn § 44a S. 1 VwGO isolierten Rechtsschutz im Hinblick auf Verfahrenshandlungen ausschließt, so gilt dies nach h.M. auch für die Anträge nach §§ 80 V, 123 VwGO.[402] Zu Recht wird darauf hingewiesen, dass sich diese Folgerung schon daraus ergibt, dass aufgrund solcher Rechtsbehelfe nicht mehr gewährt werden kann, als mit Rechtsbehelfen in der Hauptsache erreicht werden könnte.[403] 263

395 Vgl. zu dieser **Hemmer/Wüst, Staatsrecht II, Rn. 26 ff.**

396 Nachweise bei Kopp/*Schenke*, § 80 VwGO, Rn. 161.

397 Huba, JuS 1990, 991.

398 Kopp/*Schenke*, § 80 VwGO, Rn. 161; Huba, JuS 1990, 991.

399 Kopp/*Schenke*, § 80 VwGO, Rn. 161.

400 BVerfG, NJW 1992, 2749 f. = **juris**byhemmer.

401 Kopp/*Schenke*, § 80 VwGO, Rn. 161.

402 Kopp/*Schenke*, § 44a VwGO, Rn. 1 m.w.N.

403 Pagenkopf, NJW 1979, 2382.

erweiternde Auslegung des § 44a S. 2 VwGO geboten, wenn Verfahrenshandlung gegenüber Hauptsacheverfahren von selbstständiger Bedeutung ist

Ausnahmen dazu sieht § 44a S. 2 VwGO vor. Danach ist etwa auch eine einstweilige Anordnung auf Vornahme einer Verfahrenshandlung statthaft, wenn die Verfahrenshandlung selbstständig vollstreckbar ist oder einen unbeteiligten Dritten trifft. Wegen des Gebots effektiven Rechtsschutzes ist der Gedanke des § 44a S. 2 Alt. 1 VwGO auch auf die Fälle zu erweitern, in denen die Verfahrenshandlung gegenüber der Hauptsache eigenständige Bedeutung hat und der Rechtsschutz des Klägers im Hauptsacheverfahren zu spät käme. In diesen Fällen dient die einstweilige Anordnung wegen der anderenfalls bestehenden Gefahr von nicht mehr heilbaren Verfahrensfehlern auch der Verfahrensökonomie.[404]

C) Verweisung nach § 17a II, IV GVG bei unzulässigem Verwaltungsrechtsweg im vorläufigen Rechtsschutzverfahren

trotz drohender Zeitverluste durch Verweisungen wohl auch § 17a II, IV GVG anwendbar

Bei Unzulässigkeit des Verwaltungsrechtsweges verweist das Gericht nach ganz h.M. auch im vorläufigen Rechtsschutzverfahren aufgrund § 173 S. 1, 2 VwGO i.V.m. § 17a II GVG an das zuständige Gericht des zulässigen Rechtsweges.[405] Bedenken gegen die Verweisung könnten sich aus § 17a IV S. 3 GVG ergeben, wonach gegen den Verweisungsbeschluss die sofortige Beschwerde statthaft ist.[406] 264

Denn die Möglichkeit der sofortigen Beschwerde führt zu einer in Anbetracht des Gebots effektiven Rechtsschutzes bedenklichen Verzögerung des Eilverfahrens.

Allerdings hat der Gesetzgeber durch die Streichung des § 41 VwGO a.F. und die Neufassung des § 17a GVG, der gem. § 173 VwGO uneingeschränkt für den Verwaltungsprozess gilt, deutlich gemacht, dass die Verweisung auch im vorläufigen Rechtsschutzverfahren zu erfolgen hat.

D) Vorlage an EuGH

Will ein nationales Gericht i.R.d. mittelbaren mitgliedsstaatlichen Vollzugs von Europarecht Eilrechtsschutz gewähren und dabei inzident von der Unwirksamkeit einer EU-Verordnung (bzw. Richtlinie) ausgehen,[407] muss es im Interesse der Einheitlichkeit der Rechtsordnung die Frage der Wirksamkeit der maßgeblichen europarechtlichen Vorschriften grundsätzlich nach Art. 267 II AEUV dem EuGH vorlegen, sofern erhebliche Zweifel an der Gültigkeit des sekundären Unionsrechts bestehen.[408] Das Gericht muss allerdings nicht erst die Vorlageentscheidung des EuGH abwarten, bis es über den Eilantrag entscheiden darf. 264a

404 Ausführlich Hufen, Fehler im Verwaltungsverfahren, Rn. 636 ff.; vgl. Kopp/*Schenke*, § 44a VwGO, Rn. 8 ff.

405 BayVGH, BayVBl. 1993, 309 f. = **juris**byhemmer; VGH BW, VBl.BW 1993, 468 f. = **juris**byhemmer; Hufen, § 33 Rn. 4.

406 Vgl. OVG Koblenz, NVwZ 1993, 381 f. = **juris**byhemmer.

407 Vgl. oben Rn. 175a, 227a.

408 Kopp/*Schenke*, § 80 VwGO, Rn. 164; vgl. auch **Hemmer/Wüst, Europarecht, Rn. 375**; Ausnahmen sind dann zulässig, wenn eine gefestigte Rechtsprechung des EuGH zur streitentscheidenden Frage vorliegt.

§ 10 VORBEUGENDER RECHTSSCHUTZ

A) Begriffsbestimmung/Abgrenzung zum vorläufigen Rechtsschutz

unterscheide: vorläufigen (= einstweiligen) und vorbeugenden Rechtsschutz

Trotz des ähnlich klingenden Namens nicht mit dem vorläufigen (i.S.d. einstweiligen) Rechtsschutz verwechselt werden darf der sog. vorbeugende Rechtsschutz. Zwar handelt es sich in beiden Fällen um eine Art prohibitiven Rechtsschutz,[409] immer versucht der Kläger bzw. Anspruchsteller, „vollendete Tatsachen" zu verhindern. Dennoch sind strukturelle Unterschiede zu beachten: 265

Vorbeugende Klagen werden in einem Hauptverfahren erhoben, um ein vorbeugendes, aber gleichwohl endgültiges Unterlassungs- bzw. Feststellungsurteil zu erreichen, das dem Träger hoheitlicher Gewalt endgültig etwas untersagt bzw. ihm gegenüber für unzulässig erklärt, bevor er überhaupt tätig geworden ist.

> ***Bsp.:*** *Ausweislich eindeutiger interner Weisungen bzw. Absprachen steht zu befürchten, dass eine Landesregierung der Öffentlichkeit eine Liste von angeblich mit Frostschutzmittel versetzten Weinen zu deren Warnung vorlegen will. Die Winzerei W, deren Weine angeblich auf der Liste stehen, die aber größten Wert auf biologischen Anbau und Reinheit ihrer Weine legt, möchte dagegen gerichtliche Schritte einleiten.*

Demgegenüber wird der vorläufige (= einstweilige) Rechtsschutz grds. in Form einer vorläufigen, d.h. nur bis zum Ausgang des Hauptsacheverfahrens entscheidenden,[410] Entscheidung gewährt, ist aber i.d.R. bereits eine Reaktion auf ein staatliches Tun i.w.S., z.B. den Erlass eines Verwaltungsaktes (§ 80 V VwGO) oder gerade dessen Verweigerung (§ 123 VwGO).

> *Beispielsfälle zum vorläufigen Rechtsschutz finden sich im vorangegangenen Kapitel.*

In einer Gegenüberstellung unterscheiden sich also **vorläufiger** und **vorbeugender Rechtsschutz** wie folgt:

	vorläufiger Rechtsschutz:	**vorbeugender Rechtsschutz:**
Anknüpfungspunkt:	behördliches Handeln	drohendes behördliches Handeln
Wirkung:	vorläufig, Änderung durch Hauptsache möglich	meist endgültig, aber auch vorläufig möglich
Gesetzliche Regelung:	§§ 80, 123, 47 VI VwGO	nicht speziell geregelt. Feststellungs- u. Leistungsklage, aber bes. Rechtsschutzbedürfnis erforderlich

Diese Unterscheidung darf allerdings nicht als Alternativitätsverhältnis verstanden werden. Es ist auch vorbeugender Rechtsschutz in vorläufiger Form durch Erlass einer einstweiligen Anordnung nach § 123 VwGO denkbar. In der Praxis macht sogar oft allein dies Sinn, da ein Unterlassungsurteil in der Hauptsache regelmäßig „zu spät käme".

409 Vgl. Dreier, JA 1987, 415 (417); zur Bedeutung dieser Rechtsschutzform neben dem rein repressiven Rechtsschutz sub specie Art. 19 IV GG vgl. **Hemmer/Wüst, Staatsrecht I, Rn. 325**.

410 Zu den Sonderfällen, in denen speziell i.R.d. § 123 VwGO eine Vorwegnahme der Hauptsache möglich ist, vgl. oben Rn. 227.

B) Grundsätzliche Zulässigkeit vorbeugenden Rechtsschutzes

Möglichkeit des vorbeugenden Rechtsschutzes von heute h.M. grds. anerkannt

I. Die Zulässigkeit eines vorbeugenden Rechtsschutzes im Unterschied zum repressiven Rechtsschutz entspricht zwar (in freilich engen Grenzen[411]) mittlerweile der h.M.,[412] war aber v.a. früher einigen grundsätzlichen Einwänden ausgesetzt. Zum einen wurde darin eine Durchbrechung des Gewaltenteilungsgrundsatzes gesehen, zum anderen wurden Bedenken hinsichtlich der Funktionsfähigkeit der Verwaltung geäußert. Die heute h.M. sieht dagegen die Gewaltenteilung durch gegenseitige Kontrolle nicht beeinträchtigt[413] und sieht zu Recht kein Bedürfnis für eine „rechtsverletzende" effektive Verwaltung. 267

wegen Zuschnitts der VwGO auf repressiven Rechtsschutz aber an besondere Voraussetzungen geknüpft, insbesondere besonderes Rechtsschutzinteresse erforderlich

II. Andererseits muss man berücksichtigen, dass die VwGO grds. vom Bild des repressiven Rechtsschutzes ausgeht, den auch Art. 19 IV GG vor Augen hat. Sollen dagegen die Gerichte schon präventiv tätig werden (und auf diese Weise kaum bestreitbar stärker in den Bereich der Verwaltung eingreifen als bei einer bloßen nachträglichen Kontrolle), muss der Kläger „ein entsprechend qualifiziertes, d.h. ein gerade auf die Inanspruchnahme vorbeugenden Rechtsschutzes gerichtetes Rechtsschutzinteresse"[414] geltend machen. 268

Ein solches kann zu bejahen sein, wenn

- sonst vollendete, nicht ohne weiteres rückgängig zu machende Tatsachen geschaffen werden,
- ein nicht mehr wieder gut zu machender Schaden entsteht
- oder der Bürger sonst gegen eine Vielzahl zu erwartender Verwaltungsakte klagen müsste, insbesondere wenn er nicht damit rechnen kann, dass ihm diese bekannt gegeben werden.

kein Raum für vorbeugenden Rechtsschutz, solange anderweitig zumutbarer Rechtsschutz erlangt werden kann

Umgekehrt ist für vorbeugenden Rechtsschutz kein Raum, „solange der Betroffene in zumutbarer Weise auf den von der Verwaltungsgerichtsordnung als ausreichend und angemessen angesehenen nachträglichen Rechtsschutz verwiesen werden kann."[415] Als solch „nachträglicher" Rechtsschutz werden auch die §§ 80 V, 123 VwGO betrachtet, d.h. ein Rechtsschutzbedürfnis für vorbeugende Unterlassungs- oder Feststellungsklagen ist nur gegeben, wenn es selbst unter Berücksichtigung der Möglichkeit des einstweiligen Rechtsschutzes nicht zumutbar erscheint, erst eine Entscheidung bzw. ein Handeln der Verwaltung abzuwarten. 269

hemmer-Methode: Es kann zwar von Vorteil sein, die oben bei Rn. 268 genannten Fallgruppen bzw. die im Anschluss (Rn. 276 ff.) dargestellten Konstellationen zu kennen. Entscheidend für das Rechtsschutzbedürfnis beim vorbeugenden Rechtsschutz wird aber werden, dass Sie die im Sachverhalt (z.B. von den Beteiligten in ihren Rechtsansichten) zugespielten Bälle aufnehmen („Sachverhaltsanalyse!") und überzeugend argumentieren.

411 Vgl. BVerwGE 40, 323 (326) = **juris**byhemmer sowie hier unten Rn. 285.

412 Vgl. bereits BVerwG a.a.O.; vgl. m.w.N. auch M/D-Schmidt-Aßmann Art. 19 IV, Rn. 278 f.

413 Vgl. bereits BVerfGE 7, 183 (188) = **juris**byhemmer, wonach der Gewaltenteilung gerade keine „absolute Trennung (...), sondern ihre gegenseitige Kontrolle und Mäßigung" immanent sei; vgl. auch E 67, 100 (130).

414 BVerwG aaO.

415 BVerwGE 51, 69 (71 f.) = **juris**byhemmer; vgl. auch E 54, 211 (215 f.) = **juris**byhemmer; BayVGH, BayBl. 2002, 410.

C) Formen des vorbeugenden Verwaltungsrechtsschutzes

Formen des vorbeugenden Rechtsschutzes

Für alle vorbeugenden Klagen besteht – soweit man sie überhaupt für möglich hält – das Erfordernis eines speziellen Rechtsschutzbedürfnisses, vgl. soeben oben Rn. 268 f. Im Einzelnen kann bei diesen Klagen unterschieden werden zwischen:[416] 270

⇨ vorbeugenden Unterlassungsklagen

- gegen schlicht-hoheitliches Verwaltungshandeln
- gegen Verwaltungsakte

⇨ vorbeugenden Feststellungsklagen

⇨ vorbeugenden Klagen gegen (untergesetzliche) Rechtsnormen

I. Vorbeugende Unterlassungsklagen

vorbeugende Unterlassungsklage

Die Unterlassungsklage ist auch als vorbeugende Unterlassungsklage ein Unterfall der Leistungsklage, sodass für ihre Zulässigkeit auch deren Aufbauschema gilt,[417] wobei das Rechtsschutzinteresse beim vorbeugenden Rechtsschutz aber sogar als Hauptproblem zu prüfen ist, während es sonst häufig gar nicht erwähnt werden muss. 271

Prüfungsschema zur vorbeugenden Unterlassungsklage

A) Eröffnung des Verwaltungsrechtswegs, § 40 VwGO

B) Zulässigkeit der vorbeugenden Unterlassungsklage

- **I.** Klageart: Leistungsklage in Form der Unterlassungsklage
- **II.** § 42 II VwGO analog
- **III.** Besonderes Rechtsschutzinteresse
- **IV.** Sonstige Voraussetzungen (Zuständigkeit, Beteiligtenfähigkeit etc.; Frist und Vorverfahren nicht erforderlich)

C) Begründetheit

Die vorbeugende Unterlassungsklage ist denkbar gegen schlicht-hoheitliches Handeln oder gegen den drohenden Erlass eines Verwaltungsakts:

1. Vorbeugende Unterlassungsklage gegen schlichthoheitliches Verwaltungshandeln

gegen schlicht-hoheitliches Handeln

Wenn zukünftiges schlicht-hoheitliches Verwaltungshandeln, also v.a. Realakte, den Bürger zu beeinträchtigen droht, ist die grundsätzliche Möglichkeit einer vorbeugenden Unterlassungsklage weitgehend anerkannt.[418] 272

Dies lässt sich daraus erklären, dass hier das Bedürfnis des Bürgers nach einem solchen Rechtsschutz schon im Vorfeld besonders groß ist, fehlt doch bei Realakten die Möglichkeit, die Schaffung vollendeter Tatsachen durch Einlegen eines Widerspruchsbescheids bzw. einer Anfechtungsklage vorläufig zu verhindern, vgl. § 80 I VwGO.

416 Vgl. zu dieser Unterscheidung auch Dreier, JA 1987, 415 (421 ff.).

417 Vgl. zur Leistungs- und Unterlassungsklage allgemein **Hemmer/Wüst, Verwaltungsrecht II, Rn. 163 ff.**, insbesondere das Aufbauschema Rn. 164 a.E.

418 Vgl. Dreier, JA 1987, 415 (421).

hemmer-Methode: Dieser Vergleich macht deutlich, welch wichtige rechtsschützende Funktion die aufschiebende Wirkung für den Bürger hat: er kann ohne Hilfe der Gerichte alleine durch das Einlegen eines Rechtsbehelfs eine Art vorläufigen Rechtsschutz herbeiführen. Umgekehrt muss man auch die Notwendigkeit einer solch wirksamen Waffe gegen den Verwaltungsakt sehen, der selbst auch ein äußerst scharfes Schwert ist: er ist nämlich ein Vollstreckungstitel, den sich die Behörde selbst, ohne Anrufung eines Gerichts (wie etwa vor einer Zwangsvollstreckung nach der ZPO in zivilrechtlichen Streitigkeiten) verschaffen kann.

erforderlich ist gewisse Konkretisierung des bevorstehenden Handelns

Verlangt wird allerdings, dass das bevorstehende Handeln sich schon in einer gewissen Weise konkretisiert hat, z.B. durch ausdrückliche interne Weisungen der Behörde. Solange sie sich noch in einer allgemeinen Planungsphase befindet, in der eine bestimmte Entscheidung noch nicht eindeutig abzusehen ist, ist eine Klage jedenfalls unzulässig. 273

hemmer-Methode: Auch dieses Erfordernis gehört systematisch zum Rechtsschutzbedürfnis.

2. Vorbeugende Unterlassungsklage gegen Verwaltungsakte

gegen Verwaltungsakte: Anfechtungsklage

Während im Fall von schlicht-hoheitlichem Handeln auch im repressiven Rechtsschutz die Leistungs- in Form der Unterlassungsklage richtige Klageart ist, werden bereits erlassene Verwaltungsakte mit der Anfechtungsklage als einer Gestaltungsklage angegriffen.[419] 274

bei vorbeugendem Rechtsschutz: vorbeugende Unterlassungsklage

Da aber vorbeugende Gestaltungsklagen nicht sinnvoll vorstellbar sind, käme auch hier im Bereich des vorbeugenden Rechtsschutzes nur eine vorbeugende Unterlassungsklage in Betracht.[420]

zwar problematisch, da i.d.R. noch Vollzug erforderlich und Schutz durch aufschiebende Wirkung

Doch ist gerade für diese Konstellation die Zulässigkeit einer vorbeugenden Klage äußerst problematisch: Zum einen bedarf ein Verwaltungsakt – im Gegensatz zu schlicht-hoheitlichem Handeln – i.d.R. noch eines Vollzuges.

Zum anderen bestehen gegen Verwaltungsakte gerade die im Gesetz ausdifferenzierten Rechtsbehelfe des Widerspruchs und der Anfechtungsklage, die durch ihre Suspensivwirkung gem. § 80 I VwGO die Schaffung vollendeter, nicht mehr rückgängig zu machender Tatsachen normalerweise wirksam verhindern.[421]

allerdings bei entsprechendem Rechtsschutzbedürfnis zu bejahen

Ein besonderes, vorbeugenden Rechtsschutz rechtfertigendes Rechtsschutzbedürfnis wird deshalb – wenn überhaupt – nur in eng umgrenzten Fallgruppen anerkannt, in denen repressiver Rechtsschutz Defizite aufweist, die mit den Anforderungen des Art. 19 IV GG nicht zu vereinbaren sind.[422] 275

419 Zur Anfechtungsklage ausführlich **Hemmer/Wüst, Verwaltungsrecht I**.
Der Erlass eines Verwaltungsakts kann mit der Verpflichtungsklage als einer besonderen Leistungsklage durchgesetzt werden. In dieser Konstellation ist freilich ein vorbeugender Rechtsschutz nicht sinnvoll denkbar.

420 Vgl. auch Dreier, JA 1987, 415 (421 f.), der zu Recht darauf hinweist, dass die vorbeugende Unterlassungsklage gegen Verwaltungsakte insoweit eher eine „antizipierte Anfechtungsklage" als eine „negative Verpflichtungsklage" ist. Eine andere Konstruktion wäre eine Verpflichtungsklage auf Erlass eines Verwaltungsakts mit der Zusicherung, dass ein bestimmter Verwaltungsakt nicht erlassen wird.

421 BayVGH, BayBl. 2002, 410.

422 BayVGH, BayBl. 2002, 410.

Als wichtigste solcher Fallgruppen kommen in Betracht:[423]

strafbewehrte VAe

276 ➩ **vorbeugende Unterlassungsklagen gegen mit Strafe oder Geldbuße bewehrte Verwaltungsakte:** hier erscheint es dem Bürger nicht zumutbar, zuerst einen vermeintlichen Normverstoß zu begehen, um erst im anschließenden Straf- bzw. Ordnungswidrigkeitenverfahren vom Makel des Strafvorwurfs befreit zu werden.

hemmer-Methode: Eine ähnliche Wertung ist Ihnen aus der Zulässigkeitsprüfung zur Verfassungsbeschwerde bekannt. Als eine Ausnahme vom Gebot der unmittelbaren Betroffenheit wird die Verfassungsbeschwerde unmittelbar gegen Strafgesetze zugelassen, auch wenn der Beschwerdeführer (noch) nicht des vermeintlichen Straftatbestandes angeklagt ist: Ein Abwarten einer Anklage, um dann unmittelbar von der Vorschrift betroffen zu sein, erscheint auch hier nicht zumutbar.[424]

regelmäßig eintretende kurzfristige Erledigung (Problem: Abgrenzung zur Fortsetzungsfeststellungsklage)

277 ➩ **vorbeugende Unterlassungsklagen gegen Verwaltungsakte in Fällen regelmäßig eintretender, kurzfristiger Erledigung**, da hier die Rechtswidrigkeit lediglich im Nachhinein festgestellt werden könne, eine wirksame Abwehr der Rechtsverletzung durch den Betroffenen über § 80 I S. 1 VwGO also nicht möglich sei.

278 **Bsp.:**[425] *Bruno Brauer (B) betreibt in der bayerischen Kleinstadt B eine Bierwirtschaft, die sich allgemein großer Beliebtheit erfreut. Auf wenig Gegenliebe stößt sie nur bei seiner Nachbarin Elfi Enthaltsam (E), die ihr Leben ganz dem „Kampf gegen Nikotin, Alkohol und andere harte Drogen“ gewidmet hat. Sehr zu ihrer Verärgerung erteilt die zuständige Behörde dem B regelmäßig, jeweils durch Einzelverfügung ganz kurzfristige Ausnahmegenehmigungen, nach denen die Sperrstunde, deren Beginn in diesem Gebiet durch Rechtsverordnung auf grundsätzlich 01:00 Uhr festgelegt ist, hinausgeschoben wird. E bemerkt dies immer erst, wenn die Gäste auch nach 01:00 Uhr noch lautstark weiterfeiern und erwägt eine vorbeugende Unterlassungsklage gegen weitere Ausnahmegenehmigungen.*

Das OVG Lüneburg hatte in einem vergleichbaren Fall eine vorbeugende Unterlassungsklage zugelassen, da die Klägerin mit einer Anfechtungsklage hier regelmäßig zu spät käme.[426]

Allerdings ist fraglich, ob hier wirklich ein Rechtsschutzinteresse an einer vorbeugenden Unterlassungsklage besteht, oder ob dem Betroffenen nicht schon alleine mit einer Fortsetzungsfeststellungsklage, § 113 I S. 4 VwGO, ausreichend geholfen wäre,[427] bei der die Wiederholungsgefahr ja gerade als Fall des Fortsetzungsfeststellungsinteresses allgemein anerkannt wird, weil man davon ausgeht, dass die Behörde sich durch das Fortsetzungsfeststellungsurteil in vergleichbaren Situationen vom erneuten Erlass eines Verwaltungsakts abhalten lassen wird.[428]

VAe, die vollendete Tatsachen schaffen

279 ➩ **vorbeugende Unterlassungsklagen gegen Verwaltungsakte, die vollendete Tatsachen schaffen**. Diese Fallgruppe entspricht zwar dem Ausgangsgedanken der Zulässigkeit des vorbeugenden Rechtsschutzes überhaupt (vgl. o. Rn. 265), ist aber wegen der Möglichkeiten von Widerspruch und Anfechtungsklage (vgl. o. Rn. 275) sowie des vorläufigen Rechtsschutzes auf Ausnahmefälle beschränkt.

---

423 Vgl. dazu auch Dreier, JA 1987, 415 (422 ff.) m.w.N.; dort auf S. 424 auch zur häufig zitierten, aber wenig scharf umrissenen Fallgruppe des bewussten Hinausschiebens des Erlasses eines angekündigten Verwaltungsaktes.

424 Vgl. dazu **Hemmer/Wüst, Staatsrecht I, Rn. 48**.

425 Nach OVG Lüneburg, DVBl. 1971, 421.

426 OVG Lüneburg a.a.O.

427 So Dreier, JA 1987, 415 (423).

428 Vgl. zur Wiederholungsgefahr als Fortsetzungsfeststellungsinteresse **Hemmer/Wüst, Verwaltungsrecht II, Rn. 119**.

Ein Beispiel ist nach weit verbreiteter Ansicht v.a. die beamtenrechtliche Konkurrentenklage[429] in Form der Mitbewerberklage: Hier muss der Bewerber, um sein Ziel (z.B. die Beförderung auf eine bestimmte Stelle) zu erreichen, zum einen Verpflichtungsklage erheben, u.U. aber auch die Ernennung seines Konkurrenten verhindern, da durch diese die begehrte Leistung (= die eigene Ernennung) unmöglich würde (sog. Grundsatz der Ämterstabilität). Da eine nachträgliche Anfechtung der Ernennung des Konkurrenten aus verschiedenen beamtenrechtlichen Gründen ausgeschlossen ist bzw. sein kann, kann dieses Ziel durch eine vorbeugende Unterlassungsklage gegen die Ernennung verfolgt werden.[430]

hemmer-Methode: Die Rechtsprechung hat im Beamtenrecht lange Zeit eine Anfechtungsklage gegen die Ernennung des Konkurrenten aufgrund des Grundsatzes der sog. Ämterstabilität verneint. Diese Rechtsprechung wurde zumindest teilweise aufgegeben. Die Ernennung des Konkurrenten ist zumindest dann anfechtbar, wenn der Kläger seine Rechte im Auswahlverfahren nicht effektiv geltend machen konnte.[431] An der Zulässigkeit einer vorbeugenden Unterlassungsklage dürfte dies aber nichts ändern.

II. Vorbeugende Feststellungsklagen

vorbeugende Feststellungsklage

1. Grds. vorstellbar wäre auch eine vorbeugende Feststellungsklage: 280
diese ist keine Klage auf Feststellung über Bestehen oder Nichtbestehen eines zukünftigen Rechtsverhältnisses, da ein solches regelmäßig noch zu vage und unbestimmt ist, um Gegenstand einer Feststellungsklage zu sein.[432] Vielmehr geht es um Feststellungen im Zusammenhang mit einem bestehenden, konkreten Rechtsverhältnis, die sich aber auf drohende zukünftige Verwaltungsmaßnahmen beziehen.

allgemeines Problem: Subsidiarität der Feststellungsklage

2. Da sich hier der Anwendungsbereich der vorbeugenden Feststel- 281
lungsklage weitgehend mit dem der vorbeugenden Unterlassungsklage deckt, stellt sich die Frage nach dem in § 43 II S. 1 VwGO verankerten Grundsatz der Subsidiarität der Feststellungsklage.

Da dieser jedoch von der h.M. v.a. auf die Fälle beschränkt wird, in denen die Voraussetzungen besonderer Leistungs- und Gestaltungsklagen (also v.a. Frist und Vorverfahren bei Verpflichtungs- und Anfechtungsklage) umgangen würden,[433] ist eine vorbeugende verwaltungsgerichtliche Feststellungsklage im Wesentlichen unter den selben Voraussetzungen zulässig wie eine vorbeugende Unterlassungsklage, zumal sie sich regelmäßig gegen einen Träger hoheitlicher Gewalt richtet, bei dem die h.M. eine ausreichende Bindung durch das Feststellungsurteil annimmt.

jedenfalls möglich, wo Feststellungsklage weiter geht als Leistungsklage

3. Einen Anwendungsbereich auch unter der Annahme einer stren- 282
geren Subsidiarität hat die vorbeugende Feststellungsklage in Fällen, in denen sie das Rechtsschutzziel besser erreichen kann als eine Leistungsklage. Dies ist immer der Fall, wenn es um die Feststellung eines bestimmten Rechtsstatus bzw. einer bestimmten Rechtspflicht geht, welche ihrerseits Voraussetzung für viele unterschiedliche Ansprüche und Rechte sind.

***Bsp.:** Der Status des Beamten, des Deutschen i.S.d. Art. 116 I GG oder der Mitgliedschaft in bestimmten Körperschaften bzw. die Einschlägigkeit bestimmter Genehmigungs-, Duldungs- oder Leistungspflichten.*

429 Vgl. zum Konkurrentenrechtsschutz im Beamtenrecht Peter, JuS 1992, 1042 ff.; Battis, NJW 1991, 1586 ff.

430 Vgl. Dreier, JA 1987, a.a.O.; vgl. zum Ganzen auch Maaß, NJW 1985, 303 ff.

431 BVerwGE 138, 102 = **juris**byhemmer, vgl. auch BVerfG, NVwZ 2011,1191 = **juris**byhemmer.

432 Zum Erfordernis eines konkreten Rechtsverhältnisses vgl. **Hemmer/Wüst, Verwaltungsrecht II, Rn. 309 ff.**

433 Vgl. dazu m.w.N. **Hemmer/Wüst, Verwaltungsrecht II, Rn. 323**.

hemmer-Methode: Denken Sie auch an vergleichbare Interessenkonstellationen im Zivil(prozess)recht: Bei Dauerschuldverhältnissen z.B. im Miet- oder Arbeitsrecht wird ebenfalls eine Feststellungsklage zugelassen, da die Feststellung des Bestandes des Dauerschuldverhältnisses das Rechtsschutzziel weitergehend erreicht als eine (monatlich von neuem erforderliche) Leistungsklage auf Zahlung von Arbeitslohn oder Mietzins und auch feststellt, dass die aus dem Schuldverhältnis erwachsenden Nebenpflichten bestehen.

III. Vorbeugender Rechtsschutz gegen Normen

vorbeugender Rechtsschutz gegen (untergesetzliche) Normen

Problematisch ist die Frage, ob auch ein vorbeugender Rechtsschutz gegen (untergesetzliche) Rechtsnormen möglich ist. Virulent wird dieses Problem, wenn eine zukünftige Norm schon rechtlich (z.B. künftige Bebauungspläne, vgl. § 33 BauGB) oder tatsächlich irgendwelche Veränderungen herbeiführen bzw. zu Dispositionen nötigen kann, da die gesetzlich geregelten Fälle der prinzipalen Normenkontrollen stets schon eine vorhandene Rechtsnorm voraussetzen.[434] 283

hemmer-Methode: Verwechseln Sie auch bei der prinzipalen Normenkontrolle nicht den vorbeugenden Schutz gegen Normen und den vorläufigen Rechtsschutz! Letzterer ist für die Normenkontrolle nach § 47 VwGO ausdrücklich in der VwGO geregelt, vgl. § 47 VI VwGO.

nach h.M. nicht in Analogie zu § 47 VwGO, aber u.U. als vorbeugende Unterlassungs- oder Feststellungsklage

Dementsprechend wird zwar auch überwiegend eine auf eine Analogie zu § 47 VwGO gestützte Klage auf Unterlassung einer Normsetzung für unzulässig gehalten,[435] allerdings wird das gleiche Ergebnis über eine vorbeugende Feststellungs- bzw. Unterlassungsklage erreicht, die zunehmend für zulässig erachtet wird. Dieses Ergebnis entspricht auch der fortschreitenden Zulassung sog. Normerlassklagen, da es für die Rechtsschutzsituation des Bürgers oft nur vom Zufall bzw. dem Ausmaß der gegenwärtigen Kodifikation abhängt, ob die Belastung in Form einer geplanten Normsetzung oder deren Unterlassen droht. 284

leading case: Krabbenkamp-Entscheidung (Klage der Nachbargemeinde gegen Erlass eines Bebauungsplans)

Leading case zum vorbeugenden Rechtsschutz gegen untergesetzliche Rechtsnormen war die sog. Krabbenkamp-Entscheidung des BVerwG.[436] Freilich ist schon vorweg darauf hinzuweisen, dass diese Entscheidung wegen mehrerer Besonderheiten nicht verallgemeinerungsfähig ist (vgl. unten). Die Problematik des Falles wird deutlich im an diesen angelehnten, abschließenden und wiederholenden Beispiel: 285

> **Bsp.:** *Der Gemeinderat der kreisangehörigen Gemeinde G beschließt die Aufstellung eines Bebauungsplanes für das Gebiet des sog. Lerchenwaldes, da das Bauland im Gemeindegebiet knapp wird. An den Lerchenwald grenzt ein reines Wohngebiet, das bereits zur Nachbargemeinde gehört. Der Planungsentwurf sieht nun vor, dass der Lerchenwald gerodet wird und an seiner Stelle ein Mischgebiet entsteht. Dagegen bringt die Nachbargemeinde N vor, dass dies zu erheblichen Immissionsbelastungen führen werde. Der Gemeinderat weist diese Bedenken zurück und beschließt den Bebauungsplan nach ordnungsgemäßer Bürgerbeteiligung als Satzung.*
>
> *Eine Bekanntmachung ist noch nicht erfolgt. Kann N zum gegenwärtigen Zeitpunkt rechtliche Schritte gegen den Bebauungsplan unternehmen, zumal der Baugenehmigungsbehörde bereits Bauanträge für den Lerchenwald vorliegen?*

434 Vgl. zu § 47 VwGO **Hemmer/Wüst, Verwaltungsrecht II, Rn. 350 ff.**; zur abstrakten Normenkontrolle nach Art. 93 I Nr. 2 GG (mit der Ausnahme bei Zustimmungsgesetzen zu völkerrechtlichen Verträgen) **Hemmer/Wüst, Staatsrecht I, Rn. 18**.

435 Vgl. die Nachweise bei Kopp/*Schenke-Schenke*, § 47 VwGO, Rn. 12; a.A. Jäde, BayVBl. 1984, 225; BayVBl. 2003, 449.

436 BVerwGE 40, 323 ff. = **juris**byhemmer.

Vorbemerkung für Bayern:

Zu denken ist an eine Popularklage zum BayVerfGH gem. Art. 98 S. 4, 2 Nr. 7, 55 BayVerfGHG. Diese ist statthaft gegen Normen des Landesrechts. Dazu gehören auch Bebauungspläne i.S.d. § 10 BauGB. Voraussetzung ist allerdings – wie bei der Normenkontrolle nach Art. 93 I Nr. 2 GG auch –, dass die Norm bereits existent ist. Dies ist erst nach der Verkündung der Fall (§ 12 S. 4 BauGB). Derzeit ist eine Popularklage unzulässig. Zudem prüft der BayVerfGH allein die Verfassungswidrigkeit, die bei Bebauungsplänen nur selten gegeben sein wird.

1. Vorbeugende Normenkontrolle

N könnte als juristische Person des öffentlichen Rechts[437] einen Antrag auf Normenkontrolle durch das OVG/den VGH gem. § 47 I Nr. 1 Alt. 1 VwGO stellen. Gegenstand wäre eine bauplanungsrechtliche Satzung, auf deren Grundlage Verwaltungsakte ergehen können, die im Verwaltungsrechtsweg anfechtbar wären. Allerdings ist zum gegenwärtigen Zeitpunkt die Voraussetzung des Normerlasses noch nicht gegeben. Fraglich ist, ob eine präventive/vorbeugende Normenkontrolle zulässig ist.

Aufgrund der vorliegenden Planreife i.S.d. § 33 I BauGB droht der Erlass einer Vielzahl von einzelnen Baugenehmigungen, gegen die N einzeln per Anfechtungswiderspruch/-klage vorgehen müsste. Der Gesichtspunkt des Rechts auf effektiven Rechtsschutz aus Art. 19 IV GG könnte mithin heranzuziehen sein.

Hiergegen spricht der klare Wortlaut des § 47 I VwGO. In Frage kommt daher nur eine analoge Anwendung des § 47 VwGO. Eine Regelungslücke besteht. Fraglich ist, ob diese planwidrig ist. Das hängt davon ab, ob eine ähnliche Interessenlage wie im gesetzlich geregelten Fall besteht. Die Überprüfung durch eine prinzipale Normenkontrolle soll erst stattfinden, wenn der Norminhalt bereits unabänderlich feststeht. Art. 19 IV GG gewährleistet den subjektiven Rechtsschutz, die prinzipale Normenkontrolle dient vor allem der objektiven Rechtskontrolle. Also lässt sich aus diesem Grundrecht nicht notwendig ein Recht auf effektiven Rechtsschutz durch die prinzipale Normenkontrolle ableiten.

Den Erfordernissen des Art. 19 IV GG ist Genüge getan, wenn eine inzidente Normenkontrolle durch eine andere Klageart zur Verfügung steht.[438]

Das tragende Argument gegen die (analoge) Anwendung des § 47 VwGO ist der Gewaltenteilungsgrundsatz, welcher den Gerichten verbietet, in den Gestaltungsspielraum des Normgebers bereits während des Normsetzungsverfahrens einzugreifen (Art. 20 II S. 2 GG). „§ 47 VwGO dient (...) nicht der vorbeugenden, präventiven Überprüfung werdenden Rechts (...)“.[439]

2. Vorbeugende Feststellungs-/ Unterlassungsklage

a) Zulässigkeit: Klagebegehren der N ist, dass der Bebauungsplan nicht mit diesem Inhalt in Kraft tritt. Dies kann nur im Wege des vorbeugenden Rechtsschutzes erreicht werden.

Zu denken ist dabei an die Leistungsklage in Form der Unterlassungsklage und an die allgemeine Feststellungsklage. Nach Ansicht des BVerwG dient die Subsidiaritätsklausel des § 43 II VwGO v.a. dazu, der Umgehung der Sonderregeln der Anfechtungs- und Verpflichtungsklage vorzubeugen,[440] greift also hier nicht ein. Das Feststellungsurteil ist jedoch nicht vollstreckbar, sodass die Unterlassungsklage das Rechtsschutzziel besser ausschöpft.

437 Denken Sie daran, dass die Gemeinden bei der Normenkontrolle je nach Konstellation als juristische Person oder als Behörde nach § 47 II S. 1 VwGO antragsberechtigt sein können!

438 Kopp/*Schenke-Schenke*, § 47 VwGO, Rn. 12; wer wie Renck (NJW 1980, 1022, 1024 f.) in der Normenkontrolle ein rein objektives Rechtsbeanstandungsverfahren sieht, tut sich mit der Ablehnung des Rückgriffs auf Art. 19 IV GG verhältnismäßig leicht, hat aber dafür größere Argumentationsarbeit zur Begründung seiner Ansicht zu leisten.

439 BVerwG, BayVBl. 1993, 58 (59) = **juris**byhemmer.

440 E 40, 323 (328) = **juris**byhemmer.

Soweit man der Ansicht folgt, dass von einem Hoheitsträger erwartet werden kann, er werde sich auch einem Feststellungsurteil beugen, sodass dieses insofern keinen defizitären Rechtsschutz bietet, kann man natürlich auch eine Feststellungsklage annehmen, wie das BVerwG im Ausgangsbeispiel.

N kann ein besonderes Rechtsschutzbedürfnis als Voraussetzung des vorbeugenden Rechtsschutzes vorweisen. Angesichts des drohenden Vollzuges des planreifen Bebauungsplans kann der repressive Rechtsschutz durch Anfechtungsklagen bzw. durch eine Normenkontrolle nicht mehr effizient wirken. Es besteht die Gefahr der Schaffung vollendeter Tatsachen. Ein Zuwarten ist N daher nicht zumutbar.

Zudem ist fraglich, ob N überhaupt erfolgreich einzelne Baugenehmigungen angreifen könnte. Zwar kann sie die mögliche Verletzung des Abstimmungsgebotes (§ 2 II S. 1 BauGB) als subjektives öffentliches Recht geltend machen. Aber es erscheint fraglich, ob die Missachtung dieses Rechts auf die kleinen Einzelvorhaben durchschlägt, da regelmäßig nicht das einzelne Haus sondern erst die Gesamtheit der Häuser und damit die Verwirklichung des Gesamtplans auf die Planungshoheit der N einwirkt.

Problematisch ist das allgemeine Rechtsschutzbedürfnis. Das Leistungs- (wie auch das Feststellungs-) Urteil wirkt nur inter partes. Das LRA als Baugenehmigungsbehörde ist jedoch nicht am Streit beteiligt. Hier muss man davon ausgehen, dass diese neutrale Behörde den Richterspruch berücksichtigen wird bzw. selbst die Rechtswidrigkeit im Rahmen ihrer Prüfung nach § 10 III BauGB erkennen wird.

Ein Unterlassungsanspruch der N könnte sich aus der möglichen Verletzung des § 2 II S. 1 BauGB ergeben. Eine Klagebefugnis analog § 42 II VwGO ist daher zu bejahen.

b) Begründetheit: Wegen der Verletzung des Planabstimmungsgebotes, das gerade dem Schutz der Interessen der N dient, könnte ihr je nach Einzelfall (hier ist der Sachverhalt zu dünn) ein Unterlassungsanspruch gegen G zustehen. Die Klage wäre dann begründet.

Exkurs: Zu denken ist außerdem an die Verbindung einer vorbeugenden Unterlassungsklage mit einer einstweiligen Anordnung nach § 123 VwGO.

hemmer-Methode: De facto handelt es sich um eine vorbeugende prinzipale Normenkontrolle ohne allgemeinverbindliche Wirkung vor dem VG. Das BVerwG hat seine Rechtsprechung bisher nicht verallgemeinert, sondern eng auf Bebauungspläne als Planungsentscheidungen beschränkt. Der Bebauungsplan ist eine Mischform zwischen Allgemeinverfügung i.S.d. § 35 S. 2 VwVfG und Rechtssatz und ist nur wegen § 10 BauGB eindeutig als Rechtsnorm einzuordnen. Zudem handelt es sich aufgrund des § 33 BauGB um eine speziell planungsrechtliche Konstellation und die Klägerin war eine juristische Person des öffentlichen Rechts, die ihrerseits Trägerin des „hochsensiblen Rechtsguts der kommunalen Planungshoheit"[441] ist. Eine Klagemöglichkeit für Private hat das Gericht zwar nicht ausgeschlossen, aber bisher abgelehnt.[442] Halten Sie sich daher mit Verallgemeinerungen der Krabbenkamp-Entscheidung zurück!

441 Dreier, JA 1987, 415, 427.

442 Vgl. JuS 1978, 626.

3. ABSCHNITT: RECHTSMITTEL UND WIEDERAUFNAHME

§ 11 RECHTSMITTEL

Rechtsmittel nach der VwGO: Berufung, Revision und Beschwerde

Die Rechtsmittel der VwGO sind die Berufung, die Revision und die Beschwerde. Rechtsmittel gehören zu den gerichtlichen Rechtsbehelfen.[443] 286

hemmer-Methode: Bemühen Sie sich um sprachliche Klarheit auch in Bereichen, in denen viel durcheinander geworfen wird: Rechtsbehelfe im weitesten Sinne sind alle prozessualen Möglichkeiten zur Verwirklichung eines Rechts. Soweit diese vor ein Gericht (und nicht z.B. zur übergeordneten Behörde) führen, spricht man von gerichtlichen Rechtsbehelfen. Dieser weite Begriff erfasst ordentliche und außerordentliche Rechtsbehelfe sowie die Rechtsmittel i.e.S. Die Zuordnung von Berufung, Revision und Beschwerde als Rechtsmittel ergibt sich unmittelbar aus der VwGO selbst. Vergleichen Sie auch § 58 I VwGO, der ausdrücklich Rechtsmittel und andere Rechtsbehelfe voneinander unterscheidet.

wichtige Kennzeichen: Suspensiv- und Devolutiveffekt

Ihre besonderen Kennzeichen sind Suspensiv- und Devolutivwirkung. Das bedeutet, dass mit der Einlegung des Rechtsmittels die Streitsache einerseits an eine höhere Instanz gebracht und deren Zuständigkeit begründet wird (= Devolutivwirkung) und andererseits der Eintritt der Rechtskraft der Entscheidung gehemmt wird (= Suspensivwirkung).[444]

hemmer-Methode: Auch im Zusammenhang mit § 80 VwGO wird von Suspensivwirkung gesprochen (vgl. oben Rn. 9). Dabei geht es aber nicht um die Hemmung der Rechtskraft, sondern nach der herrschenden Vollzugstheorie um die Vollziehbarkeit des VA bzw. nach der a.A. um dessen Wirksamkeit (vgl. oben Rn. 82 ff.). Vielfach spricht man in diesem Zusammenhang deshalb allein von der aufschiebenden Wirkung, statt vom Suspensiveffekt.

Verbot der reformatio in peius

Ein anderes charakteristisches Merkmal des Rechtsmittels ist das Verbot der Verböserung (reformatio in peius: §§ 129, 141 VwGO). Dieses „Verböserungsverbot" bedeutet, dass die Entscheidung im Rechtsmittelverfahren für den Rechtsmittelführer (außer in Fällen, in denen die Gegenpartei auch Rechtsmittel eingelegt hat, vgl. unten Rn. 308 und Rn. 330) nicht schlechter ausfallen darf als im Ausgangsverfahren. Es dürfen also im Vergleich zum Ausgangsverfahren weder zusätzliche Belastungen auferlegt, noch bestehende Begünstigungen geschmälert werden. Sinn des Verbots einer reformatio in peius ist v.a., die Möglichkeit der Rechtsmitteleinlegung nicht durch die Gefahr einer weiteren Verschlechterung faktisch zu beschneiden.[445] 287

Gegenstand des Rechtsmittelverfahrens ist unmittelbar nur die vorangegangene gerichtliche Entscheidung, die zugrunde liegende Verwaltungsentscheidung wird also nur mittelbar überprüft. 288

Wiederaufnahme (kein Rechtsmittel, außerordentlicher gerichtlicher Rechtsbehelf)

Die Wiederaufnahme des Verfahrens ist nicht Rechtsmittel, sondern außerordentlicher gerichtlicher Rechtsbehelf. Sie zielt jedoch wie ein Rechtsmittel auf die Beseitigung der Entscheidung ab und unterliegt ähnlichen Verfahrensregeln. 289

---

443 Vgl. dazu auch **Hemmer/Wüst, Verwaltungsrecht I, Rn. 4 ff.**

444 Kopp/*Schenke*, Vor §124 VwGO, Rn. 1.

445 Zur reformatio in peius im Widerspruchsverfahren und ihren Auswirkungen auf die Anfechtungsklage vgl. **Hemmer/Wüst, Verwaltungsrecht I, Rn. 504 ff.**

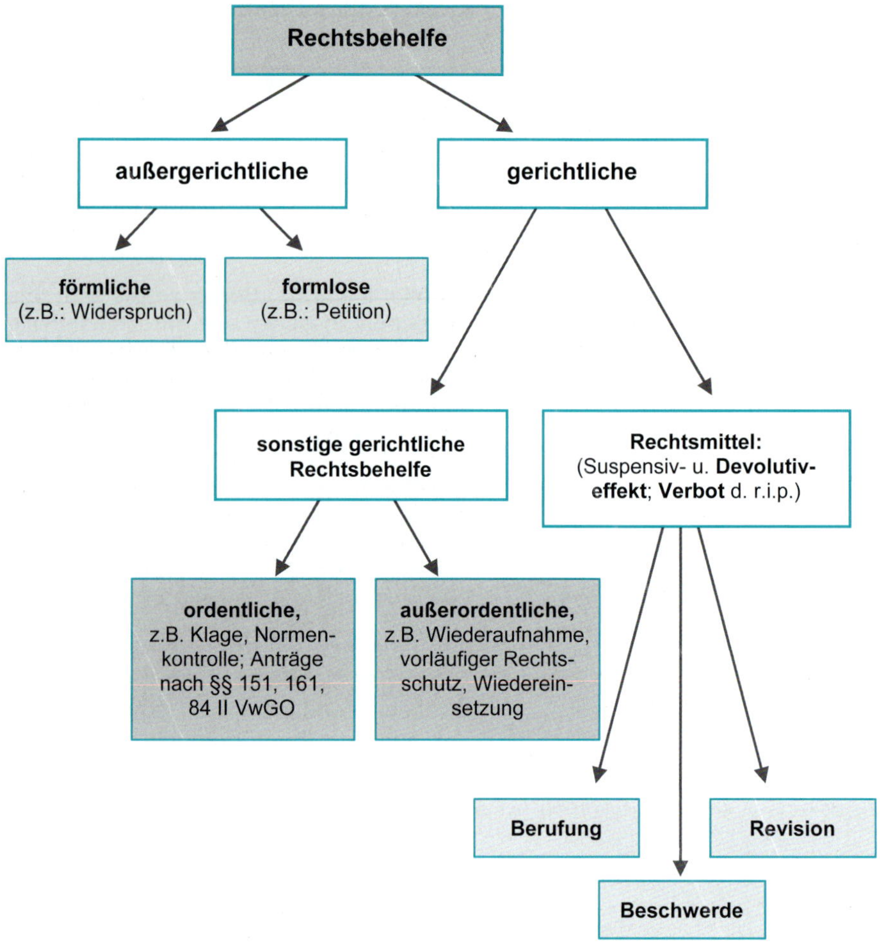

A) Berufung

Berufung als Rechts- u. Tatsacheninstanz

Mit der Berufung wird die erstinstanzliche Entscheidung in tatsächlicher und rechtlicher Hinsicht kontrolliert, sie ist also zweite Tatsacheninstanz. Die Berufung hat Aussicht auf Erfolg, wenn sie zulässig und begründet ist. *290*

I. Zulassung der Berufung[446]

bisherige Rechtslage

§§ 124, 124a VwGO regeln die vorrangig zu prüfende Zulassung der Berufung. *291*

Ziel

Sinn und Zweck der Einführung eines vorab durchzuführenden Zulassungsverfahrens ist die Entlastung der Gerichte und die Beschleunigung des Verfahrens.

hemmer-Methode: Verfassungsrechtlich ist das Zulassungserfordernis wohl unbedenklich, da Art. 19 IV GG nach h.M. keinen mehrstufigen Instanzenweg fordert.[447] Art. 19 IV GG gewährt Schutz durch und nicht Schutz vor dem Richter.

Die Zulassung ist sowohl durch das OVG wie auch durch das erstinstanzlich entscheidende VG selbst möglich, § 124 I VwGO.[448]

446 Umfassend zum Zulassungsverfahren **Life&Law 09/1998, 618**; die Zulassung der Berufung war bspw. Gegenstand des Zweiten Bayerischen Staatsexamens 2000 II.

447 Schenke, NJW 1997, 81, 91.

448 Vgl. zur Neufassung des Berufungsrechts Geiger, BayBl. 2003, 65; Kuhla/Hüttenbrink, DVBl. 2002, 85; Kopp/*Schenke*, § 124a VwGO, Rn. 2.

1. Zulassung durch das VG

291a
Zulassung der Berufung durch das VG:

⇨ materielle Voraussetzungen = Vorliegen eines Zulassungsgrundes, § 124 II Nr. 3 u. 4 VwGO, vgl. § 124a I S. 1 VwGO

hemmer-Methode: Die Zulassung durch das VG wird kaum einmal Gegenstand einer Klausur im ersten Staatsexamen sein: Entweder hat das VG die Berufung zugelassen oder eben nicht. Es gibt keine Möglichkeit, das VG durch Rechtsmittel zu einer Zulassung zu zwingen. Soweit das VG nicht zugelassen hat, muss der Beteiligte die Zulassung durch das OVG/VGH beantragen. Lässt das VG die Berufung zu, ist das VG hieran gebunden § 124a I S. 2 VwGO.[449] Zu einer „Nichtzulassung" im Sinne einer ausdrücklichen Entscheidung im Tenor ist das VG allerdings nicht berechtigt, vgl. § 124a I S. 3 VwGO.
Anders die Klausurrelevanz im Zweiten Staatsexamen: Hier kann die Zulassung nach § 124a I VwGO i.R.d. vollständigen Fertigung eines Urteils durchaus einmal abgefragt werden.

a) Formelle Voraussetzungen

Die Zulassung durch das VG erfolgt von Amts wegen im Urteil selbst. Besondere formelle Voraussetzungen sind demnach nicht zu beachten. 291b

b) Materielle Voraussetzungen

Das VG lässt die Berufung zu, wenn einer der Zulassungsgründe nach § 124 II Nr. 3, 4 VwGO vorliegt, § 124a I VwGO.[450] Dem Gericht kommt dabei kein Ermessen oder Beurteilungsspielraum zu, so dass ggf. eine Zulassungspflicht besteht.[451] 291c

2. Zulassung durch das OVG/VGH

Prüfungsschema zur Zulassung der Berufung

292
Prüfungsschema zur Zulassung der Berufung:

⇨ Zulässigkeit des Berufungszulassungsantrags

- Antragsberechtigung und Beschwer
- Antragsfrist, § 124a IV S. 1 VwGO
- Form (Begründung und Begründungsfrist), § 124a IV S. 2 - 4 VwGO
- Zuständigkeit, § 124a V S. 1 VwGO

⇨ Begründetheit des Zulassungsantrags, § 124a V S. 2 VwGO

- Zulassungsgrund nach § 124 II VwGO liegt vor und ist dargelegt

449 Dies gilt auch im Fall der rechtswidrigen Zulassung, vgl. BVerwG, BayVBl. 2005, 283 = **juris**byhemmer; BayVGH, BayVBl. 2005, 276 = **juris**byhemmer.

450 Einzelheiten hierzu in Rn. 297.

451 Kopp/*Schenke*, § 124a VwGO, Rn. 6.

a) Zulässigkeit des Zulassungsantrags

formelle Voraussetzungen, § 124a I VwGO

Die Zulässigkeitsanforderungen an den Zulassungsantrag ergeben sich aus § 124a IV VwGO. 293

aa) Rechtsmittelberechtigung und Beschwer

Grundsätzlich sind Rechtsmittelberechtigung und Beschwer Fragen der Zulässigkeit der Berufung und nicht deren Zulassung. Es macht allerdings wenig Sinn eine Berufung zuzulassen, die dann an diesen Punkten scheitert, sodass beide Aspekte in der Praxis schon der Zulässigkeit des Zulassungsantrags geprüft werden. Aus Gründen der Übersichtlichkeit sind beide Fragen hier allerdings in der Zulässigkeit der Berufung als solche dargestellt (vgl. unten Rn. 306 ff.).

hemmer-Methode: Sollten Sie einen Zulassungsantrag prüfen müssen, empfiehlt es sich mit der Praxis die Rechtsmittelberechtigung und die Beschwer bereits in der Zulässigkeit des Zulassungsantrags zu bearbeiten.

bb) Antragsfrist

Frist, § 124a IV S. 1 VwGO: ein Monat

Nach § 124a IV S. 1 VwGO muss der Antrag auf Zulassung der Berufung innerhalb eines Monats nach Zustellung des Urteils bei dem Verwaltungsgericht gestellt werden. Diese Frist läuft für jeden Beteiligten gesondert. 294

cc) Form

Form, § 124a I S. 2 - 4 VwGO

Die Formanforderungen ergeben sich aus § 124a IV S. 2 - 4 VwGO. 295

Der Antrag muss nach § 124a IV S. 2 VwGO beim Verwaltungsgericht gestellt werden. Der Eingang des Zulassungsantrages beim OVG/VGH wirkt nicht fristwahrend. Die Berufungszulassungsgründe müssen innerhalb der Frist gem. § 124a IV S. 4 VwGO abschließend dargelegt werden, d.h. dass die geltend gemachten Zulassungsgründe genau bezeichnet und erläutert werden müssen. Die Berufungszulassungsbegründung ist nach § 124a IV S. 5 VwGO an das OVG/VGH zu richten. Nach § 124a IV S. 6 VwGO kommt dem Antrag Suspensivwirkung zu.

Postulationsfähigkeit

Bereits für den Zulassungsantrag besteht nach § 67 IV S. 2 VwGO Anwaltszwang, so dass der Rechtsmittelführer selbst nicht postulationsfähig ist, sondern sich durch einen Rechtsanwalt[452] oder einen Rechtslehrer an einer deutschen Hochschule vertreten lassen muss. Der Zulassungsantrag kann nur durch einen solchen postulationsfähigen Vertreter wirksam gestellt werden. 295a

hemmer-Methode: Etwas anderes gilt, wenn der Rechtsmittelführer selbst Rechtsanwalt ist (vgl. § 173 VwGO, § 78 IV ZPO).

Juristische Personen des öffentlichen Rechts können nach § 67 IV S. 4 VwGO durch Beamte oder Angestellte mit der Befähigung zum Richteramt vertreten werden.

---

452 Nach § 67 I S. 4 u. 5 VwGO sind in abgabenrechtlichen Streitigkeiten auch Steuerberater und Wirtschaftsberater, in beamtenrechtlichen Streitigkeiten i.w.S. auch „Gewerkschaftsvertreter" postulationsfähig.

dd) Zuständigkeit

Zuständigkeit, § 124a II S. 1 VwGO

Die Entscheidung über den Antrag trifft das OVG/VGH, § 124a V S. 1 VwGO. 296

b) Begründetheit des Zulassungsantrags

Die Berufung ist nur dann zuzulassen, wenn einer der fünf in § 124 II VwGO geregelten Zulassungsgründe gegeben und dargelegt ist, § 124a V S. 2 VwGO:

Zulassungsgründe, § 124 II VwGO

297

Zulassungsgründe des § 124 II VwGO:[453]

- ⇨ ernstliche Zweifel an der Richtigkeit des Urteils, § 124 II Nr. 1 VwGO
- ⇨ besondere rechtliche oder tatsächliche Schwierigkeiten, § 124 II Nr. 2 VwGO
- ⇨ grundsätzliche Bedeutung der Rechtssache, § 124 II Nr. 3 VwGO
- ⇨ Divergenz, § 124 II Nr. 4 VwGO
- ⇨ Verfahrensmangel, § 124 II Nr. 5 VwGO

hemmer-Methode: Klausurrelevanz wird hierbei wohl nur Nr. 1, 2 und eventuell Nr. 5 zukommen. Die grundsätzliche Bedeutung einer Rechtssache i.S.d. Nr. 3 dürfte ebenso wenig abgeprüft werden wie die Divergenz nach Nr. 4.

ernstliche Zweifel; summarische Prüfung: nur materielle Mängel

Nach § 124 II Nr. 1 VwGO ist die Berufung zuzulassen, wenn ernstliche Zweifel an der Richtigkeit des Urteils bestehen[454]. Hier gilt es, eine summarische Prüfung vorzunehmen. Erfasst werden nur materielle Mängel,[455] bei Mängeln beim Zustandekommen der Entscheidung ist § 124 II Nr. 5 VwGO einschlägig. Als materielle Mängel kommen in Betracht: fehlerhafte Auslegung einer Norm, Nichtanwendung einer rechtserheblichen Norm sowie fehlerhafte Sachverhalts-/Beweiswürdigung. Die Zweifel müssen dabei am Ergebnis, d.h. dem Tenor des Urteils und nicht nur der Begründung bestehen.[456]

Die Folge dieses Ansatzes wäre, dass die Erfolgsaussichten der Klage 1. Instanz inzident im Rahmen des § 124 II Nr. 1 VwGO zu prüfen wären.

hemmer-Methode: Ergebnis eines solchen Aufbaus ist eine extreme „Kopflastigkeit“ der Klausur. Innerhalb der Begründetheit der eigentlichen Berufung ist dann meist nur noch ein „siehe oben“ angebracht. Gerade Musterlösungen zum Bayerischen Examen favorisieren aber gerade diesen Aufbau.

Damit würde aber die eigentliche Berufung im Zulassungsverfahren bereits vorweggenommen, was v.a. deshalb problematisch ist, weil es gegen die Nichtzulassung keine weiteren Rechtsmittel gibt, vgl. § 124a IV S. 4 VwGO, während gegen eine Abweisung der Berufung als unbegründet immer noch die Revision bzw. die Nichtzulassungsbeschwerde möglich ist.

---

453 Vgl. zu den Zulassungsgründen im einzelnen Eyermann-*Happ*, § 124 VwGO, Rn. 6 ff.; Kopp/*Schenke*, § 126 VwGO, Rn. 6 ff.

454 Vgl. hierzu BVerwG, DVBl. 2002, 1557; VGH Mannheim, NVwZ 1997, 1230; 1998, 865; VGH Kassel, NVwZ 2000, 85: **alle Entscheidungen = juris**byhemmer; vgl. zu diesem Zulassungsgrund auch Kuhla, DVBl. 2001, 172.

455 Vgl. hierzu näher Bader, NJW 1998, 409, 410.

456 OVG Münster, NVwZ 1998, 759 = **juris**byhemmer.

Dies ist im Hinblick auf Art. 19 IV GG bedenklich, der zwar keinen Anspruch auf eine zweite Instanz gibt, aber einschlägig ist, wenn der Zugang zu einer gesetzlich vorgesehenen zweiten Instanz unzulässig eingeschränkt wird. Aus diesem Grund muss es für eine Zulassung nach § 124 II Nr. 1 VwGO genügen, wenn ein tragender Grund der Entscheidung in Frage gestellt ist. Es muss im Zulassungsverfahren hingegen noch nicht feststehen, dass der Tenor sicher oder mit überwiegender Wahrscheinlichkeit anders ausfallen wird.[457]

hemmer-Methode: Die Ansicht, die es für § 124 II Nr. 1 VwGO genügen lässt, wenn bereits ein tragender Grund der Entscheidung in Frage gestellt ist, ist dogmatisch zwar überzeugender, in der Klausur aber nur schwer darstellbar. Einfacher ist es, für § 124 II Nr. 1 VwGO vollständig die Erfolgsaussichten der Klage erster Instanz zu prüfen. Die meisten Klausurlösungen folgen diesem Aufbau.

„besondere Schwierigkeiten"

Von praktischer Bedeutung erscheint auch der Zulassungsgrund des § 124 II Nr. 2 VwGO. Unter Rechtssachen, die besondere tatsächliche oder rechtliche Schwierigkeiten aufweisen, sind in Anlehnung an das überwiegende Verständnis des § 6 I S. 1 Nr. 1 VwGO solche zu verstehen, die voraussichtlich in tatsächlicher und rechtlicher Hinsicht größere, d.h. überdurchschnittliche, das normale Maß nicht unerheblich überschreitende Schwierigkeiten verursachen.[458] Die Übertragung des Rechtsstreits auf den Einzelrichter (§ 6 VwGO) schließt den Zulassungsgrund „besondere Schwierigkeiten" in aller Regel aus.

grundsätzliche Bedeutung

§ 124 II Nr. 3 VwGO bietet eine interessante Möglichkeit, europarechtliche Aspekte in die Klausur einfließen zu lassen. Soweit vom EuGH nicht geklärte Fragen streitgegenständlich sind, muss entweder die Berufung nach § 124 II Nr. 3 VwGO zugelassen werden oder bereits im Zulassungsverfahren eine Vorlage an den EuGH nach Art. 267 AEUV erfolgen.[459]

Verfahrensfehler

Nach § 124 II Nr. 5 VwGO stellen auch kausale Verfahrensfehler in der ersten Instanz einen Zulassungsgrund dar.

> ***Bsp.:*** *Das Gericht entscheidet gemäß § 101 II VwGO im schriftlichen Verfahren, ohne dass dem alle Beteiligten zugestimmt hätten.*

Hinsichtlich der Kausalität des Verfahrensfehlers kann insoweit der Rechtsgedanke des § 138 VwGO herangezogen werden, nachdem bei den dort aufgeführten Verfahrensfehlern die Kausalität unwiderlegbar vermutet wird.

hemmer-Methode: In der Begründetheit der Berufung selbst spielen Verfahrensfehler der ersten Instanz grundsätzlich keine Rolle, da das Berufungsgericht nach § 130 I VwGO auch bei Vorliegen solcher Fehler in der Sache selbst entscheiden muss. Ein Verfahrensfehler führt also für sich alleine grundsätzlich nicht zum Erfolg der Berufung. Eine Ausnahme gilt unter den Voraussetzungen des § 130 II VwGO.[460]

c) Entscheidung

unanfechtbare Entscheidung durch Beschluss

Das OVG/der VGH entscheidet über den Antrag durch Beschluss. Mit der Ablehnung der Zulassung wird das Urteil daher rechtskräftig, § 124a V S. 4 VwGO. Die Entscheidung über die Zulassung der Berufung ist unanfechtbar, vgl. § 152 I VwGO.

---

457 BVerfG, Beschluss vom 21.12.2009, 1 BvR 812/09 = **juris**byhemmer; NJW 2010, 1062 = **Life&Law 08/2010, 545**.

458 Schenke, NJW 1997, 81 (91); OVG Münster, NVwZ 1997, 1004; NVwZ 2000, 86; VGH Mannheim, NVwZ 1997, 1230: **alle Entscheidungen** = **juris**byhemmer.

459 BVerfG, NVwZ 2009, 519 = **Life&Law 07/2009, 482** = **juris**byhemmer.

460 Vgl. unten Rn. 323.

Lässt das OVG/der VGH die Berufung zu, wird das Antragsverfahren als Berufungsverfahren fortgesetzt. Der Einlegung der Berufung bedarf es nicht, § 124a V S. 5 VwGO. Allerdings muss die Berufung innerhalb eines Monats nach Zustellung des Beschlusses über die Zulassung der Berufung begründet werden (§ 124a VI S. 1 VwGO).

II. Zulässigkeit der Berufung

Zulässigkeit der Berufung: allgemeine Voraussetzungen, Statthaftigkeit, Berufungsberechtigung, Beschwer

Zu den allgemeinen Prozessvoraussetzungen treten bei der Berufung insbesondere die Prüfungspunkte der Statthaftigkeit, der Rechtsmittelberechtigung und der Beschwer. 298

Besonders zu beachten ist, dass die Prozessvoraussetzungen des Ausgangsklageverfahrens im Rechtsmittelverfahren in der Begründetheit zu prüfen sind, soweit sie nicht auch Voraussetzungen desselben sind (wie z.B. die persönlichen Sachentscheidungsvoraussetzungen).

Damit ergibt sich für die Zulässigkeit der Berufung folgendes Prüfungsschema: 299

Prüfungsschema zur Zulässigkeit der Berufung

Prüfungsschema zur Zulässigkeit der Berufung

⇨ Statthaftigkeit, § 124 I VwGO

⇨ Berufungsberechtigung, § 124 I VwGO

⇨ Ggf. fristgerechte Einreichung, § 124a II VwGO

⇨ Beschwer[461]

⇨ Fristgerechte Begründung, § 124a III, VI VwGO

⇨ Evtl. sonstige Voraussetzungen (soweit Anhaltspunkte), z.B.

- Rechtsschutzbedürfnis
- Kein Ausschluss durch Verzicht oder Verwirkung
- Beteiligten- und Prozessfähigkeit, §§ 61, 62 VwGO
- Vertretung, § 67 IV VwGO

1. Statthaftigkeit

§ 124 I VwGO: statthaft gegen Endurteile des VG

a) Die Berufung muss gegen die angegriffene Entscheidung ihrer Art nach stattfinden können. Gemäß § 124 I VwGO ist das nur bei Endurteilen des VG möglich. Solche sind die Sachentscheidung, das Zwischenurteil über die Zulässigkeit (§ 109 VwGO), das Teilurteil bei nur teilweiser Entscheidungsreife (§ 110 VwGO) und das Zwischenurteil über den Grund (§ 111 VwGO). 300

Exkurs

Verschaffen Sie sich einen Überblick über die in den §§ 109 - 111 VwGO enthaltenen Sonderformen des Urteils:[462] 301

461 Beachten Sie, dass diese z.T. bereits im Zulassungsverfahren geprüft wird, vgl. oben Rn. 292. Eine nochmalige Prüfung i.R.d. Zulässigkeit erscheint dann überflüssig.

462 Diese Sonderarten haben nichts mit der grundlegenden Einteilung zwischen Leistungs-, Gestaltungs- und Feststellungsurteil zu tun; zu dieser Problematik vgl. **Hemmer/Wüst, Verwaltungsrecht I, Rn. 9 ff.**

Das Zwischenurteil über die Zulässigkeit

Ist die Zulässigkeit der Klage streitig oder im Zweifel, kann das Gericht nach § 109 VwGO über diese Frage vorweg entscheiden. Der Zweck dieser Zwischenurteile ist, dass das Gericht eine der Rechtskraft fähige Entscheidung herbeiführen kann, bevor es sich mit u.U. schwierigen und langwierigen Beweisaufnahmen und Überprüfungen zur Begründetheit befassen muss.

Im Zwischenurteil kann über alle Sachurteilsvoraussetzungen entschieden werden; es kann somit die Zulässigkeit insgesamt, aber auch nur hinsichtlich einzelner Voraussetzungen bejahen. Kommt das Gericht dagegen zu dem Ergebnis, dass die Klage nicht zulässig ist, ergeht kein Zwischenurteil, sondern die Klage ist durch Endurteil (in Form eines Prozessurteils) abzuweisen.

Das Teilurteil

Exkurs: Sonderformen des Urteils nach §§ 109 - 111 VwGO

§ 110 VwGO gibt dem Gericht die Möglichkeit, bei teilbarem Streitgegenstand über einen Teil vorweg zu entscheiden, wenn dieser entscheidungsreif ist. Funktion des § 110 VwGO ist zum einen die Entlastung des „Restrechtsstreits“, zum anderen ein schnellerer und effektiverer Rechtsschutz, soweit dieser auf diese Weise möglich ist. Typisches Beispiel der Teilbarkeit des Streitgegenstands sind Fälle der objektiven Klagehäufung i.S.d. § 44 VwGO. Unteilbarkeit liegt dagegen bei unmittelbarer Abhängigkeit der Teile voneinander vor, so z.B. bei Haupt- und Hilfsantrag.

Das Zwischenurteil über den Grund

Ist bei einer Leistungsklage der Anspruch sowohl dem Grunde als auch der Höhe nach streitig, kann das Gericht nach § 111 S. 1 VwGO vorweg darüber entscheiden, ob der Anspruch überhaupt dem Grunde nach gegeben ist. Zweck ist v.a. die Möglichkeit einer rechtskräftigen Entscheidung, bevor in die oft recht aufwendige Prüfung des genauen Umfangs eingestiegen wird. Nach überwiegender, aber bestrittener Auffassung soll ein Zwischenurteil über den Grund auch zulässig sein, wenn die Klage auf Erlass eines Verwaltungsaktes gerichtet ist, der eine Geldleistung zum Gegenstand hat.

Exkurs Ende

auch gegen Gerichtsbescheide nach § 84 III VwGO

Gerichtsbescheide stehen wegen § 84 III HS 1 VwGO den Endurteilen i.S.d. § 124 I VwGO gleich. Eine Berufung gegen die Normenkontrollentscheidung des OVG/VGH nach § 47 V VwGO ist nicht statthaft, vgl. § 132 I VwGO. 302

Exkurs

Der Gerichtsbescheid gibt dem Gericht die Möglichkeit, Fälle, die keine rechtlichen oder tatsächlichen Schwierigkeiten enthalten, in einem vereinfachten Verfahren, d.h. v.a. ohne mündliche Verhandlung, zu entscheiden. Ob das Gericht davon Gebrauch macht, steht in seinem Ermessen. 303

Um Art. 103 I GG nicht zu verletzen, sieht § 84 II Nr. 1 VwGO vor, dass nach Zustellung des Gerichtsbescheids stets eine mündliche Verhandlung beantragt werden kann.

hemmer-Methode: Die Examensrelevanz des Gerichtsbescheids als Entscheidungsform dürfte weder im ersten noch im zweiten Examen groß sein, da sich Fälle ohne rechtliche Schwierigkeiten für die Prüfung selten eignen. Von Interesse dürfte er im ersten Examen nur als Einstiegsproblem für die Statthaftigkeit der Berufung sein, für Referendare könnte auch einmal § 84 II Nr. 3 VwGO i.V.m. der Prüfung einer Nichtzulassungsbeschwerde von Interesse sein. Daneben kann § 84 II VwGO als „Hilfe“ im Bereich der Rechtsmittel herangezogen werden, da hier ein umfassender Überblick über die denkbaren Rechtsmittel gegeben wird.

Exkurs Ende

bei sog. inkorrekter Entscheidung Grundsatz der Meistbegünstigung

b) Ein in der Statthaftigkeitsprüfung mögliches Problem ist das der sog. inkorrekten Entscheidung, die in der falschen Form ergeht (z.B. erlässt das VG eine einstweilige Anordnung durch Urteil statt durch Beschluss, § 123 IV VwGO). Grundsätzlich ist das der äußeren Form der Entscheidung entsprechende Rechtsmittel gegeben.[463] 304

Nach dem Grundsatz der Meistbegünstigung kann der Rechtsmittelführer aber auch das dem materiellen Inhalt der Entscheidung entsprechende Rechtsmittel einlegen (im obigen Beispiel also eine Beschwerde).[464]

Bestandteile eines Urteils: 305

- „Urteil" und „im Namen des Volkes“
- Urteilskopf bzw. Rubrum: Bezeichnung der Beteiligten und des Gerichts (§ 117 II Nr. 1 u. 2 VwGO)
- Urteilsformel bzw. Tenor (§ 117 II Nr. 3 VwGO)
- Tatbestand
- Gründe
- § 58 VwGO, Rechtsbehelfsbelehrung (§ 117 II Nr. 6 VwGO)
- Unterschrift der mitwirkenden Richter

2. Rechtsmittelberechtigung

berufungsberechtigt: Beteiligte der ersten Instanz

Berufungsberechtigt sind nach § 124 I VwGO nur die Beteiligten der 1. Instanz. Wegen § 125 I VwGO gilt auch hier der Beteiligtenbegriff des § 63 VwGO. 306

hemmer-Methode: Achten Sie hierbei auf die Terminologie: Der Kläger erster Instanz kann durchaus Beklagter zweiter Instanz werden, nämlich Rechtsmittelbeklagter, wenn der ursprüngliche Beklagte Berufung einlegt.

grds. auch durch Vertreter des öffentlichen Interesses (VöI, § 36 VwGO) möglich

Ein recht beliebtes Klausurproblem ist die Rechtsmitteleinlegung durch den Vertreter des öffentlichen Interesses (VöI, § 36 VwGO),[465] der wegen § 63 Nr. 4 VwGO Beteiligter sein kann. 307

463 Gleiches gilt bei VAen im Gewand der VO: Normenkontrolle nach § 47 VwGO ist zulässig (str.), vgl. Kopp/*Schenke-Schenke*, § 47 VwGO, Rn. 27 m.w.N.

464 Pietzner/Ronellenfitsch, § 26, Rn. 960 ff. Beachten Sie, dass die Rn. 298 - 300 im Zuge der Überarbeitung weggefallen sind, da § 131 VwGO (Zulassung der Berufung in besonderen Fällen) durch das 6. VwGOÄndG aufgehoben wurde.

465 In Bayern: Landesanwaltschaft, Z/T Nr. 903 (LABV).

Fall: Das VG hat die kreisfreie Stadt S auf die Klage des A hin verpflichtet, diesem eine Baugenehmigung zu erteilen. Das Urteil wird dem Kläger A am 03.09. (Samstag), der Beklagten S am 01.09. (Donnerstag) durch Postzustellungsurkunde (PZU) zugestellt. Der Völ am VG, der sich bisher an diesem Verfahren nicht beteiligt hat und vom VG das Urteil am 05.09. zugestellt bekam, stellt am Mittwoch, dem 05.10. Antrag auf Zulassung der Berufung beim VG.

Die Urteilszustellung erfolgt nach § 116 I S. 2 VwGO an alle Beteiligten und richtet sich nach der ZPO (§ 56 II VwGO). Die Zustellung durch PZU wurde am 01.09. bzw. 03.09. bewirkt. Gemäß § 57 II VwGO i.V.m. § 222 I ZPO, § 187 I BGB begann die Ereignisfrist des § 124a I S. 1 VwGO für S am 02.09. und für A am 04.09. zu laufen. Fristablauf ist für beide Male der 04.10. (Dienstag), da der 01.10. ein Samstag und der 03.10. ein Feiertag ist: § 188 II BGB, § 222 II ZPO.

hemmer-Methode: Wenn Sie sich bei der Lektüre des Skripts gerade keine weiteren Gedanken über die Daten gemacht und so den Samstag am 01.10 nicht entdeckt haben, ist das noch verzeihlich. Denken Sie in der Klausur aber unbedingt an Fristverschiebungen durch eventuelle Wochenenden bzw. Feiertage, insbesondere wenn die Frist irgendwie knapp auszugehen scheint. Denken Sie außerdem gerade in der Verwaltungsrechtsklausur an einen Kalender, soweit dessen Benutzung nach der für Sie einschlägigen Prüfungsordnung zulässig ist!

Der Völ hatte im bisherigen Verfahren von seiner Beteiligungsbefugnis (§ 63 Nr. 4 VwGO) keinen Gebrauch gemacht. Solange das Verfahren am für ihn zuständigen Gericht anhängig ist, kann er aber jederzeit diese Befugnis ausüben und sogar nach Ergehen einer Entscheidung ein Rechtsmittel einlegen.

Letzteres ist jedoch nur solange möglich, als zumindest für einen Beteiligten die Rechtsmittelfrist noch nicht abgelaufen ist.[466] Mit Ablauf des 04.10. war dies für A und S der Fall. Der Antrag des Völ auf Zulassung der Berufung war damit verfristet. Etwas anderes hätte sich nur dann ergeben, wenn der Völ sich schon zuvor am Verfahren beteiligt hätte. Dann wäre er Beteiligter i.S.d. §§ 124 I, 63 Nr. 4 VwGO, so dass mit der Zustellung an ihn eine eigene Rechtsmittelfrist in Gang gesetzt worden wäre. Da dies hier aber nicht der Fall war, ist die Berufung unzulässig.

Sobald ein anderer Beteiligter als der Völ einen Antrag auf Zulassung der Berufung einstellt hat, kann sich nur noch der Völ am OVG/VGH durch Anschlussberufung beteiligen; nicht mehr der Völ am VG.[467] 308

3. Ggf. fristgerechte Einlegung der Berufung

fristgerechte Berufungseinlegung: nur bei Zulassung durch VG relevant

Soweit das VG selbst die Berufung zugelassen hat, ist die Berufung binnen eines Monats nach Zustellung des Urteils bei dem VG einzulegen, § 124a II VwGO. Soweit die Zulassung erst auf Antrag durch das OVG/VGH erfolgt, ist kein gesonderter Berufungsantrag mehr erforderlich, § 124a V S. 5 VwGO. 308a

4. Beschwer

a) Beschwer bei der Berufung im Allgemeinen

Beschwer: nach h.M: für Kläger und Beklagten formelle Beschwer ausreichend

aa) Für die Feststellung der Beschwer sind zwei Ansatzpunkte denkbar: die formelle und die materielle Beschwer. Erstere wird angenommen, wenn die angegriffene Entscheidung etwas versagt, was der Rechtsmittelführer begehrt hat.[468] 309

466 Kopp/Schenke-*Ruthig*, § 36 VwGO, Rn. 3; Kopp/*Schenke*, § 63 VwGO, Rn. 5, Vor § 124 VwGO, Rn. 37.

467 Kopp/*Schenke*, Vor § 124 VwGO, Rn. 37.

468 Pietzner-Ronellenfitsch, § 26, Rn. 947; Kopp/*Schenke*, Vor § 124 VwGO, Rn. 39 ff.

Letztere erfordert wie § 42 II VwGO eine materiell-rechtliche Betroffenheit. Anders als im Zivilprozessrecht fordert die h.M. nicht nur für den Kläger, sondern auch für den Beklagten die formelle Beschwer.[469]

materielle Beschwer dagegen beim Beigeladenen erforderlich

bb) Materiell beschwert muss dagegen der Beigeladene als Rechtsmittelkläger sein, denn er ist nicht verpflichtet, im Verfahren Anträge zu stellen. 310

Bsp.: *Das LRA erteilt A eine Baugenehmigung, ohne das Einvernehmen der Gemeinde nach § 36 BauGB eingeholt zu haben, unter Verletzung nachbarschützender bauordnungsrechtlicher Abstandsflächenregelungen. Nachbar N erhebt Anfechtungsklage, die Gemeinde wird beigeladen. Das VG weist die Klage als unbegründet zurück.*

N ist als Kläger formell beschwert. Die Gemeinde wäre wegen § 36 BauGB selbst klagebefugt i.S.d. § 42 II VwGO gewesen. Sie ist insoweit materiell beschwert, da das VG die Verletzung ihrer Planungshoheit nicht beachtet hat. Die Missachtung der Abstandsflächen berührt sie dagegen nicht in ihren rechtlichen Interessen.

bei Völ gar keine Beschwer erforderlich

cc) Eine Sonderstellung hat wieder der Völ. Als solcher muss er nicht beschwert sein, soweit ihm daran gelegen ist, einen anderslautenden Tenor (nicht nur Gründe) zu erwirken. In Bundesländern,[470] in denen der Völ auch als Vertreter des Landes auftreten kann (§ 36 I S. 2 VwGO), ist streng zu unterscheiden, in welcher Rolle er tätig wird. Ist er Vertreter des Staates als Kläger/Beklagter, muss auf die formelle Beschwer abgestellt werden; dann ist er Beteiligter i.S.d. § 63 Nr. 1 bzw. 2, nicht Nr. 4 VwGO. 311

dd) Ein Sonderproblem ergibt sich, wenn jemand notwendig beizuladen gewesen wäre, eine Beiladung aber nicht erfolgte: 312

Bsp.: *Die Gemeinde wurde in obigem Beispiel vom VG nicht von Amts wegen zum Klageverfahren des N gegen den Rechtsträger des LRA beigeladen.[471] Der Antrag auf Beiladung wurde vom VG am 20.10.17 mit Beschluss, zugestellt am 21.10.17, zurückgewiesen. Das Urteil erging am 07.11.17. Die Gemeinde möchte nun gegen die Klageabweisung vorgehen. Wie?*

In Betracht kommt das Rechtsmittel der Berufung. Die Berufung gegen das Endurteil des VG ist statthaft. Die Gemeinde müsste rechtsmittelberechtigt sein. Dies sind alle am Verfahren Beteiligten i.S.d. § 63 VwGO. Die Gemeinde wäre hier notwendig beizuladen gewesen (§ 65 II VwGO). Das Einvernehmen nach § 36 BauGB hat nicht lediglich verwaltungsinterne Bedeutung, sondern dient dem selbstständigen Rechtsträger „Gemeinde“ zur Absicherung seiner bauplanungsrechtlichen Interessen. Die Gemeinde kann Berufung nur dann einlegen, wenn sie die Beiladung noch nachträglich erwirken kann. Dies ist grds. auch nach Ergehen der Entscheidung möglich bis zum Eintritt der Rechtskraft bzw. bis zur Anhängigkeit in der höheren Instanz.[472]

Das Rechtsmittel, mit dem die Beiladung erreicht werden kann, ist die Beschwerde gem. § 146 I VwGO (Der Anfechtungsausschluss des § 65 IV S. 3 VwGO bezieht sich nur auf den stattgebenden Beiladungsbeschluss). Allerdings ist die 2-Wochen-Frist des § 147 I S. 1 VwGO bereits am 04.11.17 (§ 57 II VwGO i.V.m. § 222 ZPO, §§ 187 I, 188 II BGB) abgelaufen. Da es sich hierbei um einen Samstag handelt, verschiebt sich das Fristende auf Montag, den 06.11.2017, §§ 222 II ZPO, 193 BGB. Die Beschwerde ist mithin verfristet, heißt unzulässig, der Beschluss des VG rechtskräftig. Die Gemeinde kann folglich selbst nicht die Berufung herbeiführen.

469 Schmitt-Glaeser, Rn. 463; Kopp/*Schenke*, Vor § 124 VwGO, Rn. 40; Pietzner-Ronellenfitsch, § 26, Rn. 947; Thomas/Putzo-*Reichold*, Vor § 511 ZPO, Rn. 19.

470 Z.B. Bayern: § 5 LABV, Z/T Nr. 903.

471 Zu den Konsequenzen einer unterlassenen notwendigen Beiladung vgl. BVerwG, BayVBl. 1998, 122 = **juris**byhemmer.

472 Kopp/*Schenke*, Vor § 124 VwGO, Rn. 35.

Legt N Berufung ein, kann das OVG/der VGH die Gemeinde nach §§ 125 I S. 1, 65 II VwGO beiladen bzw. die Gemeinde erneut Antrag auf Beiladung stellen. Gem. § 142 I S. 2 VwGO ist die notwendige Beiladung sogar noch im Revisionsverfahren möglich.

b) Beschwer bei Anschlussberufung

Anschlussberufung

Die (unselbstständige) Anschlussberufung des § 127 VwGO setzt nach h.M. keine Beschwer voraus.[473] 313

Überzeugend ist dies allein, soweit es um die materielle Beschwer etwa des Beigeladenen geht. Ohne formelle Beschwer wird eine Berufung für Kläger und Beklagten regelmäßig keinen Sinn machen.

Bsp.: *Die Gemeinde verlangt mit Gebührenbescheid 8.000,- €. Das Gericht erster Instanz reduziert den Betrag auf 4.000,- €. Der Bürger geht in die Berufung.*

Da die Gemeinde in Höhe von 4.000,- € beschwert ist, kann sie einen entsprechenden Anschlussberufungsantrag stellen.

Die Anschlussberufung ist vom Hauptrechtsmittel abhängig (akzessorisch) und bewirkt, dass das Gericht vom Verbot der reformatio in peius befreit wird (§ 128 S. 1 VwGO). Ohne die Regelung des § 127 VwGO wäre eine Partei, die an sich mit der erstinstanzlichen Entscheidung zufrieden ist, gezwungen, präventiv Berufung einzulegen, um ihre Chancen im Falle der Berufung der anderen Partei zu wahren.

Eine Anschlussberufung ist auch dann möglich, wenn der Beteiligte aufgrund Fristablaufs oder Rechtsmittelverzichts keine Berufung mehr einlegen könnte, § 127 II S. 1 VwGO. Die Anschlussberufung ist nicht zuzulassen, § 127 IV VwGO. Sie muss allerdings in der Frist des § 127 II S. 2 VwGO eingelegt werden.

Nach Rücknahme oder Verwerfung des Hauptrechtsmittels verliert die Anschlussberufung ihre Wirkung, § 127 V VwGO. 314

hemmer-Methode: Soweit der Beteiligte die Wirkung des § 127 V VwGO vermeiden will, muss er eine eigene selbstständige Berufung einlegen bzw. den entsprechenden Zulassungsantrag stellen. Sprechen Sie in einem solchen Fall nicht von einer selbstständigen Anschlussberufung. § 127 VwGO regelt nur noch die unselbstständige Anschlussberufung.[474]

5. Fristgerechte Begründung der Berufung

Zulassung durch VG

Die Berufung ist innerhalb zweier Monate nach Zustellung des Urteils zu begründen, wenn das VG die Berufung bereits selbst zugelassen hat, § 124a III S. 1 VwGO. Die Begründung ist - sofern sie nicht zugleich mit der Berufungseinlegung erfolgt - beim OVG/VGH einzureichen. Sie muss einen bestimmten Antrag und die Gründe der Anfechtung enthalten, § 124a III S. 4 VwGO. 315

Zulassung durch OVG/VGH

Wird die Berufung erst durch das OVG/VGH zugelassen, dann hat die Begründung innerhalb eines Monats nach Zustellung des Beschlusses über die Zulassung der Berufung zu erfolgen, § 124a VI S. 1 VwGO.

473 Kopp/*Schenke*, § 127 VwGO, Rn. 13.

474 Kopp/*Schenke*, § 127 VwGO, Rn. 4.

hemmer-Methode: Lassen Sie sich nicht dadurch verwirren, dass Sie sich jenseits des § 123 VwGO eher auf ungewohntem Terrain bewegen. Die Probleme, die dort auftauchen, sind oft genug alte Bekannte. Wie bei § 74 VwGO kann die Zustellung, die Rechtsbehelfsbelehrung oder eine Wiedereinsetzung zu prüfen sein. Bei Letzterer ist dann beim Verschulden immer an § 173 VwGO i.V.m. § 85 II ZPO zu denken.[475]

6. Sonstige Sachurteilsvoraussetzungen

sonstige Voraussetzungen

Die (auch für andere Rechtsmittel typische) Prüfung von Statthaftigkeit, Berechtigung, Beschwer und Begründungsfrist, sollten Sie wenigstens in kurzer Form in der Klausur immer durchführen. Des Weiteren kann der Sachverhalt noch besondere Zulässigkeitsprobleme aufwerfen, auf die aber i.d.R. nur einzugehen ist, wenn dies wirklich veranlasst erscheint. 316

persönliche Sachurteilsvoraussetzungen und Rechtsschutzinteresse

a) Natürlich müssen auch die persönlichen Sachurteilsvoraussetzungen (§§ 61, 62 VwGO) und das allgemeine Rechtsschutzinteresse vorliegen.

Bei einer Berufung durch den Völ (vgl. bereits oben Rn. 302) ist zusätzlich darauf zu achten, dass das Verfahren noch nicht durch Klagerücknahme, Abschluss eines Vergleichs oder übereinstimmende Erledigungserklärung gegenstandslos geworden sein darf.

Rücknahme der Berufung

b) Bei der Zurücknahme der Berufung nach § 126 VwGO ist zu unterscheiden, ob sie vor oder nach Ablauf der Zulassungsantragsfrist erfolgt. Nach Ablauf wird das angegriffene Urteil automatisch rechtskräftig.[476] 317

Vor Ablauf der Frist kann der Antrag erneut gestellt werden. § 126 III S. 1 VwGO, wonach die Rücknahme der Berufung den Verlust des eingelegten Rechtsmittels zur Folge hat, bezieht sich nur auf die zurückgenommene Berufung, nicht etwa auf einen erneuten Antrag.[477] Eine eventuell eingelegte (unselbständige) Anschlussberufung wird ebenfalls hinfällig, § 127 V VwGO.[478]

Fiktion der Berufungsrücknahme

In § 126 II S. 1 VwGO wird geregelt, dass die Berufung als zurückgenommen gilt, wenn der Berufungskläger das Verfahren trotz Aufforderung des Gerichts länger als drei Monate nicht betreibt.

Rechtsmittelverzicht

c) Der Rechtsmittelverzicht aller Beteiligten nach Erlass der Entscheidung gegenüber dem Gericht lässt diese sofort in Rechtskraft erwachsen. 318

Die dennoch eingelegte Berufung ist von Amts wegen zu verwerfen. Der den Beteiligten gegenüber erklärte Verzicht ist nur auf Einrede hin zu beachten. Der materiell-rechtliche Verzicht auf einen Anspruch macht die Berufung hingegen unbegründet.[479]

Verwirkung

d) Zu denken ist weiterhin an eine Verwirkung wegen Verstoßes gegen den Grundsatz von Treu und Glauben.

e) Nach § 67 IV S. 1 VwGO besteht vor dem OVG/VGH **Anwaltszwang**. 319

475 Ein interessantes Beispiel dazu bei OVG Münster, NJW 1994, 402.

476 Im Gegensatz zu § 92 VwGO: Die Klagerücknahme auch noch während des Berufungsverfahrens bewirkt die Unwirksamkeit des Urteils.

477 Kopp/*Schenke*, § 126 VwGO, Rn. 2.

478 Vgl. auch § 126 II VwGO.

479 Kopp/*Schenke*, § 126 VwGO, Rn. 5 f. und § 74 VwGO, Rn. 21 ff.

hemmer-Methode: Relevant ist dieser Prüfungspunkt nur bei einer Zulassung durch das VG. Bei einer Zulassung durch das OVG/VGH ist die Postulationsfähigkeit bereits i.R.d. Zulassungsantrages anzusprechen, § 67 IV S. 2 VwGO.[480]
Beachten Sie, dass die Postulationsfähigkeit keine eigene Zulässigkeitsvoraussetzung ist. Sie ist lediglich Prozesshandlungsvoraussetzung. Die Berufung ist nicht mangels Postulationsfähigkeit, sondern aufgrund des wegen fehlender Postulationsfähigkeit unwirksamen Antrages unzulässig!

7. Entscheidung bei Unzulässigkeit

Die Berufungsentscheidung des VGH/OVG über die Unzulässigkeit 320
ergeht durch Urteil oder Beschluss (§ 125 II S. 2, 3 VwGO), nicht aber durch Gerichtsbescheid (§§ 125 I S. 2, 84 VwGO). Die Entscheidung kann durch die Revision angegriffen werden, auch wenn ein Beschluss ergangen ist (§ 125 II S. 4 VwGO).

III. Begründetheit der Berufung

Begründetheitsprüfung: Zulässigkeit, Begründetheit und Verfahrensfehler im Ausgangsverfahren

Gegenstand des Berufungsverfahrens ist die Entscheidung der ers- 321
ten Instanz. Zu überprüfen sind die Zulässigkeit der Klage, die Rechtmäßigkeit des Verfahrens und die Begründetheit der Klage.[481]

hemmer-Methode: In der Begründetheit der Berufung sind also (mit gewissen Modifikationen, vgl. z.B. § 17a GVG, unten Rn. 317) inzident noch einmal Zulässigkeit und Begründetheit des Ausgangsverfahrens zu prüfen. Damit bietet sie sich auch für die Klausur im ersten Examen schon an, wo sich nach Grundzügen des Rechtsmittelrechts und evtl. einigen unbekannteren Normen der große Teil der Klausur in den gewohnten Gefilden abspielen kann.

Veranschaulicht kann man sich die Prüfungsfolge also wie folgt merken:

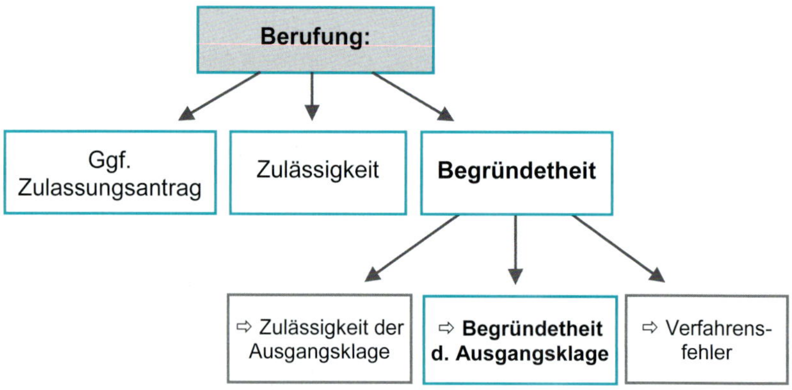

Bsp. (vgl. oben Rn. 302): Die fristgerechte Antragsstellung einmal angenommen müsste der Obersatz zur Berufung des Völ also lauten: Die Berufung wäre begründet, wenn die Klage des A unzulässig ist, dem VG ein wesentlicher Verfahrensmangel unterlaufen ist oder die Klage des A unbegründet ist.

hemmer-Methode: Wäre die Klage dagegen abgewiesen worden, müsste der Obersatz lauten: Die Berufung hat Aussicht auf Erfolg, wenn die Klage des A zulässig und begründet ist oder das Urteil des VG an einem wesentlichen Verfahrensmangel leidet.

480 Siehe oben Rn. 295a.

481 Vgl. Thomas/Putzo-*Reichold*, vor § 511 ZPO, Rn. 11 f.

Hinsichtlich „Zulässigkeit und Begründetheit" des Ausgangsverfahrens kommt es also auf den Ausgang desselben an! Lernen Sie den Obersatz deshalb nicht stur auswendig, sondern bilden Sie ihn am Rechtsschutzziel des Berufungsklägers orientiert! Entscheidend ist, dass sich der Tenor des angefochtenen Urteils als falsch erweist!

1. Zulässigkeit der ersten Instanz

bei Eröffnung des Verwaltungsrechtswegs in erster Instanz an § 17a V GVG denken

Die persönlichen Sachurteilsvoraussetzungen, die bereits innerhalb der Zulässigkeit des Rechtsmittels zu prüfen waren, werden hier nicht nochmals angesprochen. Wegen § 17a V GVG prüft außerdem das OVG/der VGH nicht mehr, ob der Verwaltungsrechtsweg gegeben ist. Wegen § 83 S. 1 VwGO i.V.m. § 17a V GVG analog entfällt auch die Prüfung der sachlichen und örtlichen Zuständigkeit. 322

Zwingende Prozessvoraussetzungen sind von Amts wegen zu prüfen. Insoweit ist das Gericht nicht an die Anträge gebunden. Das Verbot der reformatio in peius gilt hier nicht (§ 129 VwGO).[482]

2. Verfahrensmängel

Verfahrensmängel: z.B. Öffentlichkeitsgrundsatz, Zeugenvernehmungen

Verfahrensmängel, die für sich allein zur Aufhebung des Urteils führen können, sind z.B. die Verletzung des rechtlichen Gehörs, ein Verstoß gegen den Öffentlichkeitsgrundsatz (§ 55 VwGO i.V.m. § 169 GVG) oder eine unterbliebene Zeugenvernehmung. Allgemein ausgedrückt ist ein Verfahrensfehler ein Fehler, der den Weg zum Urteil oder die Art und Weise seines Erlasses betrifft im Gegensatz zum Fehler bei der Rechtsfindung, der den Inhalt des Urteils betrifft.[483] 323

Allerdings muss auch bei Vorliegen eines Verfahrensmangels das OVG in der Sache selbst entscheiden, d.h. den Mangeln in zweiter Instanz beheben. Ein Erfolg der Berufung allein wegen eines Verfahrensmangels scheidet damit grundsätzlich aus.

§ 130 II VwGO

Etwas anderes gilt unter den Voraussetzungen des § 130 II VwGO. Voraussetzung ist danach, dass ein wesentlicher Verfahrensmangel i.S.d. § 130 II Nr. 1 VwGO vorliegt, d.h. wenn nicht auszuschließen ist, dass ohne ihn (aus der Sicht des VG!) das Urteil anders ausgefallen wäre.[484] Erweist sich gleichwohl der Verfahrensverstoß aus anderen Gründen als im Ergebnis unerheblich, ist der Mangel unbeachtlich (Gedanke des § 144 IV VwGO). Verfahrensmängel, die in § 138 VwGO aufgezählt sind, sind immer wesentlich.

Zudem ist an eine Heilung durch Nachholung zu denken.

hemmer-Methode: Auch hier geht es z.T. um ähnliche Probleme wie die, die Sie aus dem Zivil- bzw. Strafprozessrecht kennen, wobei immer wieder die gleichen Klassiker auftauchen: z.B. zu § 169 GVG der Fall, in dem während einer länger andauernden Verhandlung versehentlich um 16:00 Uhr der Haupteingang des Gerichts zugesperrt wird und sich die Frage stellt, ob darin schon eine Verletzung des Öffentlichkeitsgrundsatzes liegt (bei unbeabsichtigten und geringfügigen Einschränkungen wohl abzulehnen). Bringen Sie aber die Rechtsgebiete nicht durcheinander, gerade im Strafverfahren gibt es viele dort sehr wichtige, aber nicht auf andere Prozessarten zu verallgemeinernde Vorschriften (z.B. in den §§ 250 ff. StPO).
Soweit es um exotischere verfahrensrechtliche Schwierigkeiten, z.B. aus dem GVG, geht, können Sie im Übrigen im ersten Examen damit rechnen, dass auf eventuelle Probleme im Sachverhalt deutlich hingewiesen wird.

482 Kopp/*Schenke*, § 129 VwGO, Rn. 3, Vor § 124 VwGO, Rn. 32.

483 Thomas/Putzo-*Reichold*, § 539 ZPO, Rn. 3.

484 Kopp/*Schenke*, Vor § 124 VwGO, Rn. 60, § 128 VwGO, Rn. 3, § 130 VwGO, Rn. 6.

3. Begründetheit der Klage in erster Instanz

Begründetheit in erster Instanz „normal“ zu prüfen

In den Grenzen des § 128a VwGO können in der Berufungsinstanz neue Beweismittel vorgebracht werden. Achten Sie also darauf, ob der Sachverhalt hierzu Aussagen macht. Im Übrigen prüfen Sie „ganz normal“ die Begründetheit durch. 324

4. Entscheidung des Berufungsgerichts

Entscheidung des Berufungsgerichts

Grundsätzlich ergeht ein Sachurteil. Ist die Berufung unbegründet, kann sie nach § 130a S. 1 VwGO durch Beschluss zurückgewiesen werden, wenn die Unbegründetheit einstimmig angenommen und eine mündliche Verhandlung nicht für erforderlich gehalten wird. 325

Eine Entscheidung durch Beschluss ist auch dann möglich, wenn die Berufung einstimmig für begründet erachtet wird und das OVG/VGH eine mündliche Verhandlung nicht für erforderlich hält.

Ist die Berufung begründet, hebt das OVG/der VGH das Urteil auf und fällt grundsätzlich eine eigene Sachentscheidung, § 130 I VwGO. I.R.d. § 130 II VwGO kann auch – nach Aufhebung – an das VG zurückverwiesen werden. Der Tenor des angegriffenen Urteils kann nur innerhalb der Anträge geändert werden (§ 129 VwGO). 326

Nach § 130b S. 1 VwGO kann das OVG/der VGH in dem Urteil über die Berufung auf den Tatbestand der angefochtenen Entscheidung Bezug nehmen, wenn das Berufungsgericht sich die Feststellungen des VG in vollem Umfang zu Eigen macht. Es kann auch von einer weiteren Darstellung der Entscheidungsgründe abgesehen werden, wenn das OVG/der VGH die Berufung aus den Gründen der angefochtenen Entscheidung als unbegründet erachtet (§ 130b S. 2 VwGO).

B) Revision zum BVerwG

Revision

Die Revision zum BVerwG bestimmt sich nach den §§ 132 ff. VwGO. Die Revision dient nicht nur dem Rechtsschutz des Bürgers, sondern auch der Bindung von Exekutive und Legislative an das Gesetz (Art. 20 III GG), der Einheitlichkeit der Rspr. und der Fortbildung des Rechts. Daraus erklärt sich die auf rechtliche, nicht tatsächliche Fragen beschränkte Prüfung des BVerwG (§§ 137 f. VwGO). 327

I. Zulässigkeit der Revision

Für die Zulässigkeit der Revision ergibt sich ein der Berufung ähnliches Prüfungsschema: 328

Revision

Prüfungsschema zur Zulässigkeit der Revision

1. Statthaftigkeit, §§ 132 ff. VwGO
2. Revisionsberechtigung, § 132 I VwGO
3. Beschwer
4. Form und Frist (inkl. Begründung), § 139 VwGO
5. Evtl. sonstige Voraussetzungen (soweit Anhaltspunkte, vgl. oben)

1. Statthaftigkeit

statthaft gegen End-, Teil- und Zwischenurteile über den Grund des OVG/VGH, soweit zugelassen

Gem. §§ 49 Nr. 1, 132 VwGO ist die Revision unter der Voraussetzung der Zulassung statthaft gegen Urteile der OVG/VGH und gegen Beschlüsse nach § 47 V S. 1 VwGO. Dies sind nicht nur Berufungsurteile, sondern auch erstinstanzliche Urteile nach §§ 48, 49 VwGO. Außerdem ist sie statthaft gegen Beschlüsse gem. § 125 II VwGO, vgl. § 125 II S. 4 VwGO. 329

Sprungrevision

Die Sprungrevision des § 134 VwGO (lesen) richtet sich gegen Urteile/Gerichtsbescheide (§ 84 III Nr. 3 VwGO) des VG, gegen die die Berufung zwar zulässig ist, dieselbe aber ausnahmsweise übergangen wird. Eine Ausnahme bildet § 78 II S. 2 AsylVfG: Die Sprungrevision ist hier ausgeschlossen. 330

bei bundesgesetzlichem Ausschluss der Berufung gegen Urteile des VG

Außerdem ist die Revision nach § 135 S. 1 VwGO bei bundesgesetzlichem Ausschluss der Berufung gegen Urteile des VG möglich. 331

grds. gar keine zulassungsfreie Revision mehr

Die Revision ist in allen Fällen zulassungsabhängig, § 132 I VwGO. Die Zulassung erfolgt nach Maßgabe des § 132 II VwGO durch das OVG/den VGH (im Falle des § 135 VwGO durch das VG) oder auf eine Nichtzulassungsbeschwerde nach § 133 VwGO hin durch das BVerwG. Für die Sprungrevision ist § 134 II VwGO zu beachten, der die Zulassungsgründe auf § 132 II Nr. 1 u. 2 VwGO (grundsätzliche Bedeutung der Sache = Grundsatzrevision oder Abweichung von höchstrichterlicher Rechtsprechung, auf der das angefochtene Urteil beruht = Divergenzrevision) beschränkt. 332

Die Frage der Zulassung ist nur problematisch, wenn sie das Berufungsgericht verweigert hat. Sonst ist das BVerwG nämlich nach §§ 132 III, 134 II S. 2, 135 S. 3 VwGO an die Zulassung gebunden.

hemmer-Methode: Die Zulassungsvoraussetzungen des § 132 II VwGO sind nur innerhalb einer Nichtzulassungsbeschwerde nach § 133 VwGO zu untersuchen. § 132 II VwGO unterscheidet zwischen der Grundsatzrevision (Nr. 1), der Divergenzrevision (Nr. 2) und der Verfahrensrevision (Nr. 3).
Eine Rechtssache hat grundsätzliche Bedeutung, wenn sie entscheidungserheblich und von wesentlicher Bedeutung für die einheitliche Auslegung und Anwendung oder für die Fortbildung des Rechts ist (vgl. oben die Ziele der Revision).
Die Nichtzulassungsbeschwerde ist sicher kein heißer Examenstipp. Nehmen Sie sich trotzdem die Zeit, diese Norm kurz zu durchdenken. Sie finden hier die für das öffentliche Recht typische Struktur von Abhilfeverfahren und anschließendem Verfahren der übergeordneten Instanz, die Ihnen aus dem Widerspruchsverfahren bekannt ist (vgl. Rn. 6).
Ähnliches begegnet Ihnen in §§ 146 ff. VwGO (Beschwerde), aber auch im Klageerzwingungsverfahren der §§ 172 ff. StPO oder im Einspruchs- und Beschwerdeverfahren der AO (§§ 348 ff. AO). Lernen Sie nicht mit Scheuklappen, sondern durch den Vergleich von Unbekanntem mit Bekanntem. Das ist effektiv und gibt Sicherheit im Umgang mit „exotischen" Normen, die Ihnen im Examen ab und an begegnen können. In der Klausur werden Sie sich mit großer Wahrscheinlichkeit mit einer zugelassenen Revision beschäftigen müssen. Erwähnen Sie dann kurz (z.B. im Zusammenhang mit der Revisionsbegründung, s.u.), um welche Art der Revision es sich handelt.

2. Rechtsmittelberechtigung

Revisionsberechtigung

Rechtsmittelberechtigt sind wie bei der Berufung die Beteiligten i.S.d. § 63 VwGO. Der VöI am OVG/VGH kann Revision einlegen, auch wenn er bisher am Verfahren noch nicht beteiligt war. Er kann sich aber nicht – ohne ein eigenes Rechtsmittel einzulegen – am Verfahren vor dem BVerwG beteiligen, wie ihm das vor dem OVG/VGH möglich ist. 333

Ein solches Beteiligungsrecht steht nur dem Oberbundesanwalt zu, § 35 I S. 2 VwGO, der aber wiederum mangels Beteiligung am bisherigen Verfahren nicht rechtsmittelberechtigt ist.[485] Allerdings kann er nach überwiegender Ansicht eine Anschlussrevision einlegen.[486]

3. Beschwer

Beschwer

Auch für die Revision ist eine Beschwer erforderlich. Hierzu gelten die Ausführungen zur Berufung entsprechend (vgl. oben Rn. 304 ff.). 334

Nach allgemeiner Meinung ist eine Anschlussrevision möglich (§§ 141, 127 VwGO). 335

4. Postulationsfähigkeit

Postulationsfähigkeit

Vor dem BVerwG besteht wegen § 67 IV S. 1 VwGO Anwaltszwang.[487] Nach § 67 IV S. 2 VwGO gilt dies bereits bei der Einlegung der Revision bzw. i.R.d. Nichtzulassungsbeschwerde. 336

5. Form- und fristgerechte Einlegung

Form und Frist, § 139 I VwGO: innerhalb eines Monats schriftlich beim iudex a quo

Die Revision ist binnen eines Monats schriftlich beim iudex a quo,[488] also dem OVG/VGH bzw. VG, unter Bezeichnung des Urteils (Gericht, Datum, Aktenzeichen) einzulegen (§ 139 I S. 1 VwGO); ausnahmsweise erübrigt sich die gesonderte Einlegung, wenn der Nichtzulassungsbeschwerde stattgegeben wird (§ 139 II S. 1 VwGO). 337

Die Frist beginnt wie im Fall des § 124a I S. 1 VwGO mit der Zustellung des vollständigen Urteils zu laufen; bei der Sprungrevision ist auf die Zustellung des Zulassungsbeschlusses des VG abzustellen: §§ 134 III S. 2, 139 I S. 1 VwGO. Dagegen ist die Einlegung beim BVerwG mangels einer § 70 I S. 2 VwGO entsprechenden Regelung nicht fristwahrend.

außerdem weitere Monatsfrist zur Revisionsbegründung

Die Revisionsschrift selbst kann, muss aber noch keinen bestimmten Antrag und/oder die Revisionsbegründung enthalten. Die VwGO gewährt dem Rechtsmittelführer wie auch die ZPO (§ 554 II S. 2 ZPO) eine weitere Monatsfrist zur Einreichung der Begründung (ausschließlich) beim BVerwG (§ 139 III S. 1 u. 2 VwGO), die der vorsitzende Richter auf Antrag sogar noch nach Ablauf verlängern kann, sofern der Antrag innerhalb der Frist gestellt wurde.[489] 338

hemmer-Methode: Wegen der zweifachen Fristbindung der Revision in § 139 I S. 1 und III VwGO lassen sich hier Probleme der Rechtsbehelfsbelehrung (§ 58 VwGO), der Wiedereinsetzung (§ 60 VwGO) und der Zustellung (§ 56 II VwGO i.V.m. ZPO) besonders gut in eine Klausur einbauen. Denken Sie daran, dass für Klage- und Rechtsmittelfristen die Berechnung immer über § 57 II VwGO i.V.m. § 222 ZPO i.V.m. §§ 187, 188 BGB erfolgt. Der akademische Streit hinsichtlich der Berechnung über §§ 79, 31 VwVfG i.V.m. §§ 187 ff. BGB betrifft ausschließlich die Berechnung der Widerspruchsfrist des § 70 I VwGO!

485 Kopp/*Schenke*, Vor § 124 VwGO, Rn. 38.

486 Kopp/*Schenke*, Vor § 124 VwGO, Rn. 38.

487 Vgl. oben Rn. 295a.

488 Beachten Sie den Unterschied zum Zivilprozess: § 553 I S. 1 ZPO lässt nur die Einlegung beim iudex ad quem genügen. Das Gleiche gilt im Unterschied zu § 124 II VwGO für die Berufung: § 518 I ZPO.

489 Kopp/*Schenke*, § 139 VwGO, Rn. 8.

notwendiger Begründungsinhalt: § 139 III S. 4 VwGO

Den notwendigen Inhalt der Begründung gibt § 139 III S. 4 VwGO vor. Bei der Rüge von Verfahrensfehlern sind die Tatsachen, die den Verstoß begründen, und die verletzte Norm anzugeben. Es muss möglich erscheinen, dass der gerügte Prozessvorgang kausal für das Urteil gewesen ist.[490] (Ausnahme: Rüge von absoluten Revisionsgründen wegen der unwiderlegbaren Vermutung der Kausalität). Eine unzureichende Begründung macht die Revision unzulässig.

Revisionsschrift und Revisionsbegründung sind vom Rechtsanwalt zu unterschreiben.

6. Sonstige Zulässigkeitsvoraussetzungen

Zu beachten ist auch hier die Zurücknahme (§ 140 VwGO). Dazu 339
und im Übrigen gilt das zur Berufung Ausgeführte.

7. Entscheidung bei Unzulässigkeit

Das BVerwG verwirft die unzulässige Revision durch Beschluss: 340
§§ 143, 144 I VwGO.

II. Begründetheit der Revision

Begründetheit der Revision: bei Verletzung revisiblen Rechts; wieder Prüfung von Zulässigkeit, Begründetheit und Verfahrensfehlern der Berufung

Die Revision ist begründet, wenn das angefochtene Urteil auf der 341
Verletzung revisiblen Rechts beruht (§ 137 I VwGO) und sich die Entscheidung auch nicht aus anderen Gründen als richtig darstellt (§ 144 IV VwGO). An die tatsächlichen Feststellungen ist das BVerwG gebunden (§ 137 II VwGO).

Für die Prüfung bietet sich ein Vorgehen in zwei Schritten an: Zunächst wird untersucht, ob überhaupt eine Rechtsverletzung vorliegt, wobei zum einen wieder Verfahrensfehler, zum anderen je nach Ausgang der Berufung und Rechtsschutzziel des Rechtsmittelführers Zulässigkeit und Begründetheit der Berufung in Betracht kommen, die wieder inzident zu prüfen sind. Da für Begründetheit der Berufung wiederum inzident Verfahrensfehler, Zulässigkeit und Begründetheit des erstinstanzlichen Verfahrens entscheidend sind, ergibt sich u.U. eine verschachtelte Prüfung, die graphisch folgendermaßen dargestellt werden könnte:

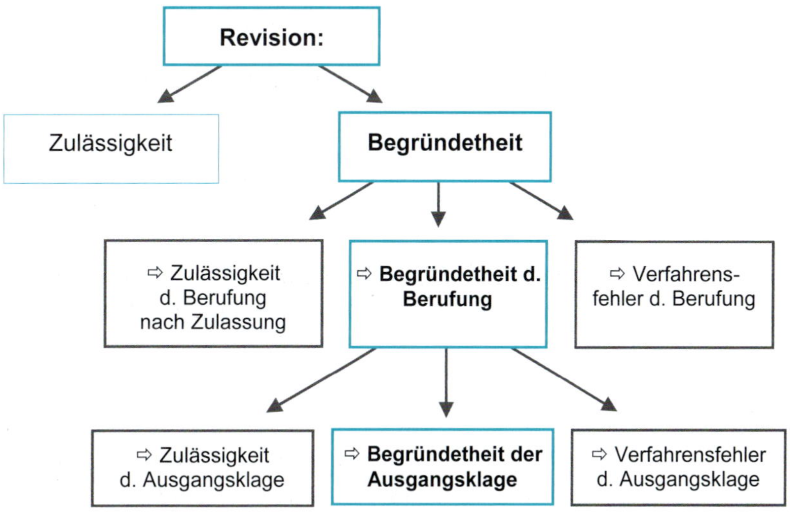

490 Thomas/Putzo-*Reichold*, § 554 ZPO, Rn. 8; Kopp/*Schenke*, § 139 VwGO, Rn. 14.

hemmer-Methode: Diese Prüfung wirkt komplizierter, als sie es wirklich ist. Sie können i.d.R. viele Punkte schnell und mit Verweisen nach oben abhandeln, so dass die wesentlichen rechtlichen Probleme meist wie bei der Entscheidung des VG in erster Instanz gewohnt bearbeitet werden können. Die zusätzlichen Leistungen, die bei der Revision von Ihnen verlangt werden, sind das Grundverständnis des Rechtsmittelrechts und die Fähigkeit (z.B. bei der Obersatzbildung), den Überblick über die Instanzen und u.U. die gewechselten Parteirollen (Kläger <-> Beklagter) zu behalten.

1. Rechtsverletzung

erster Prüfungspunkt: Rechtsverletzung

Zunächst ist also untersuchen, ob eine Rechtsverletzung überhaupt vorliegt. Die Prüfung ist grundsätzlich nicht auf die geltend gemachten Rechtsfehler beschränkt (§ 137 III S. 2 VwGO). Nur im Fall der ausschließlichen Verfahrensrüge ist die Kontrolle hierauf eingegrenzt (§ 137 III S. 1 HS 2 VwGO). 342

Im Normalfall ist Gegenstand der Revision das Berufungsurteil des OVG/VGH. Zuerst[491] werden die Zulässigkeit der Berufung nach Zulassung und die Verfahrensrügen bzgl. des Berufungsverfahrens geprüft. 343

Die Zulässigkeitsvoraussetzungen sind von Amts wegen zu prüfen, da ohne Zulässigkeit kein Sachurteil ausgesprochen werden darf.

Dagegen setzt die Kontrolle von Verfahrensmängeln i.d.R. deren frist- und formgerechte (§ 139 III S. 1 VwGO) Rüge voraus, was nur bezüglich der absoluten Revisionsgründe des § 138 VwGO bestritten wird.[492] Gegen die letztere Ansicht spricht allerdings, dass § 139 III S. 4 VwGO die den Mangel begründenden Tatsachen als Inhaltsanforderung der Revisionsbegründung statuiert.

In der Station der Begründetheit der Berufung sind die Zulässigkeit und die Begründetheit der Klage in erster Instanz zu untersuchen. Wiederholungen zu Fragen der Zulässigkeit sind hier zu vermeiden. Eine gern gestellte Falle ist auch hier die Unzulässigkeit von Rechtsweg, sachlicher oder örtlicher Zuständigkeit des VG. In der Rechtsmittelinstanz werden diese Punkte jedoch nicht mehr überprüft (vgl. oben Rn. 317 zur Berufung). § 17a V GVG gilt für die Frage des Rechtsweges unmittelbar, über § 83 S. 1 VwGO für die Zuständigkeit entsprechend. Verfahrensmängel der ersten Instanz sind nur soweit erheblich, als sie auf das Urteil des OVG/VGH durchschlagen (also nicht durch Nachholung geheilt worden sind).[493]

2. Revisibilität der verletzten Norm

zweiter Prüfungspunkt: Revisibilität der verletzten Norm (§ 137 I Nr. 1 VwGO: Bundesrecht, § 137 I Nr. 2 VwGO: Landes-VwVfGe)

Ist ein Rechtsverstoß gefunden, stellt sich die Frage, ob die verletzte Norm gem. § 137 I VwGO revisibel ist. Nach § 137 I Nr. 1 VwGO ist Bundesrecht überprüfbar. Dazu gehören das Grundgesetz, die förmlichen Bundesgesetze, Rechtsverordnungen, Völkerrecht i.S.d. Art. 25 GG und EG-Recht (Grund: die beiden Letzteren gelten bundesweit) sowie aus Bundesrecht abgeleitete Rechtsgrundsätze (z.B. Willkürverbot, Treu und Glauben, Verhältnismäßigkeit). 344

Landesrecht ist grundsätzlich nicht revisionsfähig. Eine Ausnahme nennt § 137 I VwGO selbst in Nr. 2 für den Fall, dass ein Landes-VwVfG in der entscheidungserheblichen Einzelvorschrift wortgleich mit dem Bundes-VwVfG ist. 345

491 Zu diesem Aufbauvorschlag vgl. Thomas/Putzo-*Reichold*, § 559 ZPO, Rn. 1 ff.

492 Kopp/*Schenke*, § 138 VwGO, Rn. 2, Eyermann-*Kraft*, § 138 VwGO, Rn. 6 ff.

493 Kopp/*Schenke*, § 132 VwGO, Rn. 21a.

Weiterhin ist an über Art. 99 Alt. 2 GG durch Landesgesetz für revisibel erklärte Rechtsvorschriften zu denken.[494] 346

hemmer-Methode: Einen sehr speziellen, aber interessanten und für eine Prüfungsklausur gut denkbaren Fall behandelt die Entscheidung des BVerwG in DVBl. 1994, 285, in dem sich ein Nachbar gegen eine Baugenehmigung wehrt und sich dabei auf angeblich drittschützende Vorschriften im Bebauungsplan stützt.
Da es sich insoweit um eine ortsrechtliche Festsetzung handelt, ist die Revisibilität fraglich. Das BVerwG geht davon aus, dass sich die Festsetzungen im Bebauungsplan, die dem Typenzwang für bauplanungsrechtliche Festsetzungen unterliegen, an den Anforderungen der BauNVO bzw. des BauGB messen lassen müssen, so dass es sich faktisch um die Auslegung der bundesgesetzlichen Ermächtigungsnorm handelt, weshalb sich das BVerwG für die Überprüfung für zuständig hält.

3. Beruhen der Entscheidung auf dem Rechtsverstoß

Beruhen der Entscheidung auf dem Rechtsverstoß

Es muss die Möglichkeit bestehen, dass das Gericht ohne den Rechtsverstoß zu einem für den Rechtsmittelführer sachlich günstigeren Ergebnis hätte kommen können.[495] 347

Verfahrensfehler können noch in der Rechtsmittelinstanz nachgeholt werden, wenn dadurch ihr Zweck gewahrt bleibt.[496] Im Falle des § 138 VwGO ist das „Beruhen" gesetzlich fingiert.

4. Richtigkeit der Entscheidung aus anderen Gründen: § 144 IV VwGO

Richtigkeit der Entscheidung aus anderen Gründen

Ist die Revision bis hierher an sich begründet, das Urteil aber aus anderen Gründen im Ergebnis richtig und gehen die für diese Feststellung notwendigen Tatsachen aus dem Urteil (§ 117 III VwGO!) hervor, so hat das BVerwG das Urteil aufrechtzuerhalten. Eine Zurückweisung gem. § 144 III Nr. 2 VwGO wäre nicht prozessökonomisch, da das OVG/der VGH schließlich zum selben Ergebnis kommen müsste. § 144 IV VwGO kommt allerdings nicht bei Vorliegen eines absoluten Revisionsgrundes in Betracht (§ 138 VwGO).[497] 348

hemmer-Methode: Vergleichen Sie die Liste des § 138 VwGO mit der Ihnen vielleicht geläufigeren Aufzählung der absoluten Revisionsgründe des § 338 StPO. Sie werden einige Gemeinsamkeiten feststellen, und natürlich können und sollten Sie Ihr Wissen zu Klassikern wie dem versehentlichen Ausschluss der Öffentlichkeit, dem schlafenden Richter etc. erforderlichenfalls auch auf den Verwaltungsprozess übertragen!

5. Entscheidung des BVerwG

Die unbegründete Revision wird zurückgewiesen (§ 144 II VwGO). Ist die Revision begründet und die Sache zur Entscheidung reif, erfolgt eine abschließende Entscheidung. Andernfalls wird zurückverwiesen (§ 144 III VwGO). 349

494 Art. 97 BayVwVfG für Vorschriften, die vom BundesVwVfG abweichen, vgl. auch § 5 BlnAGVwGO, § 304 ShlVwVfG.

495 Kopp/*Schenke*, § 137 VwGO, Rn. 23.

496 Kopp/*Schenke*, § 137 VwGO, Rn. 23a.

497 Ausnahme von der Ausnahme: Verletzung des rechtlichen Gehörs in einer nicht entscheidungserheblichen Einzelfeststellung: Kopp/*Schenke*, § 144 VwGO, Rn. 6.

C) Beschwerde

Beschwerde: §§ 146 ff. VwGO

Auch die Beschwerde (§§ 146 ff. VwGO) ist Rechtsmittel. Suspensivwirkung entfaltet sie aber nur in den Grenzen des § 149 VwGO (Beschwerde gegen Festsetzung eines Ordnungs- oder Zwangsmittels). Der Devolutiveffekt tritt erst ein, wenn das VG der Beschwerde nicht abhilft und sie daraufhin dem OVG/VGH vorlegt (§ 148 VwGO). 350

I. Zulässigkeit der Beschwerde

Die Beschwerde ist zulässig, wenn die allgemeinen und besonderen Sachentscheidungsvoraussetzungen gegeben sind. 351

Damit ergibt sich auch für die Beschwerde das typische Rechtsmittelschema:

Beschwerde

Prüfungsschema zur Zulässigkeit der Beschwerde:

1. Statthaftigkeit, § 146 VwGO
2. Beschwerdeberechtigung, § 146 I VwGO
3. Beschwer
4. Form und Frist, § 147 I VwGO
5. Evtl. sonstige Voraussetzungen (soweit Anhaltspunkte, vgl. oben)

1. Statthaftigkeit

statthaft gegen Entscheidungen des VG, nicht aber Urteile oder Gerichtsbescheide und kein gesetzlicher Ausschluss der Beschwerde

Das Gesetz definiert den Gegenstand des Beschwerdeverfahrens in § 146 I VwGO doppelt negativ. Beschwerdefähig sind die Entscheidungen des VG, des Vorsitzenden Richters bzw. des Berichterstatters (Legaldefinition in § 82 II S. 1 VwGO), die 352

a) nicht Urteile oder Gerichtsbescheide (§ 84 VwGO) sind (§ 146 I VwGO) und

b) nicht durch Gesetz von der Beschwerde ausgeschlossen sind. Hierher gehören die Fälle der Absätze 2 - 6, § 60 V VwGO, § 80 AsylVfG. Gegen den Beschluss nach § 125 II VwGO ist die Revision, nicht die Beschwerde gegeben.

hemmer-Methode: Nicht beschwerdefähig sind grundsätzlich Entscheidungen des OVG/VGH, § 152 VwGO.

Bei „greifbarer" Gesetzeswidrigkeit sind ausnahmsweise auch die nach b) ausgeschlossenen Entscheidungen angreifbar. Der Grundsatz der Meistbegünstigung gilt hier ebenso (Stichwort „inkorrekte Entscheidung").[498] 353

hemmer-Methode: Eine Zulassung der Beschwerde, die für Beschlüsse nach §§ 80 V, 123 VwGO in § 146 IV VwGO a.F. gefordert worden war, ist seit dem 01.01.2002 nicht mehr erforderlich! Stattdessen beinhaltet § 146 IV VwGO nun besondere Begründungserfordernisse für diesen Bereich.

498 Kopp/*Schenke*, § 146 VwGO, Rn. 4.

2. Rechtsmittelberechtigung

Beschwerdeberechtigung

Neben den Beteiligten können nach § 146 I VwGO auch von der Entscheidung betroffene Dritte rechtsmittelberechtigt sein (z.B. Zeugen, Sachverständige, Dritte, die die Beiladung beantragt hatten). 354

3. Beschwer

Beschwer

Außer dem Kläger und Beklagten müssen alle eine materielle Beschwer nachweisen. 355

4. Form und Frist

Form und Frist, § 147 I VwGO: binnen zwei Wochen schriftlich oder zur Niederschrift des Gerichts, dessen Entscheidung angegriffen wird

Die Beschwerde ist nach § 147 I VwGO innerhalb von zwei Wochen schriftlich oder zur Niederschrift der Geschäftsstelle bei dem Gericht, dessen Entscheidung angegriffen wird, einzulegen. 356

5. Entscheidung des OVG/VGH

Das OVG/der VGH entscheidet nur über die Beschwerde, wenn das VG nicht abgeholfen hat. Dies geschieht durch Beschluss (§ 150 VwGO), bei Unzulässigkeit durch verwerfenden Beschluss. 357

II. Begründetheit der Beschwerde

Begründetheit der Beschwerde, wenn angegriffene Entscheidung unzulässig, unbegründet oder verfahrensfehlerhaft ist

Die Beschwerde ist begründet, wenn die Entscheidung unzulässig, verfahrenswidrig oder unbegründet ist. Bei Ermessensentscheidungen kann das Beschwerdegericht sein eigenes Ermessen an die Stelle der Vorinstanz setzen.[499] Für das Beschwerdeverfahren gilt § 122 VwGO als allgemeine Vorschrift über das Beschlussverfahren, soweit Sonderregelungen fehlen. Die Entscheidung ergeht durch Zurückweisung, Sachentscheidung oder Aufhebung und Zurückverweisung (§ 130 VwGO analog). 358

III. Sonderformen der Beschwerde

Sonderfälle

Der Beschwerdeweg zum BVerwG ist für einige Ausnahmefälle (§ 152 VwGO) gegeben. Die Nichtzulassungsbeschwerde (§ 133 VwGO) wurde bereits angesprochen (vgl. oben Rn. 327). 359

Gehörsrüge

Seit dem 01.01.2005 existiert die sog. Gehörsrüge nach § 152a VwGO. Diese ist nach § 152a I VwGO unter zwei Voraussetzungen statthaft:

⇨ Es ist kein ordentliches Rechtsmittel gegen die Entscheidung gegeben und

⇨ das Gericht hat den Anspruch auf rechtliches Gehör in entscheidungserheblicher Weise verletzt.

Die Beschwerde nach § 152a VwGO kommt damit v.a. bei Beschwerdeentscheidungen des OVG/VGH in Betracht, die nach § 152 VwGO eigentlich gerade nicht mit der Beschwerde angegriffen werden können.

499 Kopp/*Schenke*, § 150 VwGO, Rn. 1.

Verhältnis zur Verfassungsbeschwerde

Die Einlegung der Anhörungsrüge geht einer Verfassungsbeschwerde nach Art. 93 I Nr. 4a GG i.V.m. Art. 101 I S. 2 GG vor. Die Verfassungsbeschwerde scheitert an der Subsidiarität, wenn bzw. solange der Beschwerdeführer es versäumt hat, seine Rechte durch eine Anhörungsrüge geltend zu machen.

Der Antrag ist nach § 152a II S. 1 VwGO binnen einer Frist von zwei Wochen nach Kenntnis von der Verletzung des rechtlichen Gehörs zu erheben.

§ 12 WIEDERAUFNAHME DES VERFAHRENS

Wiederaufnahme des Verfahrens, § 153 VwGO i.V.m. §§ 578 - 591 ZPO

Das Wiederaufnahmeverfahren nach § 153 I VwGO i.V.m. §§ 578 - 591 ZPO zielt darauf ab, die angegriffene rechtskräftige Entscheidung zu beseitigen und durch eine neue zu ersetzen. Dies erfolgt in zwei Schritten: Zuerst ist die rückwirkende Aufhebung durch ein prozessuales Gestaltungsurteil zu erwirken. Sodann erfolgt eine neue Verhandlung und Entscheidung in der Hauptsache.[500] 360

hemmer-Methode: Das Verwaltungsverfahrensrecht kennt in § 51 VwVfG eine parallele Problematik. Auch der erfolgreiche Antrag auf das Wiederaufgreifen des Verfahrens (Terminologie beachten!) setzt gedanklich die positive Entscheidung über das Wiederaufgreifen und eine Entscheidung über die Abänderung, Aufhebung oder den Erlass des begehrten VA innerhalb eines neuen (h.M.) Verfahrens voraus. Lehnt die Behörde schon das Wiederaufgreifen ab, ohne in der Sache erneut zu entscheiden, taucht das prozessuale Problem auf, ob der Antragsteller sogleich Klage mit dem Ziel der Aufhebung/Abänderung des unanfechtbaren VA erheben darf (so das BVerwG, NJW 1982, 2204), oder ob zwei Verpflichtungsklagen – eine auf Wiederaufgreifen, die andere auf Aufhebung/Abänderung – erhoben werden müssen (so Maurer/Waldhoff, Allgemeines Verwaltungsrecht, § 11 Rn. 82 ff.).

<u>Die Prüfung der Wiederaufnahme wird in drei Schritten vollzogen:</u>

- ⇨ Zulässigkeit der Wiederaufnahme
- ⇨ Begründetheit der Wiederaufnahme
- ⇨ neue Verhandlung und Entscheidung in der Sache.

I. Zulässigkeit der Wiederaufnahme

Zulässigkeit der Wiederaufnahme

Die Wiederaufnahme ist statthaft gegen Urteile (§ 578 ZPO), Gerichtsbescheide (§ 84 III VwGO) und Beschlüsse, die ein Verfahren rechtskräftig abschließen können (§ 153 I VwGO), sobald die Rechtskraft eingetreten ist. Strittig ist dies bei Beschlüssen nach §§ 80 V, 80a III VwGO und nach § 123 VwGO.[501] Klagebefugt (bei Beschlüssen: antragsbefugt) sind neben dem VöI/OBA (§ 153 II VwGO) alle Beteiligten (§ 63 VwGO), die auch rechtsmittelberechtigt gewesen wären. Wegen der Ähnlichkeit zum Rechtsmittel ist auch eine Beschwer erforderlich.[502] 361

Die Klage/der Antrag ist beim nach § 584 ZPO zuständigen Gericht zu erheben/zu stellen. Der Inhalt der Klageschrift/Antragsschrift ist durch § 81 VwGO und §§ 587 f. ZPO bestimmt. Insbesondere muss ein zulässiger Klagegrund behauptet werden. Dazu gehören zum einen die in § 579 ZPO bestimmten schweren Verfahrensfehler (Nichtigkeitsklage), zum anderen die in § 580 ZPO genannten Fälle der unrichtigen bzw. unzulänglichen Entscheidungsgrundlagen (Restitutionsklage).

Die Notfrist (§§ 223 II, III, 224 I ZPO) des § 586 ZPO ist zu beachten.

Die Nichtigkeitsklage ist nach § 579 II ZPO ausgeschlossen, wenn die Nichtigkeit mit einem Rechtsmittel geltend gemacht werden könnte.

500 Kopp/*Schenke*, § 153 VwGO, Rn. 4.

501 Contra: Pietzner/Ronellenfitsch, § 56, Rn. 1574 ff.; pro: Kopp/*Schenke*, § 153 VwGO, Rn. 5.

502 Thomas/Putzo-*Reichold*, Vor § 578 ff. ZPO, Rn. 7.

Ein Wahlrecht zwischen Revision und Nichtigkeitsklage gibt es in den Fällen der Nr. 2 und Nr. 4 des § 579 I ZPO, solange die Rechtsmittelfrist läuft. Für die Restitutionsklage sind §§ 581, 582 ZPO zu prüfen.

Die unzulässige Wiederaufnahmeklage ist zu verwerfen (§ 589 I S. 2 ZPO).

II. Begründetheit der Wiederaufnahme

Begründetheit der Wiederaufnahme

Die Wiederaufnahmeklage/der Antrag ist begründet, wenn ein Nichtigkeits- oder Restitutionsgrund besteht. Die Nichtigkeitsgründe des § 579 ZPO entsprechen im Wesentlichen den absoluten Revisionsgründen des § 138 VwGO. Die Restitutionsklage ist gegenüber der Nichtigkeitsklage subsidiär (§ 578 II ZPO). 362

III. Neue Verhandlung und Entscheidung in der Hauptsache

⇨ bei Begründetheit der Wiederaufnahme: neue Entscheidung in der Sache

Ist die Wiederaufnahme begründet, entscheidet das Gericht in der Hauptsache neu. Wie die Prüfung hier zu erfolgen hat, hängt davon ab, in welcher Instanz (§ 584 ZPO) die Wiederaufnahme erfolgt. Davon hängt auch die Zulässigkeit von Rechtsmitteln gegen die im wiederaufgenommenen Verfahren ergangene Entscheidung ab (§ 591 ZPO). 363

hemmer-Methode: Verwechseln Sie die eben dargestellte Wiederaufnahme nicht mit der Möglichkeit der Wiedereinsetzung in den vorigen Stand, die in Fällen unverschuldeter Fristversäumnis in Betracht kommt. Besonders klausurrelevante Probleme bei der Wiedereinsetzung sind die Verschuldenszurechnung über § 173 VwGO i.V.m. § 85 II ZPO für den Rechtsanwalt (nicht aber weiter über § 278 BGB für dessen Mitarbeiter, freilich kann in dem Fehlen der sorgfältigen Auswahl eines Mitarbeiters ein eigenes Organisationsverschulden des Anwalts liegen) sowie die Problematik der bis zuletzt ausgeschöpften Fristen (nach h.M. per se kein Verschulden, aber erhöhte Sorgfaltspflichten kurz vor Fristablauf). Lesen Sie zur Wiedereinsetzung Hemmer/Wüst, Verwaltungsrecht I, Rn. 193 ff.!

Wiederholungsfragen zum ersten Abschnitt

Randnr.

Wiederholungsfragen zum zweiten Abschnitt

31. Besteht ein Anspruch auf Schadensersatz bei einer Anordnung nach § 80 V, der das Ergebnis der Hauptsache widerspricht? .... *183 ff.*

32. Für welche Arten von Verwaltungsakten gilt § 80a? *187*

33. Skizzieren Sie die Möglichkeit, die Adressat und Dritter nach § 80a jeweils haben, um die aufschiebende Wirkung bzw. den Sofortvollzug eines Verwaltungsaktes herbeizuführen bzw. wieder zu beseitigen! .... *189 ff.*

34. Skizzieren Sie den Streit um das Erfordernis eines vorherigen Antrags an die Behörde speziell im Fall eines Antrags nach §§ 80a III, 80 V! *191*

35. Welche Gemeinsamkeiten und welche Unterschiede bestehen in der Begründetheitsprüfung bei § 80 V und §§ 80a, 80 V? .... *199 f.*

36. Welche Punkte sind in der Zulässigkeit eines Antrags nach § 123 I zu prüfen? *203*

37. Wie unterscheiden sich Sicherungsanordnung und Leistungsanordnung? .... *206 f.*

38. Was muss der Antragsteller bei § 123 I geltend machen, um analog § 42 II antragsbefugt zu sein? .... *213 f.*

39. In welchen Fällen kann das allgemeine Rechtsschutzbedürfnis für einen Antrag nach § 123 I fehlen? *215*

40. Was ist in der Begründetheit eines Antrags auf Erlass einer Sicherungsanordnung zu prüfen? .... *221 ff.*

41. Was ist in der Begründetheit eines Antrags auf Erlass einer Regelungsanordnung zu prüfen? .... *228 ff.*

42. Welche Einschränkungen des Entscheidungsspielraums sind sowohl bei Sicherungs- als auch bei Regelungsanordnung zu beachten? .... *225 ff.*

43. Welche Ansprüche können beim ungerechtfertigten Erlass einstweiliger Anordnungen entstehen? .... *238 ff.*

44. Über welche Vorschrift kann im Normenkontrollverfahren einstweiliger Rechtsschutz gewährt werden? .... *243 ff.*

45. Wonach beurteilt sich die Begründetheit eines Antrags nach § 47 VIII? .... *253 ff.*

46. Erfolgt als Entscheidung auf einen Antrag nach § 47 VIII eine individuelle oder eine generelle Aussetzung der Wirksamkeit der Norm? .... *259 ff.*

47. Skizzieren Sie die Problematik einer Vorlagepflicht nach Art. 100 GG im einstweiligen Rechtsschutz! *262*

48. Skizzieren Sie die Problematik der Anwendbarkeit des § 44a auf Verfahrenshandlungen im einstweiligen Rechtsschutz! *263*

49. Skizzieren Sie die Problematik einer Verweisung nach § 17a II, IV GVG im einstweiligen Rechtsschutz! *264*

50. Welche Bedenken bestehen grds. gegen die Zulässigkeit eines vorbeugenden Rechtsschutzes im Verwaltungsrecht und an welche Voraussetzungen wird dieser deshalb geknüpft? .... *267 ff.*

51. Welche Arten vorbeugenden Verwaltungsrechtsschutzes können grds. unterschieden werden? *270*

52. Welche Anforderungen werden an eine vorbeugende Unterlassungsklage gegen schlicht-hoheitliches Verwaltungshandeln gestellt? .... *272 f.*

53. Weshalb kommt auch gegen Verwaltungsakte allenfalls eine vorbeugende Unterlassungsklage und keine vorbeugende Gestaltungsklage in Betracht und weshalb sind an diese besonders strenge Anforderungen zu stellen? .... *274 ff.*

54. In welchen Fallgruppen wird vorbeugender Rechtsschutz gegen Verwaltungsakte ausnahmsweise für zulässig erachtet? .... *276 ff.*

55. Welches (allgemeine) Problem stellt sich bei der Frage nach der Zulässigkeit einer vorbeugenden Feststellungsklage? .... *281 f.*

56. Ist vorbeugender Rechtsschutz gegen (untergesetzliche) Rechtsnormen zulässig und, wenn ja, mit welcher Klageart? .... *283 ff.*

Wiederholungsfragen zum 3. Abschnitt

1. Welche Rechtsmittel i.e.S. kennt die VwGO? ... 286
2. Was sind typische Merkmale dieser Rechtsmittel i.e.S.? ... 286 f.
3. Wie sind die Rechtsmittel im System der verwaltungsrechtlichen Rechtsbehelfe einzuordnen? ... 289
4. Welche Punkte sind in der Zulässigkeit der Berufung zu prüfen? ... 291 f.
5. Wogegen ist die Berufung statthaft? ... 293
6. Erläutern Sie kurz die in §§ 109-111 geregelten Sonderformen des Urteils! ... 294
7. Erläutern Sie das Problem der sog. inkorrekten Entscheidung und des Meistbegünstigungsgrundsatzes! ... 297
8. Gibt es Fälle einer zulassungsbedürftigen Berufung? ... 298 f.
9. Wer ist berufungsberechtigt? ... 301
10. Kann auch der Vertreter des öffentlichen Interesses Berufung einlegen und, wenn ja, unter welchen Voraussetzungen? ... 302 f.
11. Was ist der Unterschied zwischen formeller und materieller Beschwer? ... 308
12. Wer muss zur Berufung nach h.M. nur eine formelle, wer eine materielle Beschwer nachweisen? ... 305 f.
13. Wie ist bei der Beschwer bei der Anschlussberufung zu unterscheiden? ... 313
14. Welche Form- und Fristerfordernisse sind bei der Einlegung der Berufung zu beachten? ... 295, 315
15. Welche Punkte sind bei der Begründetheit der Berufung zu prüfen, was ist bei der Obersatzbildung zu beachten? ... 298 ff.
16. Was ist bei der Prüfung der Eröffnung des Verwaltungsrechtswegs in der Berufungsinstanz zu beachten? ... 322
17. Welche Punkte sind in der Zulässigkeit der Revision zu prüfen? ... 328
18. Wogegen ist die Revision statthaft? ... 329 ff.
19. Welches spezielle Erfordernis für die Statthaftigkeit der Revision besteht stets? ... 329
20. Wer ist revisionsberechtigt? ... 333
21. Was ist bei der Postulationsfähigkeit in der Revision zu beachten? ... 336
22. Welche Form- und Fristerfordernisse bestehen bei der Revision ... 337 f.
23. Was ist in der Begründetheit der Revision zu prüfen? ... 341
24. Welche Normen sind revisibel? ... 344 ff.
25. Welche Punkte sind in der Zulässigkeit der Beschwerde zu prüfen? ... 351
26. Wann ist eine Beschwerde statthaft? ... 352 f.
27. Was ist eine Nichtzulassungsbeschwerde, was eine Nichtvorlagebeschwerde und wo sind sie geregelt? ... 332, 359
28. Nach welchen Vorschriften kann eine Wiederaufnahme des Verfahrens begehrt werden? ... 360
29. Welche drei Prüfungspunkte sind bei einer Wiederaufnahme zu unterscheiden? ... 360 ff.
30. Was ist der Unterschied zwischen Wiederaufnahme, Wiederaufgreifen des Verfahrens und Wiedereinsetzung in den vorigen Stand? ... 360 ff.

Die Zahlen verweisen auf die Randnummern des Skripts.

A

B

D